팩트로 보는 일제 말기 강제동원2

미쓰비시 사도(佐渡)광산의 조선인

강제동원 & 평화총서 21

팩트로 보는 일제 말기 강제동원 2
미쓰비시 사도(佐渡)광산의 조선인

초판 1쇄 인쇄 2023년 7월 15일
초판 1쇄 발행 2023년 7월 31일

저 자 정혜경

펴낸이 윤관백
펴낸곳 도서출판 선인

등 록 제5-77호(1998. 11. 4)
주 소 서울특별시 양천구 남부순환로48길 1, 1층
전 화 02-718-6252
팩 스 02-718-6253
E-mail sunin72@chol.com

정 가 22,000원

ISBN 979-11-6068-769-9 94900
      978-89-5933-473-5 (세트)

강제동원 & 평화총서 21

팩트로 보는 일제 말기 강제동원 2

미쓰비시 사도(佐渡)광산의 조선인

정혜경

일제 말기 강제동원의 실상은 현재 연구를 통해 밝힌 내용보다 다양하다. 동원지역도 광범위하고, 동원 대상도 지역별로 차이가 있었다. 일본 국가권력은 인력, 물자와 자금을 총동원해 전쟁을 수행했다. 그러나 현재 연구 성과는 인력 동원의 일부를 파악한 정도이다. 그나마 일본지역 탄광에 동원된 사례가 대부분이다. 노인이나 여성, 어린이 동원은 아직 학계의 관심 대상에 들어가지 못하고 있다.

그에 비해 일제 말기 강제동원 역사를 알고자 하는 시민들의 관심 범위는 넓은 편이다. 그러나 시민들의 지적 욕구를 채워주는 건강한 출간물은 풍부하지 않다. 제대로 검증하지 못한 오류가 교과서를 비롯한 역사미디어를 통해 유포되어 일본 우익이나 국내에서 '강제동원은 없었다'고 주장하는 역사부정론자들의 좋은 표적이 되기도 했다. 역사미디어는 시민들이 역사와 접하는 창구인데, 오히려 창구가 역효과를 낸 셈이다. 이런 상황을 맞이한 가장 큰 책임은 학계에 있다. 일제강제동원&평화연구회가 시민 대상의 출판에 노력하는 이유이다. 일제강제동원&평화연구회가 2011년 8월 창립 이후 2022년 말까지 출간한 총 30권의 총서에서 시민 대상의 출판물은 26권에 달한다.

시민들의 건강한 역사 인식은 바로 일제 강제동원의 역사가 남긴 교훈을 되새기고 미래로 나아갈 수 있는 길이다. 학계는 시민들이 스스로 일제 말기 강제동원의 역사를 이해하도록 노력해야 한다. 가장 좋은 방법은 당시 있었던 사실, '팩트Fact'를 제공하는 것이다. 이러한 문제의식에 따라 일제강제동원&평화연구회는 '팩트로 보는 일제 말기 강제동원' 시리즈를 기획했다. 이 시리즈 기획의 배경은 다양한 주제별로 공식 문서와 신문기사, 사진, 명부, 회고록 등 풍부한 자료를 제시함으로써 강제동원에 관심을 가진 시민들의 갈증을 조금이나마 해소하려는 것이다.

김세걸은 『진실의 서로 다른 얼굴들 ─ 일본, 영화로 사유하다』소나무, 2017에서 "집단적 기억의 왜곡과 조작을 통해 가해자 의식의 결핍, 피해자 의식의 과잉으로 특징되는 한·중·일 3국의 역사 인식의 재생산"을 지적했다. 뼈 아픈 지적이다.

그러나 '가해자 의식의 결핍, 피해자 의식의 과잉'은 과거형이 아니다. 특히 2018년 10월 한국 대법원의 '징용 소송' 판결 이후 일제 강제동원의 역사는 제대로 평가받지 못하고 있다. 한국의 역사부정론자들은 『반일종족주의』를 출간해 '왜곡'과 '뒤틀림'을 부채질했다. 이에 뒤질세라 일본 정부는 2021년 니가타新潟현의 사도광산을 세계유산후보로 신청하면서, 2015년 세계유산 등재에서 시작한 역사왜곡과 부정을 주도했다. '징용 소송' 판결 이후 한국 정부의 원론적 대응은 피해자 사회의 '출구'를 막은 꼴이 되었다. 2023년 3월 6일 한국 정부가 발표한 '징용 소송 배상 해법' 발표는 양국민의 역사인식을 크게 퇴보시키는 결과를 가져왔다. '3월 6일 발표'에 고무된 일부 일본 정치인들이 '강제동원을 부정'하는 법안을 제정하겠노라고 기염을 토하고, 이런 소식을 접한 한국민은 상처받고 분노하는 상황으로 이어지고 있다. 김세걸이 지적한 '가해자 의식의 결핍, 피해자 의식의 과잉'의 현상이 아닐 수 없다.

이러한 상황은 어떻게 해야 벗어날 수 있는가. 출발점은 양국민이 일제 말기 강제동원의 역사라는 '사실의 무게'를 제대로 느끼는 일이다. 뜨거우면서도 차갑게, 혐오와 왜곡, 감정 소모 없이 역사를 직시해야 한다.

'팩트로 보는 일제 말기 강제동원' 시리즈의 제2권은 미쓰비시三菱 광업 사도佐渡광산에 동원된 조선인 광부에 관한 모든 자료를 통해 사도광산이 우리의 역사와 어떠한 관계가 있는가를 풀어낸 책이다.

사도광산을 둘러싼 일본 정부의 역사왜곡 문제는 2021년 12월, 일본 정부가 세계유산 등재 후보 신청서를 제출하면서 한국 사회에 알려졌다. 일본이 사도광산을 세계유산으로 등재하려는 움직임은 2006년 니가타현과 사도시가 일본 문화청에 '금과 은의 섬 사도 - 광산과 그 문화'라는 주제로 잠정목록 제안서를 신청하면서 시작되었다. 그 후 일본정부가 2010년 '금을 중심으로 하는 사도광산의 유산군'을 잠정목록에 올리면서 세계유산으로 향한 걸음은 빨라졌다. 그러나 위원회국무총리 소속 대일항쟁기 강제동원피해조사 및 국외강제동원희생자 등 지원위원회, 2015년 12월 폐지 조사과장 재직 보도자료를 통해 '강제노역 작업장'임을 제기한 후 잠잠해졌다. 이 점은 2015년 7월 7일자 『니가타일보』 보도에서도 확인할 수 있다. 그러다가 2018년에 내용을 변경축소한 후 2021년에 다시 등재를 하겠다고 나섰다.

일본이 사도광산을 세계유산으로 등제하려 하는데, 왜 당사국도 아닌 한국이 문제를 제기하는가. 500여 년에 달하는 사도광산의 전체 역사 가운데, 침략전쟁과 무관한 에도시대의 역사만을 세계유산으로 등재하려 하기 때문이다. 아베 전 총리가 '역사전쟁'을 선포하며 역사를 정치에 이용하려는 목적을 노골적이고도 공개적으로 드러내 유네스코 정신을 외면하고 있기 때문이다. 사도광산은 1492년 발견 이후 임진왜란 등 침략전쟁 군자금과 에도 막부의 통치자금을 조달한 탐욕의 땅이었다. 사도광산이 가장 번성했던 시기는 아시아태평양전쟁 시기이며, 이 시기에 동원한 조선인은 최소 1,500여 명에 달했다. 그런데 이러한 사실은 은폐한 채 일부의 역사만을 인정받으려 하는 것이다. 일본은 이미 2015년 '메이지 일본의 산업혁명유산, 제철·제강·조선·석탄산업'의 세계유산 등재 과정에서 세계를 상대로 한 약속을 어겼다. 2015년 일본은 세계유산위원회에 세계시민들이 완전한 역사full History를 이해할 수 있도록 해설 전략을 수립하겠다고 약속했으나 지키지 않았다. 참다 못한 세계유산위원회가 2021년 제44차 총회에서 결의문을 통해 개선을 요구했으나 일본 정부는 2023년 현재까지 여전히 모르쇠로 대응하고 있다. 그런 상황에서 다시 일본이 사도광산의 일부 역사만을 등재하겠다고 나선 것은 세계시민이 공유해야 할 보편적 가치를 무시한 반역사적 처사이다.

일본의 행태를 바로 잡고, 보편적 가치를 공유하기 위해 필요한 것은 사도광산의 완전한 역사를 이해하는 일이다. 도대체 사도광산이 어떤 역사를 가졌으며, 한국사와 무슨 관련성이 있는지 아는 일이다. 『팩트로 보는 일제 말기 강제동원2-미쓰비시 사도佐渡광산의 조선인』

은 사실의 무게를 느끼기 위한 도구 가운데 하나다. 사도광산 조선인 강제동원과 관련해 현재까지 발굴한 모든 자료를 수록했다. 현장을 찾아 촬영한 사진도 넣었다.

"강제로 끌고 간 공식 문서가 있다면 내놓으라!" 일본군'위안부' 피해의 강제성 문제를 둘러싼 공박에서 늘 빠지지 않는 가해자일본 측의 그럴 듯 한 주장修辭이다. 그들은 '실증'이라는 명분을 내세워 '피해자는 공적 문서를 남길 수 없다'는 점을 약점으로 삼고 공격의 빌미로 활용한다. 팩트를 내세우며 저지르는 무책임하고 위험한 일반화의 오류이다.

그렇다. 피해자는 공적 문서를 남길 수 없다. 가해의 문서는 가해자가 생산했고, 가능하면 감추려 하기 때문이다. 그러나 가해자 측이 만든 공식 문서를 발굴하지 못했다 해서 피해의 역사가 부정되는 것은 아니다. 사도광산의 조선인 강제동원도 마찬가지다. 일본 정부와 기업이 남긴 문서가 얼마나 많은가에 따라 강제동원의 피해 정도를 결정하는 것은 아니다.

아무리 다양한 성격의 사료를 분석한다 해도 역사기술에서 주관성을 완벽하게 배제할 수 없다. 다만 역사학자는 주관적 객관성을 추구하기 위해 노력할 뿐이다. 그러나 특정한 목적과 시각으로 사료를 대한다면 자의적 해석을 낳게 되고, 그 결과물은 왜곡과 선동의 도구가 될 수 있다. 몇몇 역사부정론자들만의 이야기가 아니다. 사도광산의 세계유산 등재에 나선 일본 정부. 일본 정부와 역사부정론자들의 역사왜곡을 막겠다고 나선 이들, 모두가 범할 수 있는 오류이다. 의도가 공익적이므로 또는 악의적 의도가 없으므로 등등의 이유로 덮어주는 것도 '우리 안의 오류'에 동참하는 일이다. 끊임없는 자기 성찰만이 '의도치 않은 공범'을 피하는 길이다.

『팩트로 보는 일제 말기 강제동원2 – 미쓰비시 사도佐渡광산의 조선인』 출간의 공功을 꼽는다면, 헌신적으로 자료를 제공해준 분들과 도서출판 선인이 으뜸이다. 특히 '팩트로 보는' 시리즈는 편집자의 많은 노고가 들어가는 책이다. 이번에도 박애리 실장과 편집실 덕분으로 거친 원고가 훌륭한 책으로 세상에 나오게 되었다. 아울러 거칠고 오기 투성이의 초고를 꼼꼼히 수정하고 수려하게 다듬어준 조건 연구위원의 노고가 있었기에 완성도를 높일 수 있었다. 깊은 감사를 전한다.

2023년 7월
정혜경

사도광산 조선인 강제동원에 관해 기념비적인 논문을 발표했고, 자료 발굴과 분석에 헌신하신 히로세 테이죠広瀬貞三 선생님께서 2022년 급작스럽게 서거하셨다. 늘 격려의 말씀과 함께 기꺼이 귀중한 사료를 제공해주셨던 선생님께 마음 깊은 감사와 함께 영면을 기원한다.

[일러두기]

- 독자들의 이해를 돕기 위해 항목마다 주요 용어와 사실事實에 대해 설명했다.(■)
- 앞의 항목에서 설명했음에도 필요하다고 판단한 용어와 사실은 중복 설명했다.
- 외국어 인명과 지명은 병기했다.
- 한자가 필요한 단어는 괄호를 이용했다.
- 자료신문, 문서는 가능한 원문 그대로 표기했고, 원문에서 설명이 필요한 부분은 [*]를 추가했다.
- 자료신문, 문서의 제목은 한글로 기재했다.
- 자료 원문에서 강조할 문장은 굵은 글자나 붉은 색으로 표시했다.
- 자료의 출처는 제목 옆에 기재했다.

■ 미쓰비시(三菱)광업(주) 사도(佐渡)광산

1467년~1989년폐광

일본 헤이안平安 시대 말부터 사금의 산지니시마카와 사금산로 알려졌고 1542년에 은을 캐기 시작해 1601년부터 금산을 운영한 후 1989년까지 주로 금을 캔 곳

센고쿠戰國 시대에 도요토미 히데요시豊臣秀吉는 은을 임진왜란 당시 군자금으로 사용했고, 에도江戸 막부 시대의 권력자들은 금과 은을 통치자금으로 사용

에도 막부: 도쿠가와 이에야스德川家康는 1601년에 사도섬을 천령天領이라는 직할령으로 지정하고, 1603년 광산의 일부를 직영으로 운영

메이지明治 정부: 일본 정부의 관유화 조치에 따라 1868년 공부성工部省이 소유. 그 후 농상무성農商務省과 대장성大藏省을 거쳐 1889년 궁내성宮內省 어료국御料局 소유로 바뀌었다가 1896년에 미쓰비시 합자회사 소속

미쓰비시 합자회사는 1918년 미쓰비시광업㈜으로 전환

아시아태평양전쟁기: 구리 등 채굴해 침략전쟁을 위한 군수물자 원료조달처 역할

1989년 3월 모든 채굴을 중단하고 미쓰비시 머터리얼미쓰비시광업㈜의 후신의 자회사인 ㈜골든사도가 운영권을 인수. 현재 미쓰비시 소속

■ 사도광산의 조선인(강제동원 이전)

1889년 일본 궁내성 어료국이 설치한 사도 광산학교기술자 양성소에 조선인 3명 입학. 1892년 4월 제1회 졸업생 조선인 박창규朴昌圭, 구연수具然壽, 박치운朴致雲. 조선 정부의 광산 정책에 따라 입학해 근대 광산학을 배움

돈벌이 조선인: 1902~1929년 간 조선인 노동자 21명

■ 사도광산의 조선인 강제동원

1939년 2월부터 1945년 7월까지 매년 조선인 노무자 동원최소 1,519명

1944년 군수성 지정 군수공장

사도광산 위치

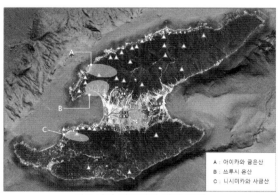

A : 아이카와 금은산
B : 쓰루시 은산
C : 니시미카와 사금산

사도시의 대표적인 광산 유적

건물 기와에 새긴 미쓰비시 문양(2019.5.13. 촬영)

미쓰비시 마크가 선명한 건물의 벽면(2019.5.13. 촬영)

1

―

조선인을 강제동원하라
― 모집, 이입, 징용

1) 일본인 대신 조선인을 투입하라

사도광산은 미쓰비시광업㈜ 사도광업소가 니가타新潟현 사도시에서 운영한 여러 갱을 부르는 이름이다. 사도광업소는 주로 사도섬 중심부에 있는 아이카와相川 지역을 중심으로 여러 개의 갱을 운영했다.

사도광산은 조선인 강제동원의 현장이다.

언제부터 조선인을 동원했는가. 1939년 2월부터 동원했다.

1939년 2월은 일본 정부가 일본 본토에 조선인을 강제동원하기 이전이었다. 일본 정부는 1939년 7월 4일 각의결정 「1939년도*쇼와 14년도 노무동원 실시계획 강령」과 1939년 7월 28일 일본 내무성·후생성 차관이 내린 정책 통첩 「조선인 노무자 내지 이주에 관한 건」에 따라 그해 9월부터 한반도에서 일본지역으로 노무자를 보내기 시작했다. 그러나 사도광산은 이보다 앞선 1939년 2월부터 조선인을 동원했다.

사도광산 측은 1939년 2월 충남지역 출신자들을 제1진으로 동원했다. 1939년 2월, 사도광산이 제1진으로 동원한 조선인의 정확한 규모는 알 수 없다.

당시 노무과 소속이었던 스기모토杉本奏二는 "내지인*일본인 갱내노무자에게 규폐진폐환자가 많아 광석 산출 성적이 기대에 미치지 못하고 내지*일본의 젊은이들이 군대로 가야 하므로"

조선인을 동원했다고 했다.

스기모토의 구술을 통해 사도광산 광부들에게 규폐진폐가 매우 심각한 질병이었음을 알 수 있다. 또한 1937년 7월에 시작한 중일전쟁이 1939년에 들어서는 더욱 심각한 상태였으므로 일본인 남성의 징집률은 높아만 갔다. 이같이 일본인이 제대로 광석을 캐지 못할 상황이었으므로 조선인을 대신 투입했다.

■ 모집에 나선 노무과 소속 스기모토는 "한 마을 당 모집 20명에 40명이 몰릴 정도" 라고 했다. 왜 이렇게 인기가 있었을까.

그 답은 스기모토 스스로가 알려주고 있다. "1938년 남조선의 대 가뭄과 기근으로 농민들의 곤궁함이 극에 달했기 때문"이라고.

또한 "광산에 취로를 희망해서가 아니라, 이미 자유 도항해서 정착하고 있던 선배 및 지인에게 의지해 일본에서 생활하기를 희망한 자가 많았으며, 시모노세키下關 및 오사카大阪에 도착하고 나서 도주하는 자가 많았다"고.

1919년부터 시작된 극심한 남조선의 대 가뭄은 조선인 강제동원에 큰 영향을 미쳤다. 1919년, 1924년, 1929년, 1929년, 1932년, 1935년, 1936년, 1938년, 1939년에 걸친 대 가뭄한발은 그야말로 농촌을 쑥대밭으로 만들었다. 계속되는 한발의 피해를 추스릴 새도 없이 다시 한발 피해를 입는 상황이었다. 고향에서 농민들은 누구의 도움도 받을 수 없었다. 아무런 도움도 받지 못하는 농민들은 그저 굶어 죽는 수밖에 없었다. 이러한 절망적 상황에서 조선을 통치하고 있던 조선총독부는 무엇을 했는가.

조선총독부는 계속 이어지는 가뭄으로 농토를 잃은 농민들을 구제하는 대신, 고향 밖으로 내몰았다. 조선총독부가 나서서 가뭄피해 지역 도지사에게 공문을 보내 남양군도, 화태(남사할린), 만주로 떠나도록 했다. 1939년초에 있었던 일이었다.

■ 모집이라고? 모집도 강제동원?

1939년 2월의 동원 방식은 모집이었다. 모집이란 노무자를 동원하는 세 가지 방식 가운데 하나였다.

딩국은 노무자를 모집하는 세 가지 방식을 동원경로라고 불렀다.

동원경로는 모집1938.5~1945.6, 국민징용1939.10~1945.6, 관알선1942.2~1945.6 등 세 가지였다.

세 가지 동원경로를 운영하고 주관한 담당 기관은 일본 국가권력이었다. 동원 규모중복인원를 보면, 국민징용은 526,041명이고, 모집과 관알선은 7,008,388명이다.

세 가지 동원경로의 공통 사항은 모두 공권력으로 집행했다는 점이다. '조선인을 고용하고자 하는 고용주일본기업가 신청한 인원수를 일본 정부가 조정해 배당하고, 조선총독부와 조정한 후 확정해 송출'하는 것이다. 일본 정부 기관, 조선총독부, 남양청 등 통치기관이 담당했다.

흔히들 모집 → 관알선 → 국민징용의 순서대로 단계별로 강제성이 강화되었다고 생각하는데 그렇지 않다. 모집이나 관알선도 노무자를 선정하는 작업부터 기차와 배에 태워 보내는 과정까지 모두 도·군·면의 직원노무계와 면서기과 마을 이장, 그리고 경관의 몫이었다. 특히 노무자 인솔과 수송은 관할 경찰서의 몫이어서 경찰이 인솔했다. 1943년 3월 19일에 일본 메이지광업㈜가 모집한 한인 105명을 보내는 책임자는 황해도 봉산군 사리원 경찰서장이었다.

그렇다면 세 가지 동원경로의 차이는 무엇일까. 사고나 사망에 대해 일본 정부가 책임을 지는가 아닌가 하는 점이었다. 징용은 사고나 사망 부조금을 정부가 지급하도록 규정했고 식량이나 수송 과정에 필요한 비용을 정부가 부담했다. 이에 비해 모집과 관알선의 경우, 사고나 사망에 대한 부조금은 기업의 몫이었다. 그런데 그 돈은 회사가 마련한 것이 아니라 노무자들도 모르게 각종 보험에 가입시키고 월급에서 일괄 공제해서 충당했다. 조금이라도 손해를 보지 않겠다는 심산이었다.

기업 입장에서 보면, 모집이란 회사에 이득이 컸다. 일본 정부는 기업이 노무자를 착취하는 것을 모른 척했고, 오히려 기업이 노무자를 착취해 생산한 물품에 대해 우선 수매 방식을 통해 기업의 이익을 보장해주었기 때문이다. 기업이 노무자를 부려 생산량을 높이면 정부에서 받는 돈이 늘어나 이득이 커지므로 당연히 착취하게 되었다.

기업은 노무자를 데려오는데 들어간 비용을 노무자의 임금에서 공제했다. 연락선 승선비, 기차삯 등 교통비, 숙박비, 부산에서 입힌 국민복값을 빚으로 얹어놓고 매달 월급에서 공제했다. 회사 모집인이 경성에서 묵었던 여관의 숙박비와 조선총독부 관리들에게 쓴 접대비도 조선인 노무자 몫이었다. 물론 당사자는 모르는 빚이었다. 이들이 짊어진 빚은 '선대금先貸金'이라고 했다.

항구에서 지급한 국민복과 신발값도 조선인이 갚아야 할 빚이었다. 작업장에 도착해 일을 시작해도 빚은 줄어들지 않고 오히려 늘어났다. 탄광에서 쓰는 곡괭이, 일본 버선, 숙소의 전등, 탄광용 랜턴 등에 모두 사용료를 계산하고 있었기 때문이다. 형편없는 숙소와 이불 사용료, 식비는 물론, 아플 때 받아먹은 약값도 월급에서 꼬박꼬박 빼갔다. 별의별 이름의 보험료와 주민세도 내야 했다. 이러저러한 것을 제하면 마이너스를 의미하는 빨간 숫자가 남았다. '적자'였다. 1년 이상 열심히 일을 해서 빚을 갚아야 용돈이라도 구경할 수 있었다. 현장은 열악했고 노동조건은 가혹했으므로 사고가 자주 일어나 사망자가 속출했다. 이것저것 다 제외하면 남는 돈이 없어 고향에 송금도 할 수 없었다. 그러다 보니 노무자들의 불만이 높아졌다. 노무자들의 불만이 고향에 널리 알려지자 모집이 어려워졌다. 관청 사람이 무서워 모집에 응하기는 해도 부산항에 도착하기 전에 다수가 탈출해버렸다. 1939년에 5.2%였던 탈출자가 1940년에는 37.2%로 늘었다. 그래서 관알선으로 바꾸어 수송 과정에서 탈출을 방지하고 대량수송문제를 개선하기로 했다. 그런데도 탈출은 오히려 늘어나 1943년에는 40%가 되었다. 전황이 기울어가는 마당에 생산성을 높이고 민중의 불만을 잠재우기 위해서는 정부가 책임지는 모습을 보여주어야 했다. 그래서 할 수 없이 징용제도를 확대했다.

■ 스기모토는 누구일까

『월간 Asahi』 1992년 9월호의 「현대사 비화 - 전쟁과 인간」은 문필업자 장명수가 기고한 '사도 연행의 조선인과 그 가족의 상적傷跡'이라는 기사를 실었다. 이 기고문에는 S가 등장한다. 일본인 이름은 스기모토다. 바로 1939년 2월에 조선인을 모집해 간 사람이다. 윤씨 성을 가졌으나 장명수는 이름을 밝히지 않고 S로 표시했다.

1991년 당시 고향집을 지키고 있던 스기모토 아내의 이야기에 따르면, 군청의 직원이었는데, 어느 날 말도 없이 집을 나가 일본에 간 후 사도광산의 모집인이 되었다고 했다. 장명수를 만난 동네 사람들은 윤은 '일본인 앞잡이'라며, "만약 돌아온다면 죽여버리겠다"고 벼르는 사람이 있을 정도였다. 고향 사람들을 동원해 모진 고생을 시킨 주인공이었기 때문이다. S와 다섯 살 차이가 나는 동생 윤의중尹儀重에게도 형은 '부끄러운 존재'였다. 1944년 가을에 야스쿠니신사에 쌀을 봉납하는 청년단의 일원으로 도쿄에 갔을 때 사도에 가서 형과 만났다. S는 일본인 료장 아래 부료장으로 일하고 있었는데, 병으로 일 나가지 못하는 동포에게 식권을 줄 수 없다는 등 가혹한 짓을 하고 있었다. 너무도 변한 형을 보고 "부끄러웠다." 형제와 고향 사람들이 외면한 존재, S에 대한 상세한 내용은 이 책 '제10장 피해자를 찾아 떠난 길 – 일본 현지 시민단체가 생산한 자료'에서 확인할 수 있다.

자료 원문 아이카와마치사 편찬위원회相川町史編纂委員會, 『사도 아이카와의 역사 - 통사편, 근현대佐渡相川の歷史 - 通史編, 近現代』, 1995, 679~680쪽

전쟁 중 많은 조선인들이 광산에 와서 노동했다. "1939년에 시작된 노무동원계획은 명칭이야 모집, 관알선, 징용으로 변하지만, 조선인을 강제적으로 연행한 사실에서는 같은 성질을 가졌다"(『니가타현사』근대편 10)는 지적을 받는 바와 같이, 이것은 사도광산 하나에만 국한한 일이 아니라 니가타현 내 금속광업, 시나노가와(神農川) 발전공사, 오우메(靑梅) 전기화학공업 등에서도 조선인의 취로가 확인되었다. 1942년 1월 니가타 현내 연행자는 1,708명을 헤아렸다고 여겨지며 그 가운데 가장 많은 것이 사도광산의 802명(오자와 유사쿠小澤有作 편, 『근대민중의 기록』 10 – 재일조선인)이다.

1939년 2월 제1진 모집을 위해 조선(충청남도)으로 건너간 사도광산 노무과 스기모토 쇼지(杉本奏二, 1972년 도쿄도 오우메시 거주)의 증언에 따르면, "작년 1938년은 남조선의 대 가뭄, 기근으로 인해 농민들의 곤란함이 극에 달해 있었다"고 한다. 한 마을 당 20명 모집에 약 40명의 응모가 쇄도할 정도였다. 그러나 이것은 광산에 취로를 희망해서가 아니라, 종전에 자유 도항한 선배 및 지인에게 의지해 내지(*일본)에서 생활하기를 희망한 자가 많았으며, 시모노세키 및 오사카에 도착하고 나서 도주하는 자가 많았다.

사도광산이 조선인 모집을 개시한 이유에 대해 스기모토씨는 "내지인 갱내 노무자 가운데 규폐(*진폐)를 앓는 자가 많아 출광(出鑛) 성적이 뜻대로 되지 않았으며, 일본의 젊은이들이 잇따라 군대에 징집되었기 때문이기도 하다"고 한다.

朝鮮人労務者の動員

戦争中たくさんの朝鮮人の人たちが、鉱山へきて働いた。「昭和十四年に始まった労務動員計画は、名称こそ募集、官斡旋、徴用と変化するものの、朝鮮人を強制的に連行した事実においては同質であった。」（『新潟県史』近代編一〇）と指摘されるように、ひとり佐渡鉱山に限らず、県内の金属鉱業、信濃川発電工事、青海電気化学工業などにも朝鮮人就労がみられた。十七年一月には県内への連行者は一七〇八人を数えたとされ、もっとも多かったのが佐渡鉱山の八〇二人（小沢有作編『近代民衆の記録』一〇、在日朝鮮人）である。

昭和十四年二月第一陣の募集割当てに朝鮮（忠清南道）へ出向いた佐渡鉱山労務課、杉本奏二氏（昭和四十九年に東京都青梅市在住）が語ったところによると「前年の十三年は南鮮は大干ばつ、飢饉で農民などには困難その極に達していた」という。一村落二〇人の募集割当てに約四〇人の応募が殺到したほどであった。が、これは鉱山への就労を希望したものでなく、従前に自由渡航した先輩や知人を頼って内地で暮らしたいという者が多く、下関や大阪に着いてから逃亡した人が多かった。佐渡鉱山が朝鮮人募集を開始した理由として杉本氏は「内地人坑内労務者に珪肺を病む者が多く、出鉱成績が意のままにならず、また内地の若者がつぎつぎと軍隊にとられたためである」という。

2) 조선인 광부 300명을 데려오라

『니가타일보新潟日報』에 따르면, 1941년 3월 사도광업소는 '조선인 광부 300명을 추가로 이입하기 위해 노무과 차석 요코야마 쇼산橫山正三을 조선에 급파'했다.

히라이 에이이치平井榮一의 『사도광산사 고본佐渡鑛山史 稿本』에 따르면, 1940년 말까지 광업소는 648명의 조선인을 동원했다. 그런데 이 인원도 부족하다고 여긴 회사 측이 직원을 조선에 보내 동원에 열을 올린 것이다.

일본의 총동원체제기에 각 기업의 노무과는 인력 수급과 관리를 통해 업무 능률을 높이는 역할을 하는 부서였다. 적절한 인력을 동원하고, 작업 현장에서 성실히 일하도록 독려하며 확보한 인력이 탈출하지 않도록 감시하는 일까지 모두 노무과의 역할이었다. 특히 미쓰비시광업㈜은 노무관리 업무를 매우 중요하게 생각해 1920년부터 본사에 노무관리 담당 부서를 설치하고, 소속 탄광회사에도 설치 운영했다.

사도광업소의 노무과 소속이던 요코야마도 인력 동원의 역할을 수행하기 위해 급히 조선으로 가게 된 것이다. 당시 사도광업소는 금을 확보하려는 정부 정책에 따라 증산 목표를 채우기 위해 착암기를 늘리고, 해안에서까지 광물을 채취하고 있었다.

■ 미쓰비시광업의 노무관리

미쓰비시광업㈜에서 노무관리 업무의 초석을 놓은 사람은 미쓰비시광업㈜ 본점에 근무했던 히라사와 쓰요시平沢幹. 1888~?이다. 그는 일본 노무관리의 선구자이자 미쓰비시광업의 노무관리 시스템을 확립한 인물로 평가받는다. 이와테현岩手縣에서 태어난 히라사와는 1915년에 도쿄東京제국대학 법과대학 정치과를 졸업한 후 1916년 미쓰비시합자회사 탄광부에 입사했다. 히라사와는 대학의 인문계열 출신자로서 최초로 탄광산회사에 입사한 인물이다. 대부분의 탄광산 회사들이 창업 초기에는 대학의 광산야금과 졸업생 등 기술자만을 채용했기 때문이다. 미쓰비시에 입사한 히라사와는 1919년 워싱턴에서 열린 제1차 국제노동기구ILO 총회를 견학하고, 유럽 각국의 노동 사정을 시찰한 후 귀국해 1920년에 본점 총무과에 최초로 노무계과 거에는 광부계가 신설되자 초대 노무계 주임이 되었다. 그가 초대 노무계 주임이 되었다는 것은 최초로 노무계를 신설했음을 의미한다. 미쓰비시가 탄광업에 노무계를 신설한 것은 급증하는 소속 탄광부의 노무관리가 시급했기 때문이었다.

노무관리의 필요성은 일본 정부도 실감하고 있었다. 1922년 8월 일본 정부는 건강보험법안을 위해 농상무성에 노동과를 신설했다. 일본공업클럽은 주요 민간 기업의 노무 담당자 20명을 조사 위원으로 선정하고 정부가 작성한 「건강보험법 요강」의 검토를 의뢰했다. 민간 회사의 노무 담당자가 위원으로 발탁되어 공동 조사에 착수한 것은 처음 있는 일이었다. 히라사와도 이 일원이었다.

제1차 워싱턴 국제노동기구 총회에서 여성 및 연소자의 야간 노동 금지, 지하 광업 금지가 채택되자 일본 광업계는 큰 충격을 받았다. 이에 1924년 3월 석탄광업연합회와 광산간담회가 주축이 되어 관민 공동으로 광업노동사정조사회를 조직했다. 민간 측에서 간사로 실무를 담당한 인물 가운데에도 히라사와를 찾을 수 있었다. 일본 정부는 이 조사회의 보고를 토대로 「광부노역부조규칙」을 개정했다.

미쓰비시광업에서는 1925년 이쿠노生野광산을 시작으로 1927년까지 대규모 소속 광산에서 큰 노동자 파업이 발생했다. 여기에 충격을 받은 미쓰비시 본사는 1925년 6월에 '노무심의회'를 신설하고 노동조합, 노동협의회위원회 등을 검토해 향후 방침을 결정했다. 히라사와는 이 업무의 실무자였다.

미쓰비시광업의 노무 조직은 1934년 3월 총무부 노무계가 승격해 노무부가 되었다. 노무부 부장副長이던 히라사와는 1936년 3월 초대 전임 노무부장으로 취임했다. 패전 때까지 그 직책을 맡은 듯하다. 노무부는 산하에 노무계, 복지계, 서무계를 설치했고 후에 현장계를 추가했다.

미쓰비시광업㈜에서 출발한 노무관리 부문은 이후 후루카와합명古河合名, 후루카와광업古河鑛業, 니혼강관日本鋼管, 시바우라芝浦전기, 스미토모住友 본점, 스미토모 신동소住友伸銅所, 미쓰이광산三井鑛山 등으로 이어졌다. 이들 기업은 모두 직제상 독립된 인사 노무 담당 부문을 설치 운영했다.

『니가타일보(新潟日報)』, 1941년 3월 13일자]

산금 국책에 대처해 아이카와마치 해안의 광석 부스러기까지 채취하고 있는 미쓰비시 사도광업소에서는 한도가 있는 광석 부스러기의 완전 채취 후의 광진(鑛眞) 확보를 위해 채광계획을 확충, 한반도에서 산금전사 3백 명을 추가로 이입하고자 노무과 차석 요코야마(橫山正三)씨를 조선에 급파했다. 금년 중에는 착암기 운전대수를 2백으로 증가해 산금 증산 목표를 완수하기 위해 대 박차를 가하게 되었다.

3) '전사'로 치켜세웠지만

조선인을 동원한다는 기사는 1941년 4월 10일 『니가타일보新潟日報』에서도 찾을 수 있다. 기사에서는 당시 사도광업소에서 일하는 조선인을 '약 6백 명'이라 보도했다.

'약 6백 명'은 1940년 말에 '사도광산 조선인이 648명'이라는 히라이 에이이치平井榮一의 자료 『사도광산사 고본佐渡鑛山史 稿本』의 내용과 크게 차이 나지 않는다.

3월 13일자 기사에 노무과 차석 요코야마가 약 300명을 모집하러 출발했다고 보도했는데, 그 후속 기사에 해당한다. 기사에 따르면, '반도노무자를 반 영주적으로 머물게 할 방침'으로 약 300명을 동원할 준비를 하고 있다고 한다. '반 영주적으로 머물게 할 목적'으로 가족 단위로 동원하는 것이다.

이같이 1941년의 목표는 300명이었으나 실제로는 미치지 못한 것으로 보인다. 히라이의 자료에서 1941년 말까지 동원한 조선인은 280명이었기 때문이다. 더구나 280명도 모두 가족을 거느린 조선인은 아니었다. 1943년 5월 사도광업소가 작성한 자료에서 사택 거주 광부는 117명이었다. 1940년 4월에 이미 가족 동반 광부가 50여 명이었다고 하니, 50여 명을 제외하면 70명 정도가 1941년에 동원한 가족 동반 광부가 아니었을까.

■ 강제동원인데 가족과 같이 지낸다고?

가족동반정책은 탄광산 노동력 안정생산성 증대, 노무관리의 효율성을 위해 적용했던 당국의 정책이었다. 노무자의 가족 동반은, 일본 본토나 남사할린은 주로 탄광에서, 남양군도는 농장노무자를 대상으로 각각 실시했다. 가족이 있으면 탈출하기 어렵고, 가족을 생각해서 더욱 열심히 일할 것이라 생각했기 때문이다. 그러므로 가족과 같이 지낸다는 것은 광부를 생각해서가 아니라 실적을 올리기 위한 일본 당국의 꼼수였다.

1940년 4월에 후쿠오카福岡현에 있던 메이지明治광업 히라야마平山광업소가 작성한 「이주반도노무자초청가족명부移住半島勞働者呼寄家族名簿」(국가기록원 소장 『일제하피징용자명부』 수록)가 가장 이른 시기의 자료이다.

그러나 1940년 4월에 일본 정부가 공식적으로 가족동반을 허용한 것은 아니었다. 당국이 작성한 가족동반 관련 공문서는 1941년 1월에 처음 찾을 수 있다. 1941년 2월 27일, 일본 내무성 경보국 보안과장은 조선인 노무관리의 효율성을 위해 가족을 불러오는 방법을 촉진할 것을 명했다. 그리고 같은 해에 스미토모住友 고노마이鴻之舞광업소에 적용했다. 스미토모 고노마이광업소에 적용할 때 발동한 문서는 「반도노무원통리요강半島勞務員統理要綱」 (1941.1)이다.

반도노무원통리요강은 가족을 불러오는 정책의 취지를 기재했다. '조선인노무자의 성적性的 문제 해결을 위한 방법의 하나이자 심리적 안정을 도모하는 방법'으로 채용한다는 취지였다. 가족을 불러올 수 있는 노무자는 가동 성적이 우수한 사람으로 선정 대상자를 제한하고 있었고, 모집 조건에 가족동반을 제시함으로써 모집과 생산성 제고를 촉진하고자 하는 목적도 있었다.

이같이 정책적 필요에 따라 실시한 가족동반정책이었으나 당국은 마치 시혜를 베푸는 듯 호도했다. 고노마이광업소가 작성한 자료 「1942년도 가족초청관계」를 보면, '성격이 유순하고 품행이 좋으며 도박을 한 번도 하지 않고 출가出稼성적도 양호해 매월 4~50원 이상 실적을 올리며 가족 중에 노동 가능자가 있는' 광부들을 대상으로 가족을 초청하도록 했다. 가족 중에 노동할 수 있는 가족이 있는 광부에게 우선적으로 가족을 불러올 수 있도록 했음을 알 수 있다. 한 사람이라도 더 부려먹으려는 생각을 감추지 않았던 것이다.

사도광업소 측에서도 광부의 '정주화'를 통해 안정적인 노동력을 확보하고자 했으므로 가족동반정책을 실시했다. 이미 1940년 4월에 50여 명의 가족동반 광부가 있다고 했으니, 시기적으로 보면, 고노마이광업소보다 빨랐다.

자료 원문 「반도인 산금 전사」
『니가타일보新潟日報』 1941년 4월 10일자

산금전사로 사도광업소에서 일하고 있는 조선인(반도) 노무자는 약 6백 명을 헤아리는데, 그 중 가족을 동반한 50여 명을 제외하고 대부분은 료에서 거주하고 있다. 광업소 당국에서는 이들 조선인 노무자로 하여금 반 영주적으로 머물게 할 방침 아래 그 가족들을 순차적으로 불러와 이번 달에 40가구 약 100명, 다음 달에 80가구 약 200명을 ■■할 준비 중에 있다. 그런데 어려운 상황(난문)이 발생한 바, 일본어를 할 줄 모르는 학동에 어떻게 대처할 것인지 학교 측에서도 그 조치에 부심해 ■학무과는 지시를 기다리고 있지만 결국 광업소 측에서 조선(半島)의 학동 전문 교사를 초치할 수밖에 없는 모양이다.

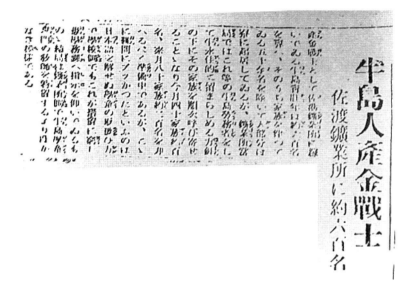

4) 조선인 1,519명을 동원했다는데

사도광업소는 1939년부터 1945년 7월까지 조선인을 동원했다. 그러면 총 몇 명을 동원했을까. 미쓰비시광업㈜나 사도광업소가 공식적으로 조선인 동원 인원수를 밝힌 자료는 없다. 그러나 미쓰비시광업㈜이 출간하려 했던 책 원고에서 실마리를 찾을 수 있다. 『사도광산사 고본佐渡鑛山史 稿本』이라는 자료이다.

『사도광산사 고본佐渡鑛山史 稿本』이라는 이름은 고故 히로세 테이죠広瀬貞三 교수가 붙였다. '사도광산사의 원고'라는 의미이다. 이 자료는 1950년에 히라이 에이이치平井榮一가 작성해 회사에 제출한 원고이다. 완성한 원고는 아니고 작성 중인 미완성 원고로 여러 군데에 추기追記한 흔적이 있다. 845쪽에서 '합계 1,519명을 이입했다'는 문장을 찾을 수 있다. '이입移入'이란 당시 일본 정부가 사용한 용어인데, '조선에서 동원'을 의미한다.

그렇다면, 1,519명이라는 숫자는 믿을 수 있는가. 『사도광산사 고본』을 작성할 당시, 집필자인 히라이는 회사 측이 제공한 자료를 사용한 것으로 보인다. 그러므로 이 숫자는 사도광업소의 공식적인 통계일 수 있다. 그러나 기업의 공식통계가 실제와 차이가 나는 경우는 매우 많다. 그러므로 최소 1,519명으로 이해하는 편이 좋을 것이다. 이후에 새로운 자료를 발굴한다면, 조선인 강제동원의 규모는 달라질 것이다.

■ 히라이 에이이치의 『사도광산사 고본佐渡鑛山史 稿本』

이 자료는 현재 사도시 아이카와相川향토박물관과 미쓰비시사료관이 소장하고 있다. 두 소장처 자료는 동일한 복사본이다. 미쓰비시사료관 소장본은 ㈜골든 사도 소장자료로 보인다. 2000년대에는 니가타新潟현립도서관에서도 소장하고 있었는데, 자료 기탁자인 ㈜골든 사도의 의향에 따라 비공개가 되었다.

표지에 '쇼와昭和25년'이라 기재되어 있으므로 1950년에 완성한 것으로 보인다. 목차에 따르면, 천 쪽에 달하는 방대한 분량인데, 한국이 입수한 자료는 표지와 목차 6쪽, 내용 6쪽 등 극히 일부이다. 2022년 1월 14일 고 히로세 테이죠 교수가 자료 가운데 조선인 해당 부분을 한국 측에 제공했다.

1949년 당시 사도광산의 소유권자인 다이헤이大平광업 사장이었던 하니 미치유키羽仁路之가 히라이에게 『사도광산사』의 원고 집필을 의뢰한 결과, 탄생했다. 그러나 『사도광산사』는 출간되지 못하고 초고의 상태로 남았다. 그래서 『사도광산사』가 되지 못하고 『사도광산사 고본』이 되었다.

히로세 교수는 이 자료를 "주로 미쓰비시광업 본점에 제출한 「사업보고서」 등을 엮은 듯하나, 온전히 정리된 상태는 아니다. 그래도 근대 사도광산의 경영을 파악할 수 있는 제1급 사료"라고 평가했다.

■ 그런데 왜 다이헤이大平광업?

1950년에 미쓰비시광업이 미쓰비시광업과 다이헤이광업으로 분리되었기 때문이다. 이후 다이헤이광업은 1952년에 미쓰비시금속광업으로 회사명을 변경한 후 1973년에 다시 미쓰비시금속으로 변경했다. 미쓰비시광업은 1973년 미쓰비시광업시멘트로 사명을 변경했다. 두 회사는 1990년에 미쓰비시머터리얼로 통합되었다.

자료 원문 히라이 에이이치平井榮一, 『사도광산사 고본佐渡鑛山史 稿本』 1950, 845쪽

(9) 조선 노무자 사정

중일전쟁의 확대와 함께 광원(*일본인)의 응소(應召. *입대)도 갈수록 증가하면서 증산계획 수행상 난관이 발생하고 내지(*일본)의 구인이 절대적으로 불가능한 상태가 되자 1940년 2월 조선인 노무자 98명을 모집하였고 5월 248명, 12월 300명, 1941년 280명, 1942년 79명, 1944년 263명, 1945년 251명, 총 1,519명을 이입했으나 종전과 동시에 잔류 인원 1,096명을 송환했다.

5) 1941년에 징용 가던 청년들

사진이 한 장 있다.

가나가와神奈川현 가와사키川崎시에 사는 박순이朴順伊가 가지고 있던 사진이다. 사진 아래에 '징용당한 동료들과 함께'라는 문장이 있다. 사진에 펜으로 쓴 '쇼와昭和 16년' 즉 1941년이라는 글자가 선명하다.

AD004 : 佐渡徴用 1941年 出典·提供 : 朴順伊氏

徴用された仲間といっしょに

재일코리안생활문화자료관 소장
(http://www.halmoni-haraboji.net/exhibit/archives/sheet02/sheet2-chouyou.html)

사진에는 한복과 국민복, 그리고 양복을 입은 청년들과 한복과 일본 옷차림의 여성, 아이들의 모습이 보인다. 왼쪽에 서 있는 인물은 인솔자일 것이다.

어디서 찍었는지는 알 수 없다. 일본인지 조선인지도 알 수 없다.

박순이는 22살 때 일본에 왔다. 박순이의 남편林永大은 해방 후 가와사키시에 살면서 동포들의 권익 옹호에 힘썼다고 한다. 임영대는 충남 공주군 출신이었는데, 충남 논산에 살던 임태호平林泰鎬에게 보낸 엽서가 남아 있다.

박순이가 언제부터 가와사키에 살았는지 알 수 없다. 그런데 사도광산에 동원된 조선인들 가운데 가와사키에 사는 이들이 많다. 1919년 충남 논산에서 태어나 1940년 11월 사도광산에 동원된 임태호도 탈출에 성공한 후 가와사키에 정착했다. 그는 1997년 9월 사망할 때까지 가와사키시에 살았다. 그가 어떤 연유로 탈출 후 가와사키로 갔는지는 알 수 없다.

가와사키는 일본 패전 이후 전국 각지의 광산에 일하던 한인들이 모인 곳이기도 하다. 당시 가와사키시에는 일본강관㈜와 하청업체가 많아서 일자리가 풍부했다고 한다. 아무래도 일자리가 풍부한 곳이다 보니 사람들이 모이지 않았을까. 일본강관㈜는 아직도 건재하다.

6) 재단법인 중앙협화회 통계

사도광산이 동원한 조선인 강제동원에 관한 통계는 다른 자료에서도 찾을 수 있다. 재단법인 중앙협화회가 1940년과 1942년 기준으로 산출한 통계이다.

두 가지 통계는 「업종별 모집조선인노무자이주 및 재적수 조사」1939년 9월부터 1940년 3월까지 조사 결과와 「조선인노무자모집상황」1941년 3월 31일자 조사 등 두 가지 자료이다.

「업종별 모집조선인노무자이주 및 재적수 조사」는 1988년에 오자와 유사쿠小澤有作가 편찬한『근대민중의 기록 – 10 재일조선인』수록 자료이다.

「조선인노무자모집상황」는 규슈九州대학 기록자료관도서실이 소장한 자료이다. 미야치 히데토시宮地英敏가 규슈대학 경제학회,『경제학연구』77집2010년 6월 출간에 두 종류의 통계를 종합해 하나의 버전으로 수록했다.

1940년 통계를 보면, 850명의 모집 허가를 받았는데, 실제로 동원한 조선인은 651명이었다. 1942년 6월까지 누적 조선인 인원은 1,003명이고, 당시 사도광산에서 일하고 있던 조선인은 802명이었다.

■ 재단법인 중앙협화회

협화회는 일본에 거주하는 조선인을 통제하기 위해 일본 당국이 만든 통제조직이다. 1920년대에 들어서 일본에 돈벌이하러 오는 조선인이 늘어나자 1924년 5월 5일, 당국은 오사카부청 내에 오사카부 내선협화회를 설치하고 조직을 인근 지역으로 확대했다. 당국이 오사카에 주목한 이유는 조선인이 가장 많이 거주하고 밀집 지역을 형성하고 있었으므로 강한 결속력을 우려했기 때문이다. 그러나 내선협화회는 경찰 당국이 예상한 기대를 충족하거나 조선인의 호응을 얻지 못했으므로 교풍회를 설립했다.

그런데도 별 효과를 거두지 못하자 당국은 다시 1936년에 협화회를 세우게 되었다. 일본 내무성은 1936년에 총 23개 부현에 협화회를 설치했다. 각 부현의 경찰서 특고과와 내선계가 협화회를 담당했다. 협화회는 1938년 중앙협화로 발족했다. 1938년 11월 당시 창립발기인을 보면, 내무성 경보국장·척무성 관리국장·총독부 정무총감·문부성 전문학무국장·

후생성 사회국장·귀족원 의원 2명·후생차관 등이다.

1939년 6월 29일에는 재단법인 중앙협화회 설립 총회를 개최했다. 중앙협화회는'협화회 수첩'을 통해 조선인의 취업과 이동을 통제했다. 통제체제는 1944년 11월 중앙협화회가 중앙흥생회로 바뀌었으나 조선인의 통제기구라는 점에서는 변함이 없었고, 오히려 통제체제는 강화되었다.

■ 연도별 통계

동원 인원수를 알 수 있는 자료는 1940년부터이다. 자료에 나오는 모든 통계를 정리해보면, 〈표 1〉과 같다.

〈표 1〉 사도광산 조선인 강제동원 규모 현황(단위 : 명)

연번	조사 시기	동원 인원	현재 동원 인원**	근거
1	1940년	850(모집허가)/651(동원)	-	(재)중앙협화회 자료
2	1940년 7월	-	332	사도광업소 자료(반도인 노무자에 관한 조사보고)
3	1940년말	648		平井榮一,『佐渡鑛山史 稿本』1950, 845쪽
4	1941년	280		//
5	1941년 4월	약 300명	600명	『新潟日報』1941.3.13,「産金增産へ半島から戰士三百名募集」; 4.10,「半島人産金戰士」
6	1942년	79		平井榮一,『佐渡鑛山史 稿本』845쪽
7	1942년 6월	1,003*	802	(재)중앙협화회 자료
8	1943년 5월	1,005*	584	사도광업소 자료(사도광업소반도노무관리에 대하여)
9	1943년 5월	-	584	平井榮一,『佐渡鑛山史 稿本』1950, 846쪽
10	1944~1945년	263	584+263=847	平井榮一,『佐渡鑛山史 稿本』845쪽 ※증가분
11	1945년	251(1,005+514=1,519*)	847+251=1,168	平井榮一,『佐渡鑛山史 稿本』845쪽 ※증가분, 1945년 합계 1,519명이라 기재
12	패전 당시	-	1,200	相川町史編纂委員會,『佐渡相川の歷史 - 通史編, 近現代』1995, 680쪽 ※추정치
13	패전 후 송환	-	1,096	平井榮一,『佐渡鑛山史 稿本』845쪽
14	1949년 2월	-	1,140	공탁금 자료 현황표

* 조사 시기 기준 총 누적 인원(연인원)

** 동원 후 탈출이나 전근, 감원 등 이유로 남은 인원(실제 노역에 투입한 가동 인원)

사도광업소는 1939년 2월 이후 1945년 7월까지 조선인을 동원했다. 당국은 연합군의 해상 공격으로 한반도 외 송출이 불가능하게 되자 공식적으로 1945년 4월에 한반도 외 송출을 중지했으나 사도광산은 무리하게 조선에서 광부를 데려온 것이다. 동원지역도 충남지역에서 시작해 경북, 전남, 전북, 충북 등으로 확대했다.

사도광산 측은 조선인 광부 중 일부를 1945년 6월부터 사이타마埼玉와 후쿠시마福島의 군시설 공사장으로 전근 조치했는데, 일본 패전 이후 8월 26일과 8월 27~28일 이틀에 걸쳐 다시 사도로 데려왔다. 그런데 전근되었던 조선인 광부들 가운데 총 319명이 돌아왔다. 89명은 동아오지 않은 것이다.

아이카와경찰서장이 니가타현 지사에게 보고한 내용에 따르면, 89명은 '도중에 탈출'했다고 한다. 광산 측이나 당국은 일본 패전 후에도 여전히 조선인 광부에 대해 '도주'라는 표현을 사용했다.

1939~1940년 모집 허가수 : 850명

고입 총수 : 651명

1942년 3월 고입 총수 : 1,003명

1942년 6월 고입 총수 : 1,003명

현재 수 : 618명

1942년 3월 현재 수 : 841명

1942년 6월 현재 수 : 802명

業種別	就 業 場 所	就業場所在地	昭和14年度 昭和15年度 募集許可数	労務者 雇入総数	※17年3月 雇入総数	※17年6月 雇入総数	労務者 現在数	※17年3月 現在数	※17年6月 現在数
新潟県									
金属山	日本鉱業株式会社　三川鉱山	東蒲原郡三川村	40	39	74	74	39	59	62
金属山	電気化学工業株式会社　青梅工場	西頸城郡青梅町	100						
金属山	三菱鉱業株式会社　佐渡鉱山	佐渡郡相川町	850	651	1,003	1,003	618	841	802
金属山	[日曹鉱業株式会社　飯豊鉱山]							13	9
							(657)	(913)	(873)
土建	飛島組株式会社作業所	中魚沼郡上郷村	300		−	20		−	20
土建	[株式会社間組　鉄道□□信濃川発電工事]	中魚沼郡奥津村			77	77		64	45
土建	[西松組]	中魚沼郡千手町			202	342		50	150
土建	[鹿島組　水力発電工事]				66	143		59	130
土建	[西本組]				95	95		85	55
							(0)	(258)	(400)
工場	電気化学工業青梅工場				99	99		97	63

2

강제노동의 현장

1) 조선인 숙소 : 상애료

조선인들 가운데 단신자들은 신고로마치新五郎町의 제1상애료, 시모야마노가미마치下山之神町의 제2상애료, 스와마치諏訪町의 제3상애료, 지스케마치次助町의 제4상애료 등 총 4개소의 합숙소飯場, 함바에서 생활했다. 네 군데 상애료의 위치는 2022년 10월 24일 현지에서 확인했다.

이 가운데 1943년 이후에 사용한 숙소는 제1,3,4상애료이다. 제2상애료는 주로 일본인 근로보국대원의 숙소로 사용했기 때문이다. 가족동반자들은 야마노가미山之神의 사택에 거주했다.

상애료에는 몇 명씩 수용했을까. 시기마다 달랐다. 1943년 5월의 사도광업소가 작성한 자료에 따르면, 제1상애료 185명, 제3상애료 157명, 제4상애료 124명, 사택 117명 등 총 584명이었다. 1944년에는 제1상애료 수용인원이 늘었다. 「조선인 연초 배급명부」에 따르면, 1944년 말부터 1945년간 제1상애료 수용인원은 228명이었고, 제3과 제4상애료는 268명이었다. 이 시기 사택 거주자는 알 수 없다.

제4상애료諏訪町와 떨어진 곳大工町에 제4상애료 급식소가 자리하고 있다. 조선인들은 매일 이곳에서 밥을 먹고 갱구까지 거친 길을 편도 1시간 반 동안 걸어서 다녔다.

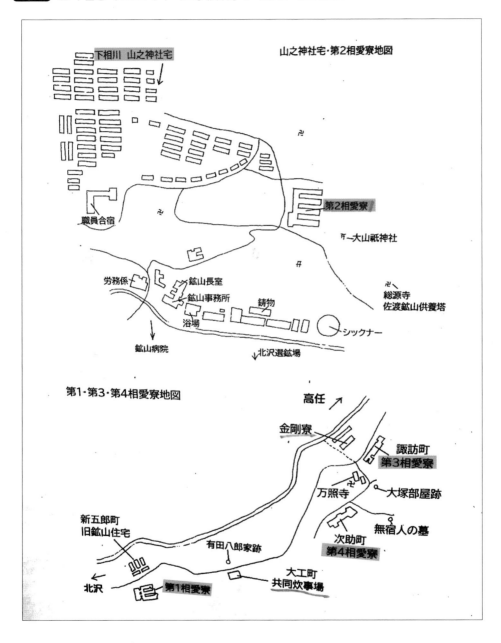

왼쪽부터 제1~제4 상애료

제4상애료 급식소가 있었던 자리(2022년 10월 24일 촬영)

2) 조선인 숙소 : 임시 숙소와 금강료

사도광업소에서 조선인들을 상애료에 수용하기 전에 임시로 사용한 숙소大工町와 금강료諏訪町가 있었다. 임시 숙소는 여러 군데 있었던 것으로 알려져 있는데, 50명 정도를 수용했다고 한다. 광업소 직원이었던 신보 무네키치新保宗吉가 운영한 임시 숙소는 그의 이름을 따서 신보료라고도 불렀다. 특별고등경찰이 보고한 자료『특고월보』에서 임시 숙소를 운영한 이유를 '전원을 수용할 합숙소 설비가 없었기 때문'이라고 밝혔다.

금강료는 제3상애료 바로 아래에 있었다. 이곳은 상시적으로 조선인을 수용한 곳이 아니라 교육과 통제가 필요한 조선인을, '악습을 가진 자'로 분류해서 특별교육시키는 곳이었다. 1943년 사도광업소가 작성한 보고서사도광업소, 「반도노무관리에 대하여半島勞務管理ニ就テ」에서 잘 알 수 있다. "교련을 실시"했다는 문장은 '폭력적인 관리'의 다른 표현일 것이다.

1992년 한국에서 현지조사를 실시했던 보고서사도 아이카와 미쓰비시광산에 강제동원된 조선인의 조사에 대한 보고佐渡相川三菱鑛山に强制連行された朝鮮人の調査についての報告에서 금강료 이야기를 찾을 수 있다.

생존피해자 노병구는 "금강숙金剛塾은 미성년자를 수용하는 숙소로서 매일 아침7~7시 30분과 저녁8~8시 30분에 황민화 교육과 기술지도"를 했다고 했다. "말을 듣지 않으면 기합을 주었다"고 했다. 기합이란 얼차려와 체벌을 의미하므로 폭력적인 교육이었음을 짐작할 수 있다. "조선어를 잘 아는 일본인이 노무과에 있었다"고 하는 것을 보면 교육의 효과를 위해 조선어를 사용한 것으로 보인다.

자료 원문 사도광업소佐渡鑛業所, 「반도노무관리에 대하여半島勞務管理ニ就テ」(1943년 6월)에서 금강료에 대한 내용

광산에 들어올 때에는 보도학급(상, 중, 하 등 3학급으로 나누어 상급은 국민학교 4학년 수료 이상의 일본어 해독력이 있는 자, 중급은 일본어를 약간 이해하는 자, 초급은 일본어를 전혀 이해하지 못하는 자로 한다)을 개설해 3개월간 일본어 교육에 중점을 두고, 아울러 규율훈련, 예의작법 등 일본인 생활에 대한 지도에 노력하는 것 외에, 해당기간 중 여러 강습회를 개최해 보안의식의 철저를 기하고, 취업 이전에 계원이 여러 조업상 주의를 주도록 하고 국민체조 등을 지도한다. 또한 위에서 언급한 교육 외에 악습을 가진 자를 일정 장소(금강료)에 수용해 특별훈련을 실시한다. 현재는 각각 수용소별로 교련을 실시하고 규율훈련에 힘쓴다.

(六) 訓育
移入時ハ輔導學級 (上中下ノ三學級ニ分チ上級ハ國民學校四年修了程度以上ノ國語理解力アル者、中級ハ稍々國語ヲ理解スル者、初級ハ全然國語ヲ理解シ得ザル者トス) ヲ設ケ三ヶ月間國語教育ニ重點ヲ置キ併セテ規律訓練、禮儀作法等內地人生活ヘノ指導ニ努ムル外、啓期間中種々講習會ヲ開催シ保安意識ノ徹底ヲ計ル外、就業前係員ヨリ稼々操業上ノ注意ヲ與ヘ國民體操等ヲ指導ス
尚右ノ外惡習者ヲ一定場所(金剛寮)ニ收容シ特別訓育ヲ施ス
現在ハ各々收容個所別ニ教練ヲ實施シ規律訓練ニ資ス

임시 숙소(일명 신보료, 왼쪽 사진)와 금강료(오른 쪽 사진)가 있던 곳(2022년 10월 24일 촬영)

3) 박순이 할머니가 그린 조선인 사택

사이버 자료관인 재일코리안생활문화자료관에는 가와사키에 살던 박순이 할머니의 구술을 듣고 그린 그림이 있다. 사도에서 살던 마을과 집을 묘사한 그림이다.

그림을 보면, 광산에서 걸어서 4시간 걸리는 자리에 조선인 주택, 즉 사택이 있고, 그 아래 일본인 주택이 있으며, 다시 아래에 조선인 단신자들이 머물렀던 숙소상애료, 그림에서는 함바, 즉 飯場으로 표시가 있었다.

걸어서 4시간이면 매우 먼 거리인데, 왕복 4시간인지 편도 4시간인지 알 수 없으나 왕복일 것이다. 편도 4시간이 걸릴만한 거리는 아니고, 편도 1시간 이상 걸렸다는 구술도 많기 때문이다.

조선인 사택은 긴 구조의 나가야長屋였는데, 현관이 다다미 4.5첩이고, 실내가 6첩이었다고 한다. 일본인 사택과 조선인 단신자 숙소 주변에는 각각 우물이 하나씩 있었다.

그림에서는 마치 단신자 숙소상애료가 모여 있는 것처럼 표현했으나 실제로는 조금씩 떨어져 있다.

재일코리안생활문화자료관 소장
(http://www.halmoni-haraboji.net/exhibit/archives/sheet02/sheet2-chouyou.html)

4) 조선인 광부는 무슨 일을 했을까

일반적으로 광산은 광상의 형태에 따라 노천과 갱내채굴로 구분된다. 갱내채굴의 경우에는 굴진掘進 방식을 택하게 된다. 일반적인 광산의 채광 과정은 굴진에서 시작해 채굴→선광→제련→정련 등 4단계이다.

채굴은 착암鑿巖 후 화약과 전기 등으로 발파하고, 채굴된 광석은 파쇄작업을 통해 선광하게 된다.

선광작업은 광석에 섞여 있는 불필요한 광물을 제거해 광석의 품위品位 : 광석에 함유된 유용광물의 실수량을 바탕으로 하는 광석 등급를 높이고 유용광물을 종별로 분류하는 작업이다.

제련은 선광된 정광精鑛에서 필요한 광물이나 원소를 추출하는 작업이다. 필요에 따라 불순물을 더 제거하고 순도를 높이기 위한 정련 과정을 거치게 된다.

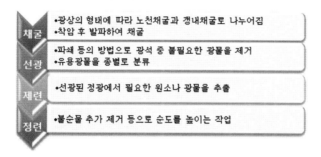

광산의 기본 채광 과정

(국무총리 소속 대일항쟁기강제동원피해조사 및 국외강제동원희생자 등 지원위원회, 『전라남도 해남 옥매광산
노무자들의 강제동원 및 피해실태 기초조사 보고서』, 2012, 19쪽)

사도광산도 갱내채굴이 중심이었으므로 굴진에서 시작해 채굴→선광→제련→정련 등 4단계의 일반적인 광산의 채광 과정을 거쳤다.

사도광업소 자료「반도노무관리에 대하여」, 1943년 6월와 『사도광산사 고본』에 따르면, 광부의 직종은 착암부鑿巖夫, 지주부支柱夫, 운반부, 내 운전부, 외 운반부, 공작부, 정지부整地夫, 제광부製鑛夫, 잡부 등이다. 광부의 직종을 광산의 채광 과정에 적용해보면, 다음과 같다.

굴진 : 착암부, 지주부

채굴 : 착암부, 운반부, 정지부, 공작부, 내 운전부

선광 : 잡부

제련 및 정련 : 제광부

기타, 광물을 선광장으로 이동할 때 : 외 운전부

1943년 기준으로 가장 다수의 조선인을 동원한 직종은 착암부와 운반부, 지주부, 외 운반부였다. 직종의 민족별 구분에 대해서는 두 종류의 자료가 있다. 두 자료는 같은 자료이다. 1943년에 사도광업소가 작성한 보고서를 1950년에 히라이 에이이치가 원고를 쓸 때 그대로 사용했기 때문이다.

〈표 2〉 민족별 직종 현황(1943년 6월 기준)(단위 : 명/%)

구분	일본인	조선인	합계(명)	일본인 1인에 대한 비율
착암부(鑿巖夫)	27(18.0)	123(82.0)	150	4.5
지주부(支柱夫)	39(41.1)	56(58.9)	95	1.4
운반부	80(21.4)	294(78.6)	374	3.6
내 운전부	19(70.4)	8(29.6)	27	0.4
외 운반부	17(25.8)	49(74.2)	66	2.8
공작부	23(88.5)	3(11.5)	26	0.13
정지부(整地夫)	46(68.7)	21(31.3)	67	0.46
제광부(製鑛夫)	85(81.7)	19(18.3)	104	0.22
잡부	52(82.5)	11(17.5)	63	0.21
기타	321(100)	0	321	
합계	709(54.8)	584(45.2)	1,293	82

– 자료: 사도광업소佐渡鑛業所, 「반도노무관리에 대하여(半島勞務管理ニ就テ)」(1943년 6월); 히라이 에이이치平井榮一, 『사도광산사 고본(佐渡鑛山史 稿本』, 1950, 846쪽
– 파란색 글자 : 인용자(정혜경)가 한 표시

■ 나카가와 젠타로中川善太郎가 작성한 보고서 「니가타현사도군사도광산실습보고新潟縣佐渡郡佐渡鑛山實習報告」의 제련 과정

「니가타현사도군사도광산실습보고」는 경성광산전문학교 채광학과에 다니던 나카가와 젠타로가 3년간 학업을 마치고 마지막 과정으로 사도광산에 가서 실습한 내용을 정리한 보고서이다. 1941년에 제출했는데, 손으로 쓴手記 자료이다. 총 67쪽이며, 총 6편으로 구성되어 있다. 총 6편 가운데 제4편과 제5편에 금 제련과정을 기술했는데, 44쪽에는 그림으로 표현하기도 했다.

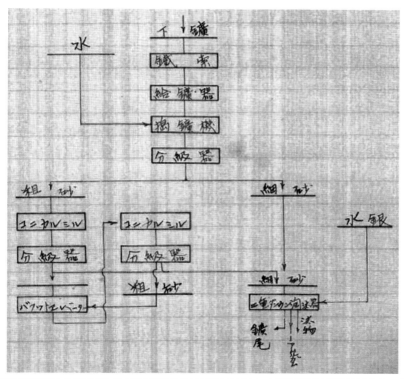

나카가와 젠타로(中川善太郎), 「니가타현사도군사도광산실습보고(新潟縣佐渡郡佐渡鑛山實習報告)」,
1941년, 44쪽

자료 원문 사도광업소佐渡鑛業所, 「반도노무관리에 대하여半島勞務管理ニ就テ」, 1943년 6월

〈표 3〉 직종별 (5월 말 현재)

	착암	지주	운반	내운전	외운전	공작	정지	제광	광부	기타	계
조선인	122	56	294	8	49	3	31	19	11		584
일본인	27	39	80	19	17	23	46	85	52	321	709
비율	4.5	1.4	3.6	0.4	2.8	0.13	0.46	0.22	1.21		82

자료 원문 『사도광산사 고본佐渡鑛山史 稿本』(미출간), 1950, 846쪽

1943년도 5월의 직종별 인원 및 일본인 노동자와 비율은 다음과 같다.

	착암	지주	운반	내운전	외운전	공작	정지	제광	광부	기타	계
조선인	122	56	294	8	49	3	31	19	11		584
일본인	27	39	80	19	17	23	46	85	52	321	709
비율	4.5	1.4	3.6	0.4	2.8	0.13	0.46	0.22	1.21		82

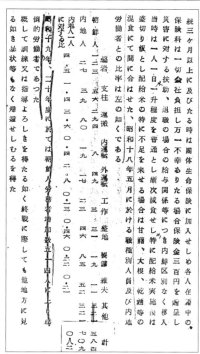

5) 적국 미·영을 쳐부수기 위해 오늘도 증산에 힘써 주세요!

사도광업소가 당국에 보고한 자료에 따르면, 광산 일은 1일 3교대1번은 아침 6시~오후 3시, 2번은 오후 2시 반~밤 11시, 3번은 밤 11시~다음 날 아침 6시였다. 그러나 1943년 8월 22일자 『니가타일보』 신문기사 「현지보고12」에서 기자가 직접 도리고에갱鳥越坑, 1942년 10월 채굴을 시작한 갱에서 채굴과정을 경험한 내용을 보면, 12시간 2교대였다.

이 기사는 기자가 직접 광산에 가서 현장을 경험한 르포기사였다. 규정은 3교대였지만 실제로는 광부의 반수 가량이 잔업을 많이 해서 3교대를 할 수가 없었다. 광부들이 잔업을 하게 된 이유는 매일 정해진 할당량을 채워야 했기 때문이다.

또한 신문기사를 보면, 어린 학생 수십 명이 아침 6시 10분에 광산 입구에 와서 일하러 가는 광부들을 독려하는 모습이 있다. 이 학생들이 자발적으로 나왔을까. 아니었을 것이다. 더 많은 광석을 캐서 군수물자로 만들기 위해 어린 학생들을 새벽부터 동원했을 것이다.

게다가 사도광업소는 광부들의 '경쟁심을 유발'하기 위해 매일 채광한 성적을 벽에 붙여놓기도 했다. 당시 분위기가 어떠했는지 알 수 있다.

■ 아이카와 국민학교는 어디에

새벽에 나와서 광부들을 독려했던 아이들은 아이카와 국민학교현재 아이카와 소학교에 다니고 있었다. 그런데 광산과 가까운 지역에는 국민학교가 없었다. 아이카와 국민학교는 광산에서 멀리 떨어진 사도시 시내, 아이카와 욘초메相川4町目에 있었다. 아마 당시에 이곳에서 광산 갱구까지 가려면 걸어서 4시간 이상 걸렸을 것이다. 이같이 멀리 떨어진 곳에서 오는 행사였으므로 특정한 때에 하는 '특별 행사'가 아니었을까. 자주하는 행사가 아니라 해도 어린 학생들이 이 행사를 위해 얼마나 이른 시간부터 집을 나와 갱구 앞에 대기하고 있었을지 짐작할 수 있다.

광산에서 멀리 떨어진 아이카와 국민학교

■ **이세신궁**伊勢神宮

일본에서 가장 큰 규모의 신사神社이다. 일본 중세시대 이후 이세신궁이 모시고 있는 아마테라스태양신가 일본의 수호신으로 숭앙받으면서 일본인이라면 누구나 일생에 한 번 정도 참배해야 한다고 할 정도로 상징적인 신사가 되었다.

■ **협화회**協和會, 교와카이

일본 본토에 거주하는 조선인을 감시·통제하기 위한 조직

사도광업소 문에는 "완승(完勝)은 매일같이 목표를 돌파하는 것으로부터, 증산은 불굴불요(不屈不撓)의 전의 (戰意)로부터, 근로와 무사고로 쳐부수자 미·영"이라는 표어가 붙어 있다.

오전 6시 10분, 문 남측에서 아이카와 국민학교 어린이 수십 명이 출근하는 광부들에게 "여러분, 좋은 아 침입니다. 적국 미·영을 쳐부수기 위해 오늘도 증산에 힘써 주세요"라며 말을 건넨다.

갱내에서는 작업에 앞서 "일동 궁성을 향해 요배를 하는데 칠흙같은 갱도 안쪽을 향해 절을 하고 전몰장 병과 전선 장병들에게 감사의 묵도를 한 후 이세신궁과 산신령에 절을 올리고 마지막으로 모두 목소리를 맞춰 협화회(協和會) 강령을 제창했다."

그 다음에 "사무실 직원이 총출동해 빈틈없는 작업지시가 시작됐 다." 작업지시란 당일 할당 지역의 업무를 광부에게 전달하는 것이 다.

"사도광산은 2개 조로 나누어서 매일 채광 성적을 게시, 산업 전사 의 경쟁심 유발로 증산 실적 확대에 경주했다."

6) 신(神)의 이름으로 강요한 강제노동

당시 사도교회에는 30여 명의 조선인 광부들이 다니고 있었다. 1941~1950년간 사도교회에서 재직한 노무라 호스케野村穗輔는 「사도전도회상기」를 남겼다. 당시 사도교회에는 30여 명의 조선인 광부가 다니고 있었다고 한다. 회상기에는 교회에 다니던 조선 청년 이야기가 있다. 회상기는 별도의 회상기와 『사도교회 백년의 발자취佐渡敎會百年の步み』에 수록한 회상기 등이 있다. 이 자료는 사도 현지에서 활동하는 고스기 쿠니오小杉邦男 전 시의원이 제공했다.

노무라는 "당시 일본인은 군대에 가서 광산에서 일하는 사람은 거의 대부분 한반도에서 온 사람들이었는데, 2천 명 정도의 노동자가 금산의 채굴에 종사하고 주야 3교대로 광석을 캐고 있었다"고 언급했다.

노무라가 보기에도 당시 사도광산은 매일같이 부상자가 발생하고, 때로는 사망자도 발생하는 그런 힘든 작업 현장이었다. 열악한 조건 아래에서 고통받던 성실한 조선 청년들은 교회를 찾아 고통을 호소했다.

노무라를 찾아온 경득은 "광산계약도 끝났고 조건도 개선되지 않고 있는데 항의도 할 수 없으므로 어머니와 아내가 기다리고 있는 고향으로 돌아가고 싶다"며, 작은 배를 타고 탈출하고 싶다고 했다. 그러나 교역자였던 노무라는 '성경 구절을 언급'하며, 탈출을 막아섰다. '신을 믿고 인내하라'고 권했다. 실망한 경득은 교회에 발길을 끊었으나 탈출에 나서지는 못했다. 신의 이름으로 강제노동을 강요한 교역자는 이 소식을 듣고 안도했다.

자료 원문 노무라 호스케野村穂輔, 「사도전도회상기佐渡傳道回想記」, 『사도교회 백년의 발자취佐渡敎會百年の步み』, 2004, 93쪽; 「조선반도의 청년들」 9쪽

1942년 초여름 경, 청년 석곡경득(石谷庚得. 본명을 「戊庚得이라 표기)이 어느 날 "특별히 상담하고 싶다"고 청한 일로 두 사람이 아이카와 교회에서 이야기를 나누었다.

"나는 징용으로 일본에 왔을 때 2년 계약이었다. 그러나 고향으로 돌아갈 수 없다. 고향에서는 어머니와 아내가 기다리고 있다. 작은 어선을 이용해 니가타로 가서 돌아가고 싶으니 어선을 구해달라"고 했다. 당시는 항구마다 조선 청년의 탈출을 막기 위해 형사가 지키고 있었다.

나(노무라)는 당시 전시 상황을 설명하고 나라를 위해 그렇게 할 수 없다고 말했다. 매일 부상자가 발생하고 사망자까지 발생하는 상황을 알고 있었으나 방법이 없었다.

조선의 청년들

노무라 호스케 (1941-1950 년 재임) 「사도 전도 회상기로부터」

1942년 10월경, 아이카와 교회(회당)의 당번 아주머니가 "어제, 조선 청년이 와서, 목사님을 만나고 싶다"고 했다고 하길래 "금요일 오후 3시경부터 와 있으니까"라고 전해달라고 했습니다.

당시 일본인은 응소(*입대)해서 광산에서 일하는 사람은 대부분 한반도의 사람들로, 2천 명 정도의 노동자가 금산 채굴에 종사해, 주야 3교대로 광석을 파고 있었습니다. 다음 주 금요일에 만나보니, 무경득(戊庚得)이라는 사람으로 일본 이름을 이시야 경득이라는 30대의 사람이었습니다. 그는 반드시 교회 집회에 나오고 싶다며, 저녁의 집회에 참석했습니다. 집회가 끝나면 자전거로 나카야마 터널을 넘어 돌아갔습니다. 당시 전쟁 중 교회에서 집회를 할 수 없었는데, 이들 때문에 열 수 있었습니다.

그는 매우 열심이었고, 동료까지 데리고 오며, 생선을 사 와서 식사를 같이 하기도 했습니다. 그러던 중 어느 날 그가 "광산 계약 기간이 지나고 있고, 노동 조건은 조금도 개선되지 않는데, 항의도 할 수 없으므로, 작은 배를 구해 사도에서 탈출하려고 생각한다"라고 상담을 해왔습니다. 저는 지금은 그 시기가 아니라고 하며, 오히려 베드로의 편지에 있는 것처럼 "부당한 고통을 받고도 하나님을 부르시고 그 고통을 견디어" 때를 기다리는 것이 좋다고 생각하고, 그렇게 답했습니다. 그는 매우 화가 나서 돌아갔는데 이후에 동료도 오지 않고 본인도 집회에 나오지 않았습니다. 저는 걱정이 되어서 그의 동정을 나름대로 알아보기도 했지만 마음을 전달하지 못한 채 시간이 지났습니다.

1944년(쇼와 19년) 9월, 저도 징용으로 광산에서 일하게 되어 몇 명의 일본인과 기숙사에서 함께 기거했습니다. 어느 비 오는 날에 숙련 광부가 쉬는 날에 '티프라'의 중요한 일을 하라는 지시를 받고 익숙하지 않은 밀차(도로코) 사이에 끼어 척추를 다쳐 집으로 돌아가라는 지시를 받고 병상에 누워 있었습니다.

그 다음 해 봄, 이시미 요조씨를 방문하자, "며칠 전에 경득군을 봤는데, 이번에 오카야마에 있는 아키노베 광산으로 전근가게 되었다. 오카야마는 조선에 가까우니까 라며 기뻐하고 돌아갔다"는 것. 기쁜 소식이 도착했습니다. 그는 아키노베광산에서 준사원으로 발탁되어 사택을 배정받아 고향에서 어머니와 부인을 불러올 수 있게 되었다고 알려주었습니다. 그리고 조재승(趙戴勝)을 중심으로 다시 교회에서 집회가 열릴 수 있게 되었습니다.

〈 이하 줄임 〉

その年の初夏のこと、石谷庚得君が何か「特別に私に相談したいことがある」とのことで、二人きりで相川会堂で話し合った。

「私は、徴用で日本に来る時、二か年の契約であった。しかし私を国に帰してくれる気配がない。国には母と妻とが待っている。私は漁船に乗って、新潟へ出て逃げて帰ろうかと思う。漁船の手筈はすぐ出来る……」と彼は言った。

当時、半島の青年が時々逃げるので、相川付近の漁港には刑事が張り込んでいた。私は、半島の青年に日本の戦時下の状況を説明して、お国のために思い留まらせることは出来ぬと思った。また毎日のように怪我人があり、時々死人の出る状況も知っており、将来の

朝鮮半島の青年たち

野村穂輔（一九四二（昭和一七）年十月頃～一九五〇年在任）「佐渡伝道回想記」より

一九四二（昭和一七）年十月頃、相川の会堂の留守番のおばさんが、「先日、半島の青年で、この道の者が、という人が来て、牧師さんはいるか」と言っていました」という。それで「私は金曜日午後三時頃から来ているから」と伝えてもらいました。と申しました。

当時日本人は応召し鉱山で働く朝鮮半島の人々で、二千人ほどの労働者が金山の採掘に従事し、昼夜三交代で鉱石を掘っていました。彼らは三十位の人で、日本名を石谷庚得と名乗っている人で、庚得と伝えてもらいました。彼は是非集会を会堂でしてもらいたいというので、夜の集会を開くことが出来ました。集会が終わると自転車で、中山トンネルを越えて帰宅しました。そのような中ある日彼が「鉱山を脱出しよう」との相談を受けました。私は、今はその時期でないこと、むしろペテロの手紙にあるように「不当な苦しみを受けたら、神を仰いでその苦痛を耐え忍び」と時を待った方が良いと思うと答えました。彼はとても怒って帰り、それきり友達もこなくなり集会は中絶しました。心配して彼の動静をそれとなく調べたりしましたが心の届かぬまま日が過ぎました。

一九四四（昭和一九）年九月、私も徴用で鉱山で働くことになり、二日の雨の日に、熱練した数名の日本人と寄宿舎で寝起きを共にしました。たくさんの大事な仕事を命じられ、不慣れなトロッコの間にはさまれて、脊髄を痛め、畑宅を貸され、病床につきました。翌年の春、石見要蔵氏が訪問すると、「先日石谷公君が見えた、此度岡山の明延鉱山に転勤になった。」とのこと。先生によろしく、岡山は朝鮮に近いから、と喜んで帰っていった、とのこと。やがて更に嬉しいニュースが届きました。彼は明延鉱山で準社員に抜擢され、社宅を持ち故郷から母親と夫人を呼び寄せてよいとの許可を得ることになったのです。そして、趙戴勝（松山）兄を中心に再び会堂で集会が開かれたことでした。彼は文字が読めず、千字文を購入して学び始め、今は聖国で牧師になっています。もう一つ町の話題になったのは、相川から佐和田まで走ってきて、相川の教会で信徒たちもよく会堂に出席するようになりました。それに刺激されて、相川支店長として特筆されることでした。昭和十八年頃のことでしたが、趙戴勝君などが相川の教会に出席されたことにより、新潟教会の信徒の枡形吉次郎氏が相常に熱心な方で、家庭を解放してくれたことにより、枡形氏も応援されました。そのころ、連水みよし姉と雅昭兄もよく出席され非常に優遇されたことでした。戦後は無事帰還され、日曜の礼拝にも出席しました。

戦後は金泉小学校の松本（宮川）まき姉が友達を連れて出席し、寒風をものともせず帰って行かれました。

7) 경성광산전문학교 나카가와 젠타로의 사도광산 실습보고

서울대학교 고문헌자료실에는 옛 경성고등공업학교 광산학과 및 경성광산전문학교 광산학교 자료가 있다. 그 가운데에서 나카가와 젠타로中川善太郎가 작성한 자료를 찾을 수 있다. 「니가타현사도군사도광산실습보고新潟縣佐渡郡佐渡鑛山實習報告」라는 제목의 보고서이다. 나카가와 젠타로는 경성광산전문학교 채광학과 소속이었다. 보고서의 서문을 통해 1941년 7월 21일에 사도에 도착했음을 알 수 있다.

경성고등공업학교의 전신은 1916년 4월 개교한 경성공업전문학교이다. 1922년 경성고등공업학교로 개명했다. 이 학교의 광산학과는 3년제인데, 3학년을 마친 후에는 광산 실습을 하도록 했다. 1929년 광산학과는 경성광산전문학교로 이어졌다. 경성광산전문학교는 채광학과, 야금학과, 광산기계학과 등 3개과를 두었다. 이 가운데 채광학과 학생들은 광산 실습을 해야 했다.

경성제국대학도 1941년에 이공학부를 설치하면서 3년제 광산야금학과를 두었으나 광산 실습을 했는지는 알 수 없다.

나카가와는 1941년에 「니가타현사도군사도광산실습보고」를 제출했는데, 손으로 쓴手記 자료이다. 총 67쪽이며, 총 6편으로 구성되어 있다. 채광학과생답게 주로 기술적인 면에 관심을 가지고 보고서를 작성했다. 제1장에는 광산의 역사와 오다테갱大立坑 직원 규모 등도 언급했다. 직원 규모를 오다테갱에 국한한 것은 실습 장소가 제한되었기 때문으로 보인다.

1941년 당시 오다테갱大立坑 인원은 201명이었다. 이 가운데 정직원은 6명이고, 195명이 갱내와 갱외에서 일하는 노무자였다. 직종별로 보면, 지주부, 인부, 착암부, 운전부, 단야부, 광부, 대공목수, 선광으로 나눌 수 있다. 이 가운데 인부가 81명남자 79명, 여자 2명으로 가장 많고, 선광이 40명여자 31명, 남자 9명으로 다음을 잇는다. 광부가 20명이고, 지주부와 착암부는 각각 16명씩이다.

1941년은 사도광산이 금 채광에 집중할 시기였으므로 보고서에 언급한 광물은 금이다.

자료 원문 나카가와 젠타로中川善太郎, 「니가타현사도군사도광산실습보고新潟縣佐渡郡佐渡鑛山實習報告」, 1941년

〈서문〉

기대해 온 제1학기 시험이 막을 내린 때는 7월 15일. 1주일 전부터 천둥소리가 크고 엄청난 비가 그칠 줄 모르고 내려 신문은 각지의 홍수범람을 보도하고 천지는 바로 진흙탕이 되어 버렸다.

우리 경성은 위험을 예상하고 초조하게 여장을 꾸려 17일 부산직행 오전 10시 열차로 사도로 향했다.

시모노세키(下關)에 상륙함과 동시에 한강이 범람했다는 경성의 암흑 참상의 소식을 듣고 하늘의 도우심을 감사히 여기며 도쿄행 특급을 타고 평안히 21일 사도에 도착해 실습생이 되었다.

광산에는 꽃이 만발했다.

규슈에서 40여 명의 실습생이 성실함을 목표로 약 1개월 실습기간 중 자제나 형제와 같이 간절히 정성껏 열심히 노력해서 실제와 이론을 교수해 비로소 금광업에 대해 취미를 갖게 되었다.

이 보고서를 작성하는데 적당한 참고서는 1권도 볼 수 없는 상태에서 가르침을 받았으므로 부족한 문장이지만 가르쳐주신 분에게 죄송함을 가지고 무책임한 보고서이지만 후일을 기약하고자 한다.

〈제1장 제6절 오다테갱(大立坑)의 직원 및 인부 수〉

정직원 : 정원(正員), 준원(準員), 준준원(準準員)의 3계급
정원 : 미쓰비시 본사에서 직업 사령을 교부받은 자
준원, 준준원 : 광산 소장이 사령을 교부한 자

기사(정원) : 3명
준원 : 3명
사무원(준준원) : 1명
광부두(頭) : 6명
지주부 : 16명
인부 : 79명
광부 : 20명
착암부 : 16명
운전부 : 9명

단야(鍛冶)부 : 5명

대공 : 1명

여자 인부 : 2명

선광(여) : 31명 갱외

선광(남) : 9명 갱외

이같이 직원 및 인부수로 1일 평균 출광량은 약 100톤 내외

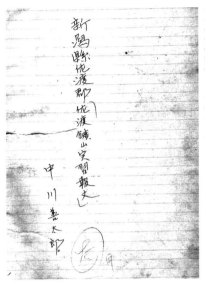

8) 전선과 총후의 투혼을 일치시켜라!

1943년 8월 26일, 『니가타일보』는 시이나椎名 상공차관의 사도광산 시찰 소식을 실었다. 기사는 시이나 차관의 시찰 소식과 히키타引田 내정부장의 소감 등 두 건이다.

시이나 상공차관의 사도광산 방문은 1943년 4월 일본 정부가 내린 금광산정비 조치에 따라 사도광산이 금과 은광산을 휴광하고 구리 등 군수물자에 필요한 광물 생산으로 전환한 후 상황을 점검하기 위한 시찰이었다. 시이나 차관은 8월 24일에 사도에 들어와 첫날은 선광장을 시찰했고, 이튿날에 광차를 타고 갱에 들어가 직접 광부들을 면담했다. 차관은 광부들에게 한 훈시를 통해 "전국戰局이 매우 가혹해지고 있다"며, 전황이 어려운 상황에서 분발을 촉구했다.

시이나 차관의 시찰에 앞서 히키타 내정부장이 먼저 사도 시찰에 나섰다. 8월 21일부터 23일까지 사도에 온 히키타 내정부장은 사도섬 전체를 시찰했다. 기사 제목은 '생활에 활기가 있다'이지만, 내용을 보면, 차이가 있다. 그는 "사도 사람들은 남녀, 아이들도 항상 조직적으로 계획적으로 일해 생산능률을 올리고" 있지만 "사도민들의 시국 인식이 약하다"며 "물자가 너무 풍부해서 전쟁을 실감하지 못하는 것"이라고 각성을 촉구했기 때문이다. 내정부장의 질책성 발언은 차관의 시찰에 앞서 긴장감을 주려는 의도도 있었을 것이다.

■ 일본 정부의 금광산 정비와 사도광산은 무슨 관련이?

일본 정부는 총 세 차례에 걸쳐 금광산 정비를 단행했다. 이 정비를 금광산정비령, 또는 금산정비령·금광정비령이라고 부른다.

일본 정부가 금광산 정비에 나선 이유는 전쟁을 이어가기 위해 철광이나 구리 등 군수물자 조달이 시급해졌기 때문이다. 1941년 12월 일본이 미국 하와이 진주만을 공격하면서 전선을 태평양으로 확대했는데, 1942년 6월 미드웨이 해전에서 패배한 후 태평양 전선에서 계속 패퇴를 이어가는 등 전황이 어려워졌다. 금이나 은광을 휴광休산하고 철광이나 구리 증산에 노동력을 집중 배치하려는 의도에서 나왔다.

첫 번째 금광산 정비는 1942년 10월 22일, 일본 각의내각회의 결정인 「금광업 및 석광업 정비에 관한 건」을 통해서였다. 당국은 '특정 중요광물의 급속증산에 대처하고 동, 구리, 아연, 수은, 철, 망간 등 중요 광물의 생산을 확보하기 위해 금광업의 정리를 단행'했다.

각의결정이 있은 후 11월 30일 상공성은 「금광산조정령에 의한 금광산의 보·휴·폐광과 '설비 및 노동력의 배치전환 등'에 관한 내시内示를 발표했다. 내시는 당국의 금광업 정비 방침이었다. 내시 발표 후 12월 26일 상공성은 전국 주요 금광산 대표자들에게 지시를 내려 홋카이도北海道의 금광산 30개소를 휴광이나 폐광하도록 하고 소속 광부들을 일본 본토의 다른 광산지역으로 전근 조치전환배치하도록 했다.

제2차 정비는 1943년 2월 2일 각의결정 「금광업 정비에 관한 건」을 근거로 실시했다. 제3차 정비 조치는 4월 9일 상공성이 발표한 「금광업 정비에 관한 방침 요지」에 따라 실시했다. 이 과정에서 사도광산도 폐광 대상이었으나 구리 채굴을 명목으로 폐광을 면하고 소속 광부들을 구리 채굴에 집중 배치했다. 그러나 필요에 따라 쓰루시鶴子 은산을 가동했다.

자료 원문 「목표돌파 2할 5부에 경탄, 전선과 총후의 투혼을 일치시켜라, 시이나차관, 사도광산 시찰」
『니가타일보(新潟日報)』, 1943년 8월 26일]

시이나 상공차관은 광산전사를 위문 격려하기 위해 광산국 다카하시(高橋) 총무부장, 기타를 동반해 24일 오후 사도에 입도했다. 차관은 미쓰비시 본사 스즈키(鈴木) 상무, 야마우치(山内) 사도광산장의 영접을 받으며 료쓰(兩津) 부두에서 자동차로 아이카와마치에 직행, 사도광산 선광장을 시찰하고 야마우치 광산장으로부터 사도광산의 역사와 현재의 구리 출광 상황을 청취한 후 아이카와마치 관광호텔에 머물렀다. 이튿날 25일에도 광산을 재차 방문해 1천 8백 척의 지하에서 증산의 곡괭이를 휘두르는 전사들을 격려하고 일동과 함께 동쪽 하늘을 향해 배례한 후 훈시했다.

이에 대해 종업원 대표 혼마 이와조(本間岩藏)군은 "저희를 격려해 주심에 감격해 한 방울의 피마저도 다 바쳐서 적군을 격멸할 때까지 증산에 돌진하겠습니다."라고 힘주어 선서했다. 이후 차관은 작업복으로 갈아입고 광차에 승차해 약 1리 반 안쪽의 도리고에(鳥越) 갱에 도착, 진지하게 감투하는 산업전사의 감투 상황을 시찰, 격려하고 11시에 하산했다. 시찰을 마치고 나서 차관은 다음과 같이 언급했다.

"시찰 목적은 주로 사도광산을 보기 위한 것이었는데, 이 광산은 금에서 동으로 전환하고 아직 얼마 지나지 않았지만 비약적으로 발전해 정부의 예상 이상으로 구리를 대량으로 산출하고 있다. 더욱이 이번 증산 주간에는 할당목표의 2할 5부를 돌파해 훌륭한 증산성적을 내고 있다. 전국적으로 보면 5할 증산의 광산도 있지만 이것은 작은 광산의 경우이고, 하루에 몇 천 톤을 캐는 사도광산같이 큰 광산에서 2할 5부의 증산은 쉽게 될 수 있는 일이 아니다. 이는 빈약했던 금산시대에 배양했던 기술과 종업원의 훈련이 가져온 결과라고 생각한다. 실제로 전환 후의 정리를 훌륭하게 실시하고 있고, 또 종업원도 시국을 잘 인식해 분투해 주고 있다. 특히 갱내에 들어가 봐서 크게 감명을 받았던 것은 지하 몇 천 척이나 되는 갱내에서 조선인(반도인) 60%(6부), 내지인(일본인) 40%(4부)의 갱부들이 형제와 같이 융화해 작업에 종사하고, 게다가 전쟁에서 승리하기 위해 하나라도 더 산출하려는 결의와 기백으로 협력해 능률증진에 힘쓰고 있는 것이었다. 다음으로 중소상공업의 정비는 순조롭게 진행하고 있는 지금 이제 실행에 옮기기만 하면 되는데, 이것은 지방 행정협의회장에게 수고를 부탁드려 공정 타당하게 운용해 갈 방침이다. 기업정비에 따른 잉여 노동력은 후생성의 협력을 받아 심신의 훈련을 거친 후 중점적으로 전용할 것이다. 특히 인적 자원이 부족한 이 때, 한 명의 국민이라도 낭비하지 않도록 중요부문에 배치해 연구와 창의를 통해 최대의 능률을 발휘하고자 한다. 전국(戰局)은 점점 더 가혹해지고 있다. 이제는 야마토(大和) 정신만으로는 이길 수 없다. 총후와 전선의 투혼이 일치하지 않으면 안 된다. 광산의 사명이 중대함이 여기에 있다. 정부는 향후 증산 방면에 노동력과 물자를 배급해 전력 증강에 박차를 가하고자 노력하고 있다."

[사진은 광산시찰과 전사를 격려]

자료 원문 「생활에 활기가 있다. 히키타 내정부장, 사도에서 말하다」
『니가타일보新潟日報』, 1943년 8월 26일]

이미 보도한 21일자 사도 첫 순시에 입도한 히키타 내정부장은 오기(小木)항내 조선소, 마노무라(眞野村) 다카노(高野)된장공장, 사도지청, 사도봉행소 소실 터, 무명도예의 종가 미우라 조잔 씨의 가마, 아이카와 보건소, 가나자와무라 현 시분장 등을 시찰, 격려하고 23일 떠났는데, 이하는 내정부장의 감상이다.

"생각보다 물자가 많이 생산되어 생활이 풍요롭고 활기 넘치는데 놀랐다. 농가가 한해나 기타 악조건 아래에서도 열심히 노력해 금년 쌀 작황이 평년작 가까운 성적을 가져왔다. 그 기백과 노력에 감사해 마지 않을 수 없다. 3일간의 시찰에서 느낀 것은 사도 사람들은 남녀노소 할 것 없이 항상 조직적으로 계획적으로 일해 생산능률을 올리고 또한 상하 모두가 예의를 정확하게 지키고 예절을 존중하고 있다는 점이다. 이는 마노 어릉을 시작으로 황실관계 유명한 신사, 불각이 있으며 12만 도민이 나서서 존경의 마음을 올리고 있으며 이 황실 존중 경신 배불 관념에서 좋은 관습 예절이 탄생한 것이라고 생각한다. 성덕태자는 헌법 제4조에 '군경백료예를 본질로 삼는다. 백성에 예가 있을 때는 국가가 저절로 통치된다'고 있듯이, 태자의 정신이 훈육된 점이 있다. 하지만 사도 사람들은 물자가 너무 풍요로워서 전쟁이 실감나지 않는 것인지 시국인식이 약한 것 같다. 따라서 한층 더 분발해 전력증강에 정진, 봉공해 주기 바란다. 이 전쟁에서 승리하기 위해서는 어찌했건 불가능을 가능으로 바꾸고 증산목표를 완수하지 않으면 안 된다. 마에다

(前田) 지사가 가까운 시일에 북륙(北陸) 5개 현 지사를 소집해 할당증산대책에 대해 협의회를 가질 예정이다. 이 긴박한 정세를 깊이 인식해 한층 더 노력해 주길 열망한다."

9) 광부에서 군인으로, 다중동원

일본 당국은 사도광산에서 강제노역에 투입한 조선 청년들을 군인으로도 동원했다. 조선인을 다중으로 동원한 것이다. 『니가타일보』 1943년 8월 4일과 1944년 9월 6일에서 해당 기사를 찾을 수 있다.

1943년 8월 4일 기사는 입영 관련 기사가 아니고, 징병제 시행에 따른 기원제 기사이다. 기사는 당국의 '병제개혁'에 따라 조선 청년들도 '성전聖戰에 참가하게 되었다'고 표현했다. 이 '병제개혁'은 조선인 징병제를 의미한다. 일본 정부는 1943년 3월 1일 병역법을 개정해 8월에 조선에 적용하도록 했다. 병역법 개정으로 조선인이 병역 대상자가 된 것이다. 8월 4일에 아이카와의 오야마즈미大山祇 신사에서 열린 행사는 바로 병역법을 조선에 적용하는 것을 축하하는 행사였다.

기사 제목은 '반도 출신 산업전사'인데, 기사 본문에 '반도'가 아닌 '조선 출신 산업전사'로 표현한 것이 이채롭다.

신사에서 촌천화영이 조선 청년을 대표해 선서했다. 촌천화영은 제1상애료에 수용되었던 임천화영林川華英. 본명 임화영의 오기로 보인다. 임화영은 1924년생인데, 1945년 3월에 조선으로 돌아갔다. 그가 광복 이전에 조선으로 돌아간 이유는 알 수 없다. 귀선 이유가 '입영'이 아닌 것을 보면, 부상이나 다른 이유로 광산에서 일을 할 수 없었기 때문이 아닐까.

조선인 광부의 입영 기사는 1944년 9월 6일자 기사이다. 징병검사를 실시해 10명이 갑종甲種으로 합격했는데, 그 가운데 총 8명이 입영했다. 이들은 '군가와 나부끼는 깃발의 배웅을 받으며' '어깨에 광산 간부들이 서명한 일장기를 걸치고' 입영을 위해 사도섬을 떠났다.

이날 사도섬을 떠난 8명의 조선 청년유촌익수, 백천■기, 신정광랑, 금본상배, 유천지남, 석원공익, 석원봉주, 남용익은 어떻게 되었을까. 살아서 고향으로 돌아왔을까. 아니면 전선에서 억울하고도 쓸쓸한 죽음을 맞았을까.

한 가지 더. 기사를 통해 그동안 사도광업소 측이 구리 채광에 광부들을 동원한 것에 그치지 않고 국방헌금이라는 명목으로 임금까지 빼앗았음도 알 수 있다. 정말 벼룩의 간을 빼먹은 꼴이다.

■ 조선인 징병제

1942년 5월 1일 육군대신 도조 히데키東條英機 등이 일본 정부에 「조선의 징병제 시행 준비의 건」을 요청했다. 이 건의를 받아 5월 8일 일본 정부는 조선인 징병제를 1944년부터 실시한다고 발표하고, 5월 9일에 「조선에 징병제 시행준비의 건」이라는 각의결정을 공포했다. 일본 내각 정보국은 '8일 각의에서 조선동포에 대한 징병제 실시를 결정해 1944년부터 시행하기로 결정했다'고 발표했다. 조선총독부도 1942년 10월 20일 「조선징병제도 실시요강」을 결정했다.

일본 정부는 1943년 8월 1일 조선에 개정한 병역법을 시행하기 전인 3월 1일부터 징병 적령자를 신고하도록 했다. 이 때 20세 이상의 청년들을 모두 신고하도록 했는데, 조사 결과 징병 예정 적령자 266,643명 중 254,753명이 신고했다.

그렇다면 20세 이상의 조선 청년들만 징병으로 군대에 간 것인가. 그렇지 않다. 1944년 10월 18일 일본 육군성은 병역법 시행규칙을 개정해 17세부터 입영하도록 했다.

이같은 준비를 거친 후 1944년 4월 1일부터 8월 20일까지 제1회 징병검사를 실시해 9월 1일부터 입대 대상자의 입영을 시작했다.

■ 그런데 왜 일본 정부는 조선인 입영을 1942년이 아니라 1944년부터 실시한다고 했을까

조선인을 대상으로 징병제를 실시하기 위해서는 여러 준비가 필요했기 때문이다. 크게 세 가지였다.

하나는 병역법을 개정해 조선인을 징병하도록 법적 조치였다. 병역법의 개정은 그리 어렵지 않았다. 일본 정부는 1943년 3월 1일 병역법을 개정해 8월에 조선에 적용했다.

또 다른 준비는 기류제도를 적용하는 일이었다. 기류제도란, 본적지를 떠나 다른 곳으로 이동하는 상황을 당국이 파악하는 주민등록제도였다. 그런데 1942년 당시 일본 정부는 조선과 조선인에 대해 기류제도를 적용하지 않은 상태였다. 기류제도를 적용하려면 일일이 신고를 받고 확인하는 등 행정업무가 많았기 때문이다. 그런데 조선인에게 징병제를 적용하려면 기류제도는 반드시 필요했다. 당국이 모든 병역 대상자들을 사전에 파악하고 관리해야 하기 때문이다. 이를 위해 일본 정부는 1942년 9월 27일 「조선기류령」을 공포해 10월 15일부터 조선인에게 기류제도를 적용했다. 「조선기류령」은 90일 이상 거주할 목적으로 본적지 이외 장소에 거주하는 자에게 기류계를 제출 신고하도록 규정했다. 일본에 있었던 조선인에게도 적용했다.

세 번째로 중요한 준비는 교육제도를 정비하는 일이었다. 군인으로서 필요한 기본적인 내용을 교육할 필요가 있었다. 징병으로 입영한 조선인들이 스스로를 일본인이라 여기는 정신교육도 필요했다. 일본 당국은 1943년 3월 「조선교육령」을 개정해 징병제 실시에 대비했다. 또한 조선총독부는 「조선청년특별연성령」을 공포하고 조선인청년특별연성이라는 이름으로 교육도 실시했다. 1942년 11월 3일부터 전국에 연성소를 두고 3만 명의 조선 청년을 대상으로 했다. 1944년 4월에는 군무예비훈련소도 설치했다.

■ 군무예비훈련소

조선인 징병 대상자 중 국민학교 과정을 수료하지 못한 조선인을 대상으로 한 교육기관이다. "조선민사령 중 호적에 관한 규정의 적용을 받는 장정에 대해 병역에 복무하기 위해 필요한 심신의 단련, 기타 훈련을 실시해 황국 군인으로서의 소질을 연성"조선총독부령 제177호, 「조선총독부군무예비훈련소규정」하기 위해 설치했다.

이미 당국이 조선청년특별연성소를 통해 교육을 실시하고 있었는데, 군무예비훈련소가 왜 필요했을까. 당국은 조선청년특별연성소 훈련만으로는 불충분하다고 판단했다. 조선총독부는 1944년 징병 적령자 약 24만 명 가운데 현역병으로 동원할 인원을 약 5만 명으로 산정하고 이 가운데 반수 정도를 조선청년특별연성소 수료자로 예상한 후 이들을 대상으로 군무예비훈련소를 설치해 입영 전에 최종적인 군사훈련을 실시하고자 했다. 이를 위해 기존의 육군지원병훈련소였던 육군특별지원자훈련소를 폐지하고 군무예비훈련소로 개편해 운영했다.

■ 일본에 있는 조선 청년들은 어디에서 징병검사를 받았을까.

1943년 8월 1일 병역법에 따르면, 징병검사와 입영은 본적지에서 하도록 했다. 그러므로 사도광산의 조선 청년들도 이미 고향에 가서 징병검사를 마쳤을 것이다. 그리고 다시 사도로 돌아와 광산에서 일하다가 9월 1일 입영을 위해 다시 사도를 출발한 것이다.

■ 익찬회翼贊會

1940년 10월 12일 결성해 1945년 6월 13일까지 존재했던 대정익찬회大政翼贊會를 의미한다. 대정익찬회는 '공익을 목적으로' 한 정치결사를 표방했으나 일당독재의 강력한 정치체제를 지향한 단체였다. 대정大政이란 '천하국가의 정치, 천황폐하가 하시는 정치'라는 의미로 사용했다. '익찬'이란 '천자를 위해 힘을 보탠다'는 의미이므로, 천황을 지키기 위한 단체라는 의미가 된다. 당시 내각총리대신이었던 고노에 후미마로近衛文麿가 주창해 만들었다. 내각총리대신이 총재로 취임했고, 도부현 지부장을 도부현 지사가 각각 겸임했다. 중앙본부 사무국 아래 하부 조직으로 도부현 지부, 대도시 지부, 시구읍면 지부, 반상회, 부락회 등을 두었다. 자발적 성격이 아닌 정부가 주도해서 만든 관변단체임을 알 수 있다.

1942년 5월 26일에는 산하 조직으로 '일본문학보국회'를 결성했고, 그해 6월 23일에는 '대일본산업보국회', '농업보국연맹', '상업보국회', '일본해운보국단', '대일본부인회', '대일본청소년단' 등 6개 단체를 통합해 산하에 두었다. 12월 23일에는 '대일본언론보국회'를 설치하고, 흥아총본부도 설치해 아시아주의를 표방한 단체를 통제하기도 했다.

1945년 3월 30일 조직 일부를 익찬정치회로 개편해 대일본정치회와 통합한 후 일본 정부가 본토 결전에 대비한 국민의용대를 결성하자 6월 13일 해산했다. 그러나 대정익찬회의 해산에 반발한 임원 일부가 호국동지회 등을 결성하는 등 혼란한 상황에서 일본은 패전을 맞았다.

사도군 아이카와마치의 미쓰비시 사도광산에서 감투하는 조선출신 산업전사 중 이번 병제개혁으로 황군의 일원이 되어 성전에 참가 자격을 얻은 청소년은 20 수 명을 헤아린다. 익찬회 사도군 지부는 위 청소년을 축하, 격려하기 위해 1일 오전 5시 새벽(曉川)에 동원해 아이카와의 현 신사인 오야마즈미(大山祇) 신사에서 병제 발전기념, 장정 사기앙양 기원제를 집행했다. 사토 지청장, 야마우치 사도광산장, 호리카와 아이카와경찰서장, 광산 향군 분회장 가타오카 소위의 훈시와 축사가 있었다. 조선 장정을 대표해 촌천화영 군의 늠름한 선서가 있었다.

征け聖戦へ

佐渡鑛山の半島出身産業戦士に
翼賛會支部が激勵

佐渡郡相川町の三菱佐渡鑛山に歓鬪する朝鮮出身産業戦士中今回の兵制改革に依り皇軍の一員となり征戦に参加の資格を得た青少年は二十枚あるが翼賛會佐渡郡支部は右青少年を祝福激勵するため一日午前五時曉天動員を行ひ相川攝社大山祇神社で兵制發達記念壯丁十氣開振新願祭を執行次で佐藤支聽長、山内佐渡鑛山長、堀川相川警察署長、鑛山鄕軍分會長片岡少尉の訓示並に祝辭あり朝鮮壯丁を代表して村川華英君の力強き宣誓があつた

군가와 나부끼는 깃발의 배웅을 받으며 사도광산을 내려가는 8명의 반도 출신 장정이 있다. 보내는 사람도 떠나는 사람도 모두 깊은 감격과 명예로움에 싸여 그중에는 감격에 겨워 눈물을 보이는 이도 있다. 광산에서 일하던 반도청년이 징병검사에 합격, 영예롭게 입대하는 감격스러운 아침이다. 조선에 징병제도가 실시되어 그 첫 번째 검사에 사도광산 반도인 광부 숙소에서 10명이 갑종 합격자가 되었는데, 이번에 유촌익수, 백천■기, 신정광랑, 금본상배, 유천지남, 석원공익, 석원봉주, 남용익의 8명은 드디어 명예롭게 입영하게 되었다. 지금까지 대본영 발표의 전과를 듣고 끓어오르는 감격을 그저 동 증산과 국방헌금에 쏟아부어 왔다. 지금까지 석연치 않았던 기분은 한꺼번에 날아가 버리고 지금은 사도광산 조선인(반도인) 광부 숙소는 감격과 영광과 명예와 환희에 싸여 있다. 출발일 아침, 광산측이 보낸 다케코시 광산장 이하 간부가 서명한 일장기(국기)를 어깨에 걸친 8명은 "여러분 고맙습니다. 건강하게 다녀오겠습니다. 반드시 미영을 격멸하겠습니다"라는 인사말을 하며 늠름하게 길을 나섰다.

[사진은 출발하는 반도 장정]

10) 기원제를 집행한 오야마즈미 신사

『니가타일보』 1943년 8월 4일 기사에서 '병제 발전기념, 장정 사기앙양 기원제'가 열린 곳은 오야마즈미 신사大山祇神社이다.

오야마즈미 신사는 광산의 수호신이다. 모시는 신이 오야마즈미大山積신이므로 '祇'가 아닌 '積'이어야 하지만 '大山祇' 신사로 기재하고, 발음도 오야마즈미로 한다. 신사의 격은 국폐대사國幣大社였다.

1870년대부터 1930년대까지 총 68개소를 세웠고, 시기를 알 수 없는 신사가 7개소, 설립 중 미완 상태가 1개소였다. 시기적으로 보면, 1930년대가 26개소로 가장 많다.

최초로 세운 곳은 에히메愛媛현이고, 오야마즈미 신사의 본사도 에히메현 이마라비시今治市 오미시마쵸大三島町에 있다.

1930년대에 가장 많은 수26개소의 오야마즈미 신사를 세웠다. 일본 본토는 물론이고 조선에도 12개소를 세웠으며, 남사할린과 대만에도 설치했다. 기업별로는 미쓰비시가 11개소로 가장 많다.

새로이 세우기도 했으나 기존의 신사에 오야마즈미 신사라는 훈격을 부여하기도 했다. 아이카와마치의 오야마즈미 신사도 1605년에 세운 신사를 미쓰비시가 사도광산을 소유하기 전인 1873년에 여러 건물을 짓고 현사로 승격했다. 1940년 당시 종업원 수는 1,822명본산 1,572명, 지산 250명이었다.

사도에는 니시미카와西三川와 아이카와 등 두 군데 오야마즈미 신사가 있었다. 니시미카와는 사도섬에서 최초로 사금을 채취한 곳이다. 그러나 1940년에 국폐대사대산지신사사무소가 발간한 자료『전국광산과 대산지신사제1집』에서 사도섬의 오야마즈미 신사는 한 군데밖에 없고, 아이카와마치의 신사 사진을 실었다. 니시미카와의 신사는 아이카와마치에 있던 신사의 부속 신사로 운영한 것으로 보인다.

아이카와마치의 오야마즈미 신사는 미쓰비시광업이 세운 신사답게 곳곳에 미쓰비시 마크가 선명하게 새겨져 있다.

『전국광산과 대산지신사제1집』은 일본은 물론 남사할린과 대만, 조선의 오야마즈미 신사 현황을 파악한 자료이다. 이 자료에 따르면, 매년 1월 3일 신사에서 광산의 안전과 광물의 증산을 기원하는 제사를 지냈다. 이 자료에는 '조선 징병제 기념 기원제'를 지낸다는 내용은 없는데, 책을 출간한 해인 1940년에는 조선인 징병제를 시행하기 전이었기 때문이었을 것이다. 또한 매일 아침 반드시 입갱 전에 신사에서 묵도요배를 한 후 국민체조를 하고, 입갱 후에는 기본 체조와 오야마즈미 신사 요배 안전표어를 낭독하도록 했다. 그러므로 모든 광부들은 입갱하기 전에 숙소를 나와 시모야마노가미마치下山之神町에 있는 신사에 가서 요배를 해야 했다. 시모야마노가미마치는 제2상애료와는 가깝지만 다른 상애료나 사택과는 거리가 있었으므로 아침마다 신사에 참배가는 것은 여간 고역이 아니었을 것이다.

매년 7월 13일 대제일에는 3일간 휴일을 준다고 했지만, 첫 번째 날에는 아침 일찍 신사에 모여 제전에 참례토록 했다. 3일간 휴일 가운데 하루는 '말로만 휴일'이었던 셈이다.

■ 국폐신사

'국가영주나 도도부현으로부터 예물인 폐백幣帛 또는 폐백료를 지불받는 신사'를 의미한다. 일본은 메이지 이후 규정을 두어 신사에 격을 부여했다. 1871년 7월 1일에 제정한 태정관 포고 「관사 이하 정액·신관직제 등 규칙」이다.

신사에 격을 부여하는 제도는 1946년 2월 2일 연합군 최고사령관 총사령부약칭 GHQ, General Headquarters of Supreme Commander for the Allied Powers의 「신도지령神道指令」에 따라 폐지되었다.

메이지 시기에 부여한 신사의 격은 크게 관사官社와 제사諸社, 民社, 무격사無格社로 나눈다. 신사의 격을 부여할 수 없는 신사도 있다. 이세伊勢의 신궁이다. 이세신궁은 모든 신사의 위에 있고, 신사의 격을 부여하지 않는 특별한 존재이다.

관사官社는 신지관神祇官이 모시는 관폐사와 지방관国司이 모시는 국폐사로 구분한다. 관폐사·국폐사를 묶어 관국폐사라고도 한다. 신지관이란, 일본 율령제로 설치된 관청 또는 메이지 시대 초기 일본의 국가기관을 의미한다. 신지神祇란 신神이 천진신天津神인 천신天神을, 지祇가 국진신国津神인 지지地祇를 나타내며, 제사를 관장한다.

사도광산에 세운 신사는 현사縣社에 해당한다. 그러므로 아이카와마치의 오야마즈미 신사는 관이 폐백을 올리는 관사官社이고, 지방관이 모시는 국폐사가 된다.

자료 원문 국폐대사 대산지신사사무소國幣大社大山祇神社事務所, 『전국광산과 대산지신사제1집』 1940

[西尾典子-, 「資料紹介-全國鑛山と大山祇神社(『全国鉱山と大山祇神社(第一輯)』(国幣大社大山祇神社々務所, 一九四〇年)」, 『エネルギー史研究』28、九州大学記録資料館産業経済資料部門編, 2013, 223〜224쪽]

니가타현 사도군 아이카와마치 시모야마노가미마치(下山之神町) 미쓰비시광업주식회사 사도광산 사도광산 진좌(鎭坐)

창건 : 1605년 5월

봉행이었던 오쿠보 나가야스(大久保長安)가 금은산 진호(鎭護)를 위해 창건

1873년 현사로 승격

대제일 : 7월 13일

신년제 : 2월 19일

신상제(新嘗祭) : 11월 27일

종업원 총수 1,822명 : 본산 1,572명, 지산 250명

- 매년 1월 3일 광산 전 종업원의 안전 기원 및 금은 용출(湧出) 번영 기원제 집행
- 매일 아침 반드시 입갱 전에 신사에서 묵도요배를 한 후 국민체조를 하고, 입갱 후에는 기본 체조와 오야마즈미 신사 요배 안전표어를 낭독
- 전국갱산안전주간 중 첫 째날에는 신사에서 안전기원제를 집행
- 정신작흥주간에는 행사예정표에 경신일을 추가하고 이세신궁과 황거(궁성), 오야마즈미 신사에 요배한 후 경신에 관한 강연회를 개최
- 1월 6일에는 광산 구내에 제단을 만들고 종업원의 안전기원제를 집행
- 대제일에는 3일간 휴일을 주고 첫 번째 날에는 아침 일찍 신사에 모여 제전에 참례토록 하고, 이 때 노무자의 선행표창식을 거행

神社崇敬状況
一　従業員数　参千壱百名
一　従業員は、入坑出坑の際必ず一回山神社に向ひ拝礼黙禱を捧ぐ。
一　当所内居住者は、總て山神社前を通過する場合は神前に向ひ拝礼
一　従業員の青年団、軍人分会、青年学校、少年少女団及び主婦会は、
　随時山神社の社殿境内の清掃及び植樹の手入れを奉仕す。
一　全国鉱山安全週間には、山神社に於て安全祈願祭を執行し、週間
　終了後は奉告祭を執行す。
一　青年団は、毎月一回早起会を行ひ必ず山神社を遥拝し、次いで他
　の諸行事をなす。
一　年一回従業員代表を皇居遥拝、伊勢神宮、明治神宮に参拝せしめ、
　出発に当りて山神社を遥拝し、帰山の後は奉告祭を
　執行す。
一　最近山神社に於て神前結婚式をなす者増加の傾向あり。

新潟県佐渡郡相川町大字下山之神町
三菱鉱業株式会社佐渡鉱山　佐渡鉱山鎮座

県社　大山祇神社

祭神由緒
大山積神　木花開耶姫命
創建　慶長十年五月
奉行大久保長安の金銀山鎮護のため創建せし所にして、慶長十二年七

月神道管領たりし
卜部兼治朝臣、奉行
の請に応じ勧請の正
式を挙行せられ、是
より以後は社料とし
て毎年米五十俵を供
進せられたり。明治
六年九月県社に列せ
らる。

社殿
本殿七坪五分、幣殿七坪五分、拝殿十五坪、木造鳥居壱基、石造狛犬
壱対、石造灯籠弐対あり。

祭日　大祭日　七月十三日　祈年祭
新嘗祭　十一月廿七日　二月十九日

三菱鉱業株式会社佐渡鉱山大山祇神社

— 223 —

神社崇敬状況
一　従業員総数　壱千八百三十二名
　　内　本山　一千五百七十二名　支山　二百五十名
一　毎年一月三日大山祇神社に於て鉱山全従業員の安全祈願祭並に
　湧出繁栄祈願祭執行し、代表者参列す。
一　毎朝必ず入坑前に大山祇神社遥拝の後国民体操をなし、出
　坑後に基本体操並大山祇神社に於て安全祈願祭を
　執行す。
一　全国坑山安全週間中の第一日は、大山祇神社に於て安全祈願祭を
　執行す。
一　精神作興週間には、行事予定表中に敬神日を加へ、伊勢神宮、皇

居、大山祇神社の遥拝の後、敬神に関する講演会を開催す。
一　一月六日には鉱山構内に祭場を設け、従業員の安全祈願祭を執行
　す。
一　大祭日は三日間の休日を与へ、第二日には、早朝大山祇神社に
　集合して祭典に参列し、拝殿に於て全員供奉し、鉱山構内一ヶ所
　の御旅所に於て祭典を執行せられ、余興として次の知き催あり。
　終了神輿渡御の儀あり、鉱山長に於て労務者の善行表彰式を挙行し、
　（一）蓬莱組奉唱、（二）山車数台、（三）宝塚し商品授与、
　（四）郷土芸術大会、（五）従業員総踊、（六）相撲大会
一　毎年二月十九日祈年祭、十一月廿七日新嘗祭には、大山祇神社に
　参拝代表者祭典に参列す。

福岡県嘉穂郡庄内村大字平恒百九拾五番地
三菱鉱業株式会社　飯塚礦業所鎮座

山神社

祭神由緒
大山積神
昭和八年四月二十九日、旧六坑山神社、旧三尺二坑山神社、旧第二坑
山神社を合祀して現在の山神社と改称す。

社殿
神殿建坪一坪、コンクリート鳥居壱基、木製鳥居壱基。

祭日　四月二十九日

神社崇敬状況
一　従業員総数　弐千六百五十四名
一　主婦会、少年団、少女会は時々山神社境内の清掃植樹作業を奉仕

아이카와마치의 오야마즈미 신사.
곳곳에 미쓰비시 마크가 선명하다. 기와에 새긴 미쓰비시 마크(2022년 10월 24일 촬영)

사도시 아이카와마치에 있는 사도시 박물관에는 광업소 측에서 광부들에게 정기적으로 담배를 배급하는 과정을 담은 자료가 있다. 제목이 없어서 임의로 '조선인 연초배급명부'라고 붙였다. 명부와 여러 부속문서를 담은 자료이다. 부속문서는 주로 상애료라는 조선인 합숙소의 관리를 맡고 있는 료장이 담배배급업자인 도미타富田에게 보낸 문서이다.

제1상애료장 고카甲賀虎雄는 도미타에게 제1상애료 소속 조선인 광부 송병선松原炳善이 이동하는 기간 중 담배를 제공해달라는 공문을 보냈다. 입영을 위해 내일 아침 출발하게 되었기 때문이다. 송병선은 1924년생로 징병 적령자였다.

1925년생이었던 임춘길林春吉의 담배 배급을 정지해달라는 공문도 있다. '12.9'라는 메모는 있으나 연도는 알 수 없다. 1944년 12월 9일자로 추정된다. 담배 배급 정지 이유는 입영을 위해 조선으로 돌아가게 되었기 때문이었다. 임춘길은 당시 제4상애료 소속이었다.

송병선과 임춘길의 이름은 『니가타일보』 기사에서 찾을 수 없었다. 신문에서 보도하지 않은 조선인 입영자가 있었음을 의미한다. 얼마나 되는지는 알 수 없다.

자료 원문 1945년 7월 제1상애료장 고카甲賀虎雄가 담배배급자인 도미타富田에게 보낸 서류

[사도시사도박물관 소장 자료]

송병선(松原炳善)

위 자는 입영을 위해 내일 아침 출발하게 되었으므로 이동 중 며칠간 소지할 담배를 배급해주기 바람. 7월 29일 정지

제1료 고카(甲賀虎雄)

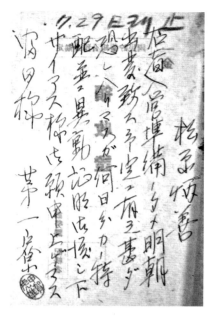

자료 원문 제4상애료장이 담배배급자인 도미타富田에게 보낸 서류[사도시사도박물관 소장 자료]

임춘길(林春吉)

위 자는 이번 입영을 위해 내일 아침 조선으로 돌아가게 되었으므로 이후 배급을 정지해줄 것

제4료

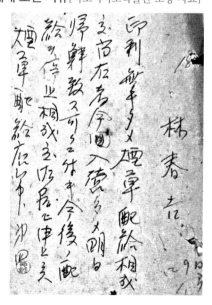

12) 삼거리 우동집이 지금도 그대로 있네

일본 현지의 시민들은 사도광산에 동원된 피해자를 조사하기 위해 1992년 11월 19일에 제 1회 한국 방문단을 파견했고, 12월 22~23일에 사도 아이카와에서 보고 집회를 열었다. 또한 1992년5명과 1995년3명에 생존자와 유족을 현지에 초대하기도 했다.

1995년 12월에 방일한 이들은 생존자 노병구당시 72세와 윤종광당시 73세이고, 고 김문국의 장남 김평순이었다. 이 가운데 생존자 2명은 사도광산에서 노역 중 어렵게 찾아온 휴일에 광산 아랫마을에 있는 삼거리 우동집에 가는 것이 유일한 낙이었다며, 그 장소를 찾았다.

그곳은 어디일까.

사도시 중심가아이카와마치 1초메1町目 상점가 입구 삼거리에 있었던 우동집이다. 노병구와 윤종광이 얼마 안 되는 용돈을 가지고 나와 배를 채웠던 그 식당은 가게 주인만 아들로 바뀌었을 뿐 옛 장소에 그대로 있었다. "우동집이 지금도 그대로 있네." 노인이 된 이들이 말했다.

아이카와마치 삼거리에 있는 우동집(2022년 10월 24일 촬영)

식당의 손님은 모두 조선인이었다고 한다. 우동집에서 일본인을 찾을 수 없었던 이유는 광부의 대부분이 조선인이었기 때문이다. 일본인 장정들은 대부분 군대에 갔으므로.

광산마을 입구에 있는 식당에 가서 밥우동을 사 먹었다는 이야기는 강제동원 피해자들이 흔히 하는 회고담이다. 한 달에 한 두 번 찾아오는 휴일에 조선인들이 제일 먼저 가는 곳은 식당이었다. 이들의 주머니에는 간신히 받은 용돈이 있었다. 월급에서 이것저것 다 떼고 받은 돈이었다.

이들이 휴일에 제일 먼저 광산마을 입구의 식당에 가는 이유는 너무 허기졌기 때문이다. 식당에 가서 한꺼번에 5인분씩 10인분씩 사 먹었다는 구술은 쉽게 들을 수 있다. 이런 종류의 식당은 어느 탄광산이든 모두 입구에 있었으므로 휴일에 외출하는 조선인들을 유혹하기에 적합했다. 식당은 돈이 없어도 들어갈 수 있었다. 외상이 가능했기 때문이다. 이같이 광산마을 식당은 조선인들의 수중에 있던 얼마 안 되는 푼돈을 진공청소기처럼 빨아당겼다.

13) 광산으로 군공사장으로

아이카와마치가 발간한 역사책은 사도광업소가 1945년에 조선인 광부 408명을 사이타마埼玉와 후쿠시마福島현의 공사장으로 보냈다고 적었다. 이들은 각각 제1차 정신대전국광산특별정신대, 189명, 사이타마현와 제2차 정신대219명, 후쿠시마현라는 이름으로 갔다. 아이카와마치 역사책에는 1945년 8월에 '출장동원'되었다고 표현했는데, 다른 자료에서 1945년 6월부터 보냈다는 내용을 볼 수 있다. 사도시 박물관이 소장하고 있는 「조선인 연초 배급명부」 부속문서이다.

광부들은 공사장에서 무슨 일을 했는가. 굴을 팠다. 광부들은 갱 안에서 늘 굴을 팠으므로, 굴 파는 기술을 군 공사장과 지하공장 시설공사장에 활용하려 한 것이다.

후쿠시마현으로 간 제2차 정신대원은 약 3만 3천 평방미터의 나카노지마中島비행기 내탄지하공장 건설 공사장에 동원되었다. 공사장은 시노부야마信夫山에 있었다. 나카노지마비행기회사는 월 300대의 엔진을 생산하고자 만든 공장이었는데, 공습을 피해 도쿄에 있는 공장을 옮기기 위한 공사였다.

아이카와마치 역사책에는 사이타마로 간 작업장에 대해 언급하지 않았다. 다른 자료를 통해 이들이 동원된 작업장을 추정해보자.

사이타마의 군 관련 공사장으로는 후카야深谷에 있었던 육군조병창 시설공사장도쿄 제2조병창 소개공사이 있고, 지하공사장은 히타치日立항공기㈜ 히가시마쓰야마東松山공장 건설 공사장과 나카노지마中島비행기회사 요시미吉見 지하공장 공사장이 있다. 아마 사이타마로 간 제1차 정신대원들은 이곳에서 일했을 것이다.

사이타마와 후쿠시마로 전근되었던 조선인 광부들은 8월 26일과 8월 27~28일 이틀에 걸쳐 319명이 사도로 돌아왔다. 본래 파견자는 408명이었는데, 이 사이에 89명이 사라졌다. 아이카와 경찰서장이 니가타현 지사에게 보고한 내용에 따르면, 89명은 '도중에 탈출'했다고 한다.

같은 사도지역의 광산으로 전근되었던 광부도 찾을 수 있다. 쓰루시鶴子 은산이다. 1943년부터 일본의 금은 광산을 휴광하고, 구리와 납, 아연 등 군수물자 생산에 필수 광물만을 캐도록 했는데, 쓰루시 은산3명에 전근을 보낸 것은 이례적이다. 이들 가운데 2명은 2개월 정도 은산에서 채굴한 후 다시 군공사장으로 전근조치되었다.

■ 전환배치?

1945년에 사도를 떠나 사이타마와 후쿠시마로 간 광부들은 전환배치, 즉 전근조치된 조선인 광부들이었다. 전환배치는 단순히 작업장을 옮기는 행위가 아니라 국가권력에 의한 공식적인 노무관리를 의미한다. 총동원 체제에서 '인력과 물자의 적재적소 공급'은 전세의 변화에 능동적으로 대응하기 위해 필요했다. 1931년 만주 침략 이후 1937년 중일전쟁을 통해 아시아에서 시작된 일본의 침략전쟁은 당국과 민중의 기대와 달리 전선이 급속히 확대되고 장기전으로 접어들었다. 이에 일본 당국은 전세의 변화에 따라 동원된 노무자를 다른 작업장으로 전환배치했다. 전환배치는 총동원전쟁 수행과정에서 인력과 물자수급을 원활하게 하려는 정책의 일환이다. 제국 일본의 전체 영역을 대상으로 이루어졌고, 직종도 주요 국책·군수산업인 광산과 탄광, 제철회사 등 광범위했다. 이같이 일본 당국이 정책적으로 실시한 전환배치의 궤적은 공적 기록에서 찾을 수 있다.

■ 전환배치의 법적 근거

큰 틀에서 전환배치의 법적 근거는 국가총동원법과 국민징용령이다. 1938년 5월부터 일본과 조선 등지에 적용된 국가총동원법은 '인적·물적자원의 통제 운용'을 규정했으므로 큰 틀에서 전환배치의 법적 근거라고 할 수 있다. 국가총동원법에 근거해 제정되어 1939년 7월 15일부터 적용된 국민징용령은 인적동원을 위한 통제법령이다. 국민징용령의 관련 규정에 따르면, 특정 작업장에 징용된 인력이 당국의 필요에 따라 전환배치할 수 있도록 규정하고 있다. 이 때 당국은 징용변경서를 교부해 수속을 밟는데, 특정 기업이 자의적으로 전출 수속을 할 수 없도록 했다.

구체적인 법적 근거는 1941년과 1943년의 각의결정 및 「국민징용령」 제1차 개정1940년 10월 20일자에 명시한 현원징용에 관한 규정이다. 먼저 각의 결정을 보면, 1941년 6월, 독소개전獨蘇開戰이 일어나고, 일본이 태평양전쟁을 목전에 둔 시기에 일본 정부는 1941년도 노무동원

계획을 전면적으로 수정했다. 8월 29일 각의 결정 「노무긴급대책요강」은 이러한 분위기를 잘 반영한다. 노무긴급대책요강의 핵심은 '근로보국정신의 앙양昂揚, 노무의 재배치 및 직업전환, 중요산업요원 충족을 위한 국민등록제 확충과 국민징용제 개정, 근로 조직 정비, 노무배치 조정을 위한 법령 정비「종업자이동방지령」과 「청소년고입제한령」을 폐지하고 새로운 법령을 제정, 근로봉사의 제도화' 등이다. 이 가운데 '노무 재배치 및 직업전환'의 규정은 이후 제국 일본의 각 지역에서 실시한 '전환배치'의 근거이기도 하다.

또한 총 26개 조항 가운데 15개 조항을 개정한 「국민징용령」 1차 개정 가운데 대표적인 조항은 "군사상 특히 필요한 경우에는 전항前項의 규정에 구애받지 않고 명령이 정하는 바에 따라 요신고자 이외의 자를 징용할 수 있음"제3조. 추가 조항과 "후생대신이 앞의 호前號의 규정에 따른 청구 또는 신청이 있는 경우에 필요하다고 인정될 때에는 피징용자를 사용하는 관아 또는 관리공장, 피징용자가 종사하는 총동원업무, 직업 또는 장소, 또는 징용의 기간을 변경할 수 있음"제13조 등이다. 제13조는 '현원징용', 또는 '현인원징용'이라 불리는 징용의 근거이다. 이러한 일본의 법적 근거에 의해 인력의 전환배치가 가능했다.

■ 전환배치의 원칙?

노무자를 대상으로 한 전근조치는 효율성을 극대화해야 했으므로 동일 계열미쓰비시이나 동일 직종으로 전근이 일반적이었다. 그러나 사도광산의 경우에는 동일 계열이나 동일 직종이 아닌 군시설 공사장이 다수를 차지하고 있다. 그 이유는 군 당국이 광부라는 직종이 군공사장 구축에 유리한 점이 많다고 판단했기 때문이다. 이런 사례는 더 찾을 수 있다. 한반도의 광부들도 군의 명령에 따라 제주도 등 군시설 공사장이 다수인 지역이나 쓰시마對馬島의 군시설 공사장에 동원되곤 했다.

■ 왜 지하공장을 만들었을까

일본 당국이 전근을 단행한 이유는 인원 조정과 함께 일본 전역에서 구축 중이던 지하공장의 인력 배분이 필요했기 때문이다. 일본은 1944년 11월 미군의 대대적인 공습을 맞아

1945년 초부터 비행기공장 등 필수 군수공장의 지하화에 착수했다. 일본 당국은 1945년 2월 23일에 「공장긴급소개요강」을 각의결정했다. 1944년까지 내린 각의결정의 골자는 군수공장 주변의 주택을 철거해 주택에 붙은 불이 공장으로 확산하지 않도록 하는 것이었다. 그러나 1945년에는 야산에 지하공장을 마련하거나 식민지 조선으로 군수공장을 이전하는 방안을 수립했다. 당국의 정책으로 항공기 등 주요 병기공장을 산속으로 이전하는 작업을 시작했다. 일본에 조성한 지하공장은 2천여 개에 이르는 것으로 알려져 있다.

자료 원문 아이카와마치사 편찬위원회相川町史編纂委員會, 『사도 아이카와의 역사 - 통사편, 근현대佐渡相川の歷史 - 通史編, 近現代』, 1995, 682~683쪽 요약

지역의 기록에는 거의 남아 있지 않지만 1945년 8월 패전이 짙어지던 시기, 사도광산의 조선인 가운데 다수는 '특별정신대'로서 사이타마와 후쿠시마에 출장동원되었다. 1945년 9월 11일, 아이카와 경찰서장이 니가타현 지사에게 보낸 「휴전시 이입조선인노무자의 동정에 관한 건」에 의하면, 제1차특별정신대로서 189명을 사이타마현에, 제2차분 219명을 후쿠시마현에, 총 408명을 집단 파견했다.

후쿠시마로 파견된 곳은 시노부야마(信夫山, 표고 268미터)를 깎아 약 3만 3천 평방미터 지하에, 도쿄에서 옮겨 올 나카지마비행기(현재 후지 중공) 엔진을 제작하는 내탄지하공장을 건설하기 위한 곳이었다. 월 생산 엔

진 300대를 목표로 했다. 1945년 3월에 착공했으나 8월 패전할 당시에는 1/3을 깎은 채 공사가 중단되었다.(『매일신문』 사회면, 1991년 7월 15일자)

사이타마의 군수공장에 대해서는 알 수 없지만 당시 노무 담당 인솔자에 의하면 착암기를 가지고 간 광부들이 많았다고 한다.

[사도시사도박물관 소장 자료]

〈이동서〉

11명(晋川清, 中山一万, 高木基鉉, 吳山智泳, 朱貴男, 竹中順男, 金相木, 金本允泰, 国本昌石, 国本輔享, 文明根)을 6월 21일부

터 사이타마현으로 근로대로 파견하므로 이동서류를 제출

제4상애료 와타베(渡部良水)

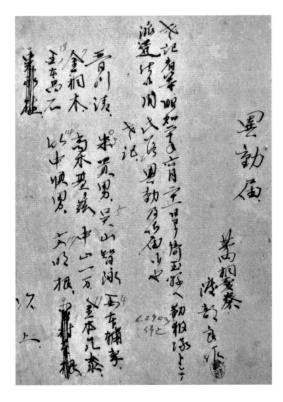

14) 군 공사장에서 부상을 당한 조선인

사도광업소는 당국의 정책에 따라 1945년 6월 이후 조선인 광부 408명을 사이타마埼玉와
후쿠시마福島현의 공사장으로 보냈다. 이 가운데 189명은 사이타마로 갔다.

사이타마로 간 제1차 정신대원들은 군의 지하시설 공사후카야深谷의 육군조병창 시설공사. 도쿄 제2조
병창 소개공사를 했고, 히타치日立항공기㈜ 히가시마쓰야마東松山공장 건설 공사장과 나카노지
마中島비행기회사 요시미吉見 지하공장 공사장에서도 일했다. 그 과정에서 부상을 당한 조선
인이 있었다. 얼마나 많은 사람들이 부상을 당했는지 정확한 규모는 알 수 없다. 다만 사도
광업소가 남긴 문서 가운데 3명의 부상자 이름이 있다. 이름과 생년월일만 적혀 있다.

> 인기현(高木基鉉): 1908년생
> 연일만(中山一万): 1922년생
> 진천청(晋川淸): 1909년생

이 가운데 2명진천청, 연일만은 8월 19일 사도로 복귀했으나 인기현은 돌아오지 않았다. 이들
이 왜 부상을 입었는지 어느 정도의 부상인지는 알 수 없다. 사도광업소 입장에서 그런 것
은 중요하지 않았던 듯 하다.

자료 원문 제4상애료장 와타베渡部가 담배배급자인 도미타富田에게 보낸 이동서류

[사도시사도박물관 소장 자료]

〈이동신고서〉

진천청(晋川清), 연일만(中山一万), 인기현(高木基鉉) 등 3명이 사이타마에서 신체장해를 입어 요양 중에 있으므
로 이동신고서를 제출함

1945년 7월 10일

제4상애료장 와타베(渡部良水)

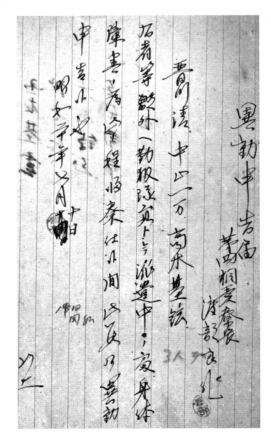

15) 도중에 고향에 보내주기도 했지만

사도광산에 동원된 조선인 가운데 일부는 일시귀선증명서를 받아 고향에 다녀오기도 했다. 일시귀선잠시 조선에 다녀오는 것 사례는 광업소 측에서 광부들에게 정기적으로 담배를 배급하는 과정을 담은 자료조선인 연초 배급명부에서 찾을 수 있다. 일시귀선이란 잠시 말미를 주어 고향에 다녀오도록 하는 제도였다. 주로 1개월 이내에 돌아와야 했다. 노무자 입장에서 일시귀선은 쉽게 얻을 수 있는 기회가 아니었다. 본적지의 경찰서에서 '고향에 보내달라'는 증명서를 발급해주어야 했기 때문이다. 경찰서가 발급한 일시귀선증명서에는 돌아와야 하는 날짜가 적혀 있었는데, 만약 기한 내 복귀하지 않으면 수배령이 내려지고 가족들을 불러 조사하고 위협도 하는 등 엄격하게 관리했다. 그러나 이 가운데 절반 이상은 엄중한 제도의 틀을 벗어나 탈출했다.

「조선인 연초 배급명부」는 명부 외에 다양한 부속문서가 있는데, 이들 문서를 통해 조선인들이 일시귀선증명을 받아 고향으로 돌아갔음을 보여준다. 문서에서 기록한 일시귀선은 1945년 2월과 3월, 그리고 7월 등 세 차례 있었다. 이들 문서는 1944년 말부터 작성한 것이므로 이전에 일시귀선한 조선인이 있었다 해도 알 수 없다.

1945년에 일시귀선증명을 받아 고향으로 출발한 사도광산 조선인 광부가 얼마나 되는지는 알 수 없다. 27명이 정해진 기간 내에 복귀하지 않았다는 사실만 알 수 있을 뿐이다. 문서에 '집안 사정으로 료에 복귀가 늦어졌다'고만 적었다.

그렇다면 27명은 돌아와야 할 기한 이후에라도 광산으로 돌아왔는가. 그렇지 않다. 10명만이 돌아왔을 뿐이다. 이 가운데 4명은 복귀 후 사이타마 등 군공사장으로 전근조치되었다. 그런데 복귀자 10명 가운데 6명이 광산으로 돌아온 시기는 1945년 9월 27일이다. 1945년 9월 27일은 일본이 패망한 이후이다. 이들이 왜 광복 이후 사도로 돌아왔을까. 당시는 조선에서 일본으로 오는 정기연락선이 없었고, 한반도는 소련군과 미군이 군정을 실시하고 있어서 일본으로 마음대로 갈 수도 없었다. 아마 광업소 측이 일본의 다른 작업장에 동원했다가 사도로 복귀시킨 것으로 보인다.

17명은 복귀하지 않았다. 17명 가운데 1명은 검거되어 니가타 형무소에 입감되었고, 1명도 붙잡혀서 후쿠시마의 군공사장으로 갔다. 2명이 무슨 이유로, 어떤 과정에서 붙잡혔는지도 알 수 없다. 결국 마지막까지 광산에 돌아오지 않고 탈출에 성공한 조선인은 15명이다.

■ 일시귀선증명

조선인의 도일을 통제하기 위한 제도였다. 1929년 8월 3일 일본 경보국장 통첩「조선인 노동자의 증명에 관한 건」을 근거로 '일시귀선증명제도'를 운영하기 시작했다. 이 제도는 명분상으로는 일본에서 취업 중인 조선인이 일시 귀향하는 경우 '재도일의 편의'를 위해 마련한 제도로써 패전 때까지 잔존했다.

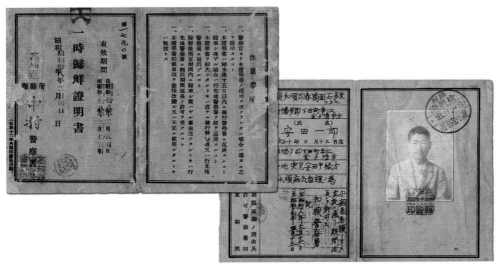

고치(高知)현에 동원된 전을록(安田一郎)의 일시귀선증명서.
1943년 11월에 일본 고치(高知)현 나카무라(中村)경찰서가 발행한 전을록의 일시귀선증명서이다. 전을록은 와타리가와(渡川) 개수 공사장에 동원되었다. 증명서가 기재한 귀선 이유는 모친의 병이었다. 모친이 병환 중이라는 사실은 전남 화순경찰서가 확인했다. 유효기간은 20일이었고, 1943년 12월 15일에 복귀해야 했다. 국무총리 소속 대일항쟁기 강제동원피해조사 및 국외강제동원희생자 등 지원위원회, 『조각난 그날의 기억』, 2012, 99쪽

일본이 1929년에 이 제도를 운영한 목적은 조선인의 도일을 통제하기 위해서였다. 그러나 1939년 7월 28일 내무성·후생성 차관 명의 통첩「조선인노무자 내지 이주에 관한 건」에 따라 일본으로 조선인의 강제동원을 실시하면서, 이 제도는 고향으로 돌아가려는 조선인을 통제하는

수단으로 사용되었다. 강제동원된 조선인의 일시귀선증명서는 거주지 경찰의 요청을 받은 현지 경찰서가 발행했는데, '부모의 사망'이나 '위독' 등 반드시 고향으로 돌아가야 할 시급한 상황이 있을 때 발행했다.

조선인이 일시귀선증명서의 유효기간을 지키지 않고 기한 내 복귀하지 않으면, 해당 기업은 현지 경찰서를 통해 본적지 경찰서로 조회하게 된다. 본적지에서 행방을 확인할 수 없으면 수배자 명단에 올려 제국 일본 영역 전체의 경찰서에 배포하고 행방을 찾기 시작했다. 이같이 철저한 제도를 운영하고 있었으나 일시귀선 후 복귀하지 않고 탈출하는 사례가 있었다. 이를 방지하기 위해 현지 경찰서는 일시귀선을 요청하는 본적지 경찰서에 '철저한 확인과 조사'를 요구했으나 탈출자를 막지 못했다.

■ 일시귀선한 조선인이 어떻게 탈출할 수 있었을까

가장 큰 원인은 본적지 경찰서의 업무 실수였다. 강제동원된 조선인이 고향에 가기 위해서는 본적지 경찰서장이 일시귀선증명서를 발급해주어야 하기 때문이다.

먼저 일시귀선증명서 발급과정에서 발생한 실수를 살펴보자. 일시귀선증명서란, 본적지 경찰서가 서 주는 '부모의 사망'이나 '부모 위독' 등 시급한 상황이 생겨서 반드시 고향으로 돌아와야 한다는 일종의 보증이다. 그런데 경찰서가 보증을 서주려면, 본적지 면에서 통보해주어야 한다. 면의 통보를 받은 경찰이 집을 찾아가 일일이 조사를 해야 하겠지만, 그럴 여유가 없으므로 면의 통보를 믿고 일시귀선증명서를 발급했을 것이다.

그렇다면 면은 왜 '시급한 상황'이라고 경찰서에 통보해주었을까. 실제로 시급한 상황이 발생해서 그렇게 했겠지만, 징용 간 조선인 가족의 사정을 감안해 모른 척 눈 감아 주었을 가능성도 있다. 한 집안이라거나 동네에서 매정하게 할 수 없는 사정이 있었을 것이다.

일시귀선증명을 받고 고향으로 돌아온 조선인이 일본의 작업장으로 돌아가지 않는 방법은 집을 떠나 몰래 사라지는 것이다. 조선의 어느 곳으로 숨을 수도 있고, 일본으로 돌아오다가 항구나 기차역에서 사라지는 방법도 있다.

그러나 일시증명을 받고 고향으로 돌아온 조선인이 작업장으로 복귀하지 않으면, 경찰이나 면에서 가족들을 불러 치도곤을 했으므로 가족들의 고충은 이만저만이 아니었다.

자료 원문 제4상애료장 와타베渡部가 담배배급자인 도미타富田에게 보낸 이동서류

[사도시사도박물관 소장 자료]

〈이동서류〉

아래 사람들이 일시귀선 중 집안 사정으로 료로 돌아오지 못

함을 통보하며 이동서류를 제출함

나갑봉(羅甲奉), 양판석(梁判石), 이중필(松本重必), 노봉근(岡村奉根),

오영주(吳永柱)

1945년 7월 7일

제4상애료장 와타베(渡部良水)

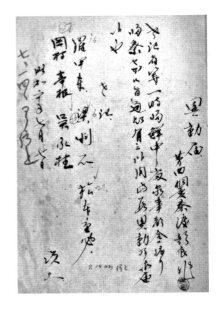

〈이동서류〉

성명 김규봉(金本圭鳳, 1911년 10월 13일생)

이유 : 일시귀선 중 집안 사정으로 합숙소 복귀(歸寮)가 연기

되었음

1945년 2월 23일

제4상애료장

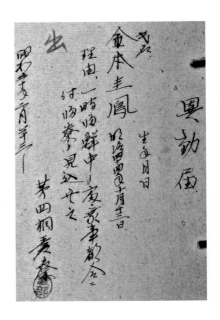

탄광산 노동은 탄광부들에게 후유증을 남겼다. 대표적인 후유증은 진폐증이다. 당시 일본에서는 규폐증이라고 불렀다. 규석이 원인이라고 판단했기 때문이다. 그러나 진폐의 원인은 규석에 포함된 규산 외에 석면, 시멘트, 철, 보크사이트 등 분진도 있다. 일본은 1930년 '광산법'에 의해 규폐를 직업병으로 인정했고, 1960년에 명칭을 진폐로 바꾸었다.

광산에 종사한 광부들은 여러 원인으로 진폐증에 시달렸다. 갱내에서 암석을 다이너마이트로 폭발할 때 산산조각이 난 돌이 먼지가 되어 공기 중에 떠돌게 된다. 먼지는 3~5 미크론 정도로 아주 미세해서 눈으로 보면 연기처럼 보일 뿐이다. 50cm 높이에서 아래로 떨어지는데 2시간이나 걸릴 정도로 아주 가벼운 가루인데, 인간이 그 먼지 안에서 작업을 하면 먼지는 다시 공중으로 떠다니게 된다. 연기처럼 보이는 가루는 현미경으로 보면 창처럼 끝이 뽀족하다. 이 분진이 폐를 찌르면서 다량 축적됨에 따라 폐가 딱딱하게 굳어지는 것을 섬유화한다고 한다. 이 상태에서는 이산화탄소와 산소의 교환이 어려워지고 호흡이 곤란해진다. 이것이 진폐증이다.

일본의 주요 광산은 작업 공정의 개선을 통해 진폐증을 완화하기 위한 노력보다는 자체 병원이나 요양소 설립으로 대체했다. 사도광산에도 병원과 요양소가 있었다. 이러한 시설은 대외적으로 광부 처우에 노력함을 과시하는 효과는 있었지만 진폐증 완화나 예방과는 무관했다.

1944년에 사도광산 진폐 실태를 조사한 의사사이토 켄齊藤 謙. 1945년 3월 니가타의과대학에서 박사학위 취득. 「규폐증의 연구知見 보유補遺」가 남긴 『규폐병의 연구적 시험·보론』에 의하면, 분진의 평균 수치는 착암부가 810cc, 운반부가 360cc, 지주부가 350cc, 갱부가 240cc이다. 이러한 직종에 종사한 이들은 누구였을까. 주로 조선인이었다. 1943년에 사도광산이 광산감독국에 제출한 보고서에 '조선인의 대부분이 착암부와 운반부, 지주부'라고 언급했기 때문이다.

사이토 켄은 1947년에 발간한 논문 「간접촬영법의 규폐진단상에서 의의『일본의학방사선학회잡지』제6권 제2-3호에서 1942년과 1943년에 사도광산 광부를 대상으로 조사한 내용을 실었다.

이 논문은 사이토 켄 외에 노자키 슈에이野崎秀英, 니가타의과대학 조교수, 사토 이치로佐藤一郎 등 3명이 공동으로 작성했는데, 규폐를 진단하는데 간접 촬영법의 적중률을 추출하기 위한 조사 결과였다. 이 가운데 직종별 분석은 사이토 켄이 담당했다.

대상자 1,440명 가운데 제1기 34명, 제2기 15명, 제3기 3명, 전구기前驅期 44명으로 분류하고 조사한 결과였다.

조사 결과를 보자.

갱내가동 노무자 : 규폐에 걸릴 위험이 가장 큼
갱내직원 : 비교적 위험이 낮음
갱외가동노무자 : 규폐에 걸릴 위험이 다소 있거나 거의 없음

이 결과에서도 갱내에서 일하는 노무자가 규폐에 걸릴 위험이 가장 크다고 파악했다. 갱내에서 일하는 노무자는 누구였는가. 바로 조선인이었다.

■ 이소베 긴조磯部欣三의 『사도금산』이 언급한 규폐의 피해

이소베 긴조1926~2006는 아이카와에서 태어나 1952년부터 마이니치신문사 사도통신부장을 거쳐 사도박물관 관장을 지낸 인물이다. 혼마本間 寅雄 관장으로 잘 알려져 있다. 도미타의 옛 가게에서 소각 직전의 「조선인 연초 배급명부」를 발굴했고, 오랫동안 사도와 관련한 연구에 몰두해 총 9권의 단독 저서를 낸 향토사가이다.

이소베는 『사도금산』에서 "사도광산의 광물의 80%는 규폐를 일으키는 규산 성분이고, 착암부는 100% 진폐에 걸린다"고 표현했다.

"사도광산은 석영광(石英鑛)이어서 규산 성분이 높은 곳으로 유명하다. 석영 중의 8할이 규산 성분이다. 착암 작업을 할 때 분진, 즉 규산이 폐에 밀착해 섬유증식을 일으켜 기침과 가래가 나오고 호흡하기가 어려워지며, 흉부 압박감을 느끼고 점점 더 심해진다.

착암부는 지금도 정도의 차이는 있지만 100% 규폐에 걸린다. 화학요법은 아직도 발견되지 않고 있다.

광산보안법이 나온 것은 겨우 전후의 일이고, 사도광산에서 갱내의 통풍설비가 비교적 좋아진

것은 1945년대(*쇼와 20년대)의 일이다. 또한 착암기에 물을 통해 분진을 방비하게 된 것도 겨우 1955년대(*쇼와 30년대)의 일이었다. 광산의 긴 역사와 비교해 갱내 위생이라는 점은 매우 뒤처져 있다."『사도금산』, 중앙공론사, 1992, 157~158쪽.

자료 원문 사이토 켄 논문의 직종별 분석
『간접촬영법의 규폐진단상에서 의의』, 『일본의학방사선학회잡지』 제6권 제2-3호]

직장별 분류

S광산(*사도광산)의 직장 작업 상황 등에 관해서는 저자 등의 1인인 사이토의 논문에 상세히 언급했다. 그러므로 본 연구에서는 세부에 걸친 분류를 피하고 분진 발생 정도, 규폐에 걸릴(罹患) 위험률을 고려해 다음과 같이 대별했다.

즉 (1) 갱내 가동 임무자(규폐에 걸릴 위험률이 가장 큰 자)

(2) 갱내 직원(비교적 걸릴 위험은 적다)

(3) 갱외 가동노무자

 (ㄱ) 모두 다소 규폐에 걸릴 위험이 있다고 추정됨

(4) 위와 같음

 (ㄴ) 거의 규폐 이환의 위험 없다고 추정할 수 있는 자

(5) 책상 노무자 및 갱외직원이다. 다만 이미, 더 위험한 직장에서 일한 것은 현재 직장에 관계없이 위험률 높은 직장의 항에 편입했다.(제1표)

職場別分類　S鑛山の職場作業の狀況等に關しては著者等の一人齊藤の論文に精述せられた所である. 而して本研究に於ては細部に互る分類を避け, 粉塵發生の程度, 珪肺罹患危險率を考慮し, 次の如く大別した. 卽(1)抗內稼働勞務者(珪肺罹患危險最も大なるもの). (2)抗內職員(比較的罹患危險は少い). (3)抗外稼働勞務者. (イ)多少共珪肺罹患危險ありと推知せらるるもの. (4)同上. (ロ)殆ど珪肺罹患の危險なしと推定せらるるもの. (5)机上勞務者及抗外職員である. 但旣往に於ど, より危險な職場に稼働せるものは現在の職場に拘らず危險率高き職場の項に編入した(第1表).

表1　職場別珪肺罹患者表

| | 抗內稼働 | | 抗內職員 | | 抗外稼働(イ) | | 坑外稼働(ロ) | | 机上職員抗外職員 | | 計 |
	男	女	男	女	男	女	男	女	男	女	
創業期	37/27	0	0/0	0	3/3	0	4/3	0	0/1	0	44/34
第一期	31/15	0	0/0	0	0/0	0	3/2	0	0/1	0	34/18
第二期	13/14	0	1/0	0	0/0	0	1/3	0	0/0	0	15/17
第三期	3/4	0	0/0	0	0/0	0	0/0	0	0/0	0	3/4
計	84/60	0	1/0	0	3/3	0	8/8	0	0/2	0	96/78
檢査人員	615	1	13	0	166	3	319	119	104	95	1440

上段數字は間接撮影による判定數
下段數字は直接撮影を實施せるものの診斷に基く數

3
—
굴종하지 않는다!

1) 1940년 2월, '불온한 행동'을 한 조선인 40여 명

"조선인이 바보인가. 왜 저항하지 못하고 끌려갔는가!" 강제동원의 역사를 부정하는 이들의 주장이다. 그러나 이들의 주장은 틀렸다. 조선인들은 아무 저항도 하지 않고 그저 끌려가지 않았다. 힘없는 어린이들은 저항할 수 없어 끌려갔으나 성인들은 다양한 방법으로 저항하고 저항을 넘어 적극적으로 투쟁했다. 그러다가 귀한 목숨을 잃은 이들도 있었다. 일본 공안당국이 남긴 자료가 입증한 사실이다.

일본 제국주의를 상대로 저항할 힘을 갖추지 못한 조선인이 일본의 국가권력을 상대로 저항과 투쟁을 벌인다는 것은 매우 큰 용기가 필요했다. 그러나 용기를 낸 이들은 적지 않았다. 적극적 저항과 소극적 저항으로, 할 수 있는 노력을 기울였다.

강제동원된 조선인이 전개한 '폭동'과 파업 등 투쟁은 적극적 저항의 모습이다. 조직적 성격을 보여주고 있다. 조직적으로 할 수 없는 경우에는 동원을 거부하거나 '탈출'이라는 방법을 택하기도 했다. 소극적 저항이다.

1939년부터 1945년 8월 광복에 이르기까지 총 108,978명이 1,784건에 달했던 파업과 태업에 참가했다. 파업·태업 참가자는 일본에 동원된 조선인 노무자의 10%에 달하는 규모였다. 일본이 총동원 체제를 운영하기 위해 일본에 동원한 조선인 노무자는 1,045,962명이다.

강제동원된 조선인의 저항은 일본의 총동원 체제 운영에 영향을 주었다. 일본은 특별고등경찰 등 경찰 조직을 강화하고, 협화회와 감독국을 통해 감시하고 통제했다. 군이나 헌병이 폭동이나 파업을 진압하기도 했다. 미쓰비시광업㈜ 소속 하시마端島 탄광이 있던 나가사키長崎현의 하시마섬에서는 일본 주민들을 내세워서 조선인이 탈출하지 못하도록 지키도록 하기도 했다.

사도광산에 동원된 조선인들도 소극적 저항과 적극적 저항을 계속했다. 당국은 사도섬에서 조선인들이 봉기할 경우, 소수의 경찰과 관리 인원으로 감당할 수 없다고 생각했다. 그래서 열심히 교육했다. 사도광업소가 만든 자료에서는 '훈육'이라고 표현했다. 보도학교를 운영하고, 모든 광부들을 꼭두새벽부터 깨워 정신교육을 철저히 실시했다. 말을 잘 듣지 않는 광부는 '악습자'라고 해서 금강료에 별도로 수용하고 특별 교육도 실시했다. 1992년 한국에서 현지조사를 실시했던 보고서에서 생존피해자 노병구는 구술에서 '금강숙金剛塾은 미성년자를 수용하는 숙소로서 매일 아침7~7시 30분과 저녁8~8시 30분에 황민화 교육과 기술지도'를 했다고 한다. '말을 듣지 않으면 기합을 주었다'고 했다. 얼차려와 체벌을 가했다는 의미이다.

사도광업소는 조선인 숙소마다 교련을 실시하고, 탈출을 방지하기 위해 노력했다. 단속도 열심히 했고, 탈출을 돕는 중개자를 적발해 엄벌에 처하기도 했다. 그러면서 조선인을 폄하하는 일도 멈추지 않았다. 조선인이 탈출하는 원인으로 '자유방임과 부화뇌동성'을 들었다. 조선인이 '도일 이전부터 탈출을 계획'한 것으로 파악하기도 했다. 이에 대한 대책으로 '철저한 단속 강화'와 함께 '도망 중개자'에 주목했다. 도망 중개자란 현지 주민을 의미한다. 사도는 섬이라는 고립된 지형으로 인해 현지 주민의 도움 없는 탈출이란 불가능했기 때문이다. 이런 조치만으로 안심할 수 없었으므로 미쓰비시광업과 도쿄광산감독국, 그리고 특별고등경찰과 협화회는 사도광산의 조선인을 철저히 감시하고 단속했다. 바로 사도광업소 자료에 제시한 방지 의견 첫 번째 항목인 '관관변과 사업주의 협력을 철저하게 해서 단속 강화'를 적극 실천한 것이다. 그러나 조선인은 굴종하지 않았다.

사도광산 조선인의 첫 번째 봉기는 1940년 2월 17일에 일어났다.

일본 내무성 경보국이 만든 『특고월보特高月報』, 1940년 3월분 자료에서 찾을 수 있다. '신보료新保寮에 조선인 40여 명을 수용했는데, 이들이 개선을 요구하며 '불온한 행동'을 보였으나 '당일 해결?했다'는 내용이다. 『특고월보』가 표현한 '불온한 행동'은 바로 파업이다.

이 때 앞장선 인물은 최재만崔在万이다. 이들은 당시 청부업자에 소속되었는데, 식사가 매우 열악해서 늘 불만이 많았다. 광산 측이 이들의 요구를 들어줌에 따라 파업은 해결되었다.

청부제는 직접 고용이 아닌 간접 고용 형태였다. 청부업자가 모집책을 통해 광부를 동원하고 임금에서 모집비 명목으로 일부를 제외한 후 광부에게 지급하는 방식이었다. 이후에 사도광산은 청부제와 직접 고용의 두 가지를 혼용했으나 초기에는 청부제에 의존했다. 비용을 절감하기 위한 술책이었던 것이다. 이 제도가 1940년 2월 사도의 조선인 광부들이 들고 일어난 원인이었다.

■ 일본의 경찰 제도

경찰은 일본 내무성 경보국 소속이다. 기능에 따라 일반경찰과 보통경찰·고등경찰과 특별고등경찰特고로 나누었다. 일반경찰과 보통경찰이 '형사, 보안, 교통, 소방, 위생 등'을 담당한다면, 고등경찰과 특고는 국가와 사회 전체의 안녕질서에 관한 사항을 담당했다. 그러므로 고등경찰과 특고는 주로 공산주의와 무정부주의 사상이나 독립운동을 단속하는 업무를, 일반경찰과 보통경찰은 일상적으로 관할 지역 조선인의 동태를 파악하고 감시하는 업무를 담당했다.

경찰이 남긴 기록은 특별고등경찰기록과 일반경찰기록이다. 고등경찰과 특고가 남긴 대표적인 자료가 바로 『특고월보』이다.

자료 원문 사도광업소佐渡鑛業所, 「반도노무관리에 대하여半島勞務管理ニ就テ」 1943년 6월

(3) 도망 방지

- 도망 원인 : 자유방종적이고 부화뇌동하는 성격 때문, 부화뇌동성에 따라 계획적으로 도망하는 자에게 이끌리기 때문, 처음부터 도망을 계획

- 방지 의견 : 관(관변)과 사업주의 협력을 철저하게 해서 단속을 강화, 조선 현지(일본만 전시 생활을 하지 않는다)의 근황을 충분히 인식시킬 것, 도망 중개자를 엄벌에 처할 것, 반도노무자에 대한 주변 사람들의 값싼 동정심은 금물이며 주변에 인정받도록 할 것, 부랑한 조선인의 사용 금지를 엄히 단행할 것

(5) 훈육

이입시에는 보도학교(상중하 3학급으로 나누어 상급은 국민학교 4년 수료 정도 이상의 일본어 이해력이 있는 자, 중급은 일본어를 조금 이해하는 자, 초급은 일본어를 전혀 할 수 없는 자)를 설치해 3개월간 일본어 교육에 중점을 두고, 규율훈련, 예의 작법 등 일본인 생활 지도에 힘쓰는 한편, 해당 기간 중 강습회를 개최해 보안 의식의 철저를 도모하고 취업 이전에 회사 계원들이 다양한 조업상 주의를 주고 국민체조 등을 지도한다.

악습자를 일정 장소(금강료)에 수용해 특별 훈련을 실시한다.

현재는 모든 수용소에 교련을 실시하고 규율훈련에 힘쓴다.

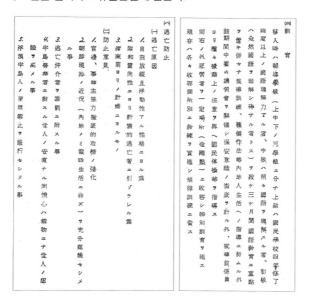

자료 원문 내무성 경보국內務省 警報局, 『특고월보特高月報』 1940년 3월분

전원을 수용할 합숙소 설비가 없었으므로 40여 명을 잠정적으로 광산 직원이 경영하는 신보료에 수용했는데, 청부제도 때문에 식사 상태가 불량해 늘 불만이 있었다. 숙소에 머무는 40여 명이 개선을 요망한 불온한 상황이 있었는데, 광산 측이 용인해 당일 해결했다.

| 98名 | 朝鮮人40名 | 全員を収容する合宿所設備が無いため40余名を暫定的に鉱山職員の経営する新保寮に収容したところ請負制度のため胸況不良として常に不満があった。止宿舎40名が改善を要望して不穏の状況にあったが鉱山側が容認したため即日解決した。 | 新潟県佐渡郡相川町三菱鉱業佐渡鉱山 |

2) 1940년 4월, 조선인 광부 97명 중 97명이 일으킨 파업

『특고월보』는 1940년 2월 당시 사도광산 소속 조선인 광부가 97명이라고 파악했다. 1940년 2월 17일 파업에 참가한 조선인이 40명이었으니 반 정도 참가한 셈이다. 절반 정도가 참가할 수 있었던 것은 광업소 측이 조선인을 신보료라는 한 곳에 수용했기 때문이다. 신보료 외에 문베자카紋兵衛坂가 운영하던 료도 있었는데, 이곳의 조선인은 파업에 참가하지 않았다.

그러나 4월 11일 파업은 소속 조선인 광부 전원 참가 기록을 수립했다. 4월 당시 조선인들은 제1상애료와 제3상애료에 수용되어 있었다. 두 달 만에 임시 숙소 생활을 청산하고 합숙소 생활을 하기 시작한 것이다.

이 파업은 4월 11일부터 13일까지 일으켰는데, 『특고월보』외에 『사상월보思想月報』에서도 찾을 수 있다. 『사상월보』는 사법성 형사국이 작성한 자료이다. 『사상월보』에서는 3일이 아닌 이틀간의 분쟁으로 기록했다.

『특고월보』 기록은 간략하다. 당시 조선인 광부 97명 가운데 97명 전원이 '임금이 응모 당시의 조건과 다르다는 이유로 임금인상을 요구한 파업을 일으켰으나' '소관 경찰서의 조정으로 노동조건을 회사 측에서 개선하는 조건으로 해결하고 주모자 3명을 조선으로 송환'했다는 내용이다. 경찰서가 '조정'했다는 의미는 경찰력을 동원했다는 의미일 것이다.

상세한 내용은 『사상월보』를 통해 알 수 있다. 『사상월보』 79호에 수록한 「노무동원계획에 근거한 내지 이주 조선인 노무자의 동향에 관한 조사」라는 문서에서 파업의 경과를 보면, 다음과 같다.

> "4월 10일 업무를 마친 후 임금을 받은 조선인 광부 전원이 휴업을 결정하고, 11일 입갱을 거부했다. 광산 측이 나서서 전원을 모아놓고 훈시를 하고, 개별 면담을 통해 입갱을 유도했으나 오히려 일본인 노동자 199명이 파업에 동참하는 결과를 낳았다. 12일에도 설득했으나 일본인 태업에 자극을 받고 입갱을 거부하고 달아나 간신히 18명만이 입갱했다. 경찰은 11일부터 강경 대응에 나서려 했으나 광산 측의 의견에 따라 경계만 하다가 12일부터는 주모자 검속에 나서는 등 강력히 대응하기 시작해 13일에 진압했다. 이 과정에서 경찰은 광산 측에 최소한의 양보를 끌어내기도 했다."

이 자료에서는 조선인의 스트라이크를 '태업'이라 표현하고, '경찰 측의 진압'으로 해결했다는 점도 명확히 언급했다. 경찰은 주모자 및 선동자로 조선인 12명을 검속하고, 이 가운데 3명 홍봉한, 윤병기, 임계택을 조선으로 송환했다. 경찰은 홍봉한, 윤병기, 임계택이 평소 훈련소 시절에 훈련을 게을리하거나 방해했고, 체력이 약해서 높은 성적을 낼 수 없으므로 송환했다고 적었다.

경찰이 진압에 나선 이유 가운데 하나는 갱에서 일하고 있던 일본인 광부 199명이 취로를 거부하는 등 영향을 미쳤다는 점과 곧바로 입산하기로 한 250명의 조선인을 원활하게 관리하기 위해서였다. 이를 통해 기존의 97명 외에 250명의 조선인을 동원했음을 알 수 있다. 사도광업소가 감독기관에 제출한 자료반도인 노무자에 관한 조사보고에서 밝힌 1940년 7월 기준 조선인 광부의 인원은 332명이었다.

『사상월보』는 조선인이 태업을 일으킨 이유에 대해 '조선인의 특성'으로 치부했다. 즉 돈을 받으면 일하지 않고, 늘 놀려고만 하고 일할 생각을 하지 않는다는 것이다. 조선인들이 파업을 일으킨 이유는 제대로 된 임금을 받지 못하고 식사가 조악했으며, 여러 처우가 열악했기 때문이다. 그런데도 원인을 조선인에게 돌렸다.

파업의 해결 과정을 통해 당시 광부들의 열악한 처우도 알 수 있다. 작업화지카타비와 카바이트 등 작업에 필요한 도구도 모두 광부들이 대금을 지불해야 했다는 점, 이 과정에서 회사 측이 비싼 가격을 지불하도록 했다는 점이다. 또한 '돈을 가지고 있으면 일할 생각을 하지 않는다'는 이유로 임금도 현금으로 제대로 지급하지 않았음도 알 수 있다. 4월 10일에 조선인들이 받은 것은 임금이 아니라 정산서였을 뿐이었다.

자료 원문 사법성 형사국司法省 刑事局, 『사상월보思想月報』 79, 1940

1. 분쟁 발생 연월일 및 장소 : 1940년 4월 11일 및 12일. 사도광산

2. 분쟁 참가자: 윤기병(尹起炳)**, 홍봉한**(洪壽鳳)**, 김성수**(金聖秀) **등 97명**

3. 분쟁(태업)**의 상황**

조선인들은 4월 10일 업무 종료 후 3월분 임금을 정산받았는데, 청부였기 때문에 일의 능률에 비교해 지급액의 차이가 발생했다. 조선인들은 서로 정산서를 살펴보고, 숫자를 모르는 광부들은 다른 사람에게 부탁해서 자신의 소득을 확인했다. 그런데 금액이 조선에서 약속했던 조건과 달리 적었다. 도항 당시 면사무소원이나 도청의 내무과장에게 들은 조건보다 차이가 컸던 것이다. 일단 합숙소(寮)로 돌아온 조선인들은 다음날 노무계에 휴업을 통보하기로 결정했다. 11일, 97명 전원은 입갱하라는 '권고'에 응하지 않았다. 12일에도 일하지 않고 산으로 가버려서 겨우 18명만이 입갱했다.

4. 분쟁 발생의 원인

조선인이 태업을 일으킨 이유는 일반적으로 조선에서 들었던 조건과 실제 대우 간 현격한 격차가 있다는 점과 그 외 여러 가지를 들 수 있다. 첫째, 조선인의 특성으로서 금전을 갖고 있으면 일을 하지 않고, 놀려고 하는 마음이 생긴다는 것, 늘 놀 생각만 하고 일할 생각을 하지 않는다는 것, 당시 일반에 퍼져있는 가동 의사를 상실했다는 것, 늘 놀면서 일상 사무를 처리하려고 한다는 것이다.

5. 광산 측의 조치

11일 조선인의 '태업' 소식을 들은 스에쓰나(末綱) 부광산장은 조선인 전원을 협화구락부에 모이도록 하고 (온순하게 지시에 따랐다고 함) 단상에 올라 훈계를 했다. 그런데도 입갱하지 않자 전원을 구락부에 가둬두고 한 명씩 별실로 불러서 통역을 통해 취로를 촉구했다. 정오까지 12명을 설득해 입갱하겠다는 약속을 받고 합숙소로 돌려보냈는데, 6명이 돌아가지 않고 달아나버려 다른 6명을 외근 주임(立崎)에게 인솔하도록 해 갱구에 데리고 갔는데, 일본인 노동자 199명이 같이 태업에 동참하자, 이들 6명도 마음을 돌려 입갱하지 않아 결국 12명 모두 입갱하지 않게 되었다. 남은 84명에 대해 개별적으로 설득해보았는데, 일본인 태업 상황을 듣고 자극받아 대부분이 '조금이라도 대우를 개선하지 않으면 어떤 답도 할 수 없다'고 했다. 할 수 없이 설득을 포기하고 내일 상황을 감시하기로 했다.

12일 아침 스에쓰나 등은 제1상애료에, 지도원(시부야澁谷, 조선인 일본어 교사) 등은 제3상애료에 가서 기상을 재촉하며 갱에들어갈 것을 독촉했는데, 제1상애료에서 10명은 이미 자발적으로 일어나 나갔고, 총 41명이 갱구에 도착해 일부는 이미 광부 작업복을 입고 있었다. 그런데 오히려 일본인 광부 116명이 입갱을 거부하는 것을 보고, 기세를 높이다가 5명의 검속자(조선인 2명, 일본인 3명)가 발생하자 놀라서 산으로 달아나버렸다. 제3상애료의 조선인 22명은 시부야가 인솔해 갱구에 오는 도중에 5명은 탈출하고 17명이 갱구에 와서 일부가 달아났으므로 12일의 입갱자도 결국 21명에 그쳤다. 그 중에서도 3명이 갱을 탈출해 가동자는 18명이었다.

6. 경찰 측의 조치

경찰 당국은 11일, 광산 측이 조선인 광부들을 설득하고 있다는 보고를 듣고 곧바로 주모자와 선동자의 사찰에 들어감과 동시에 검속에 나서고자 했다. 그러나 광산 측이 온건한 방법으로 설득 중이므로 역효과를 고려해 일반적 경계에 그쳤다. 그런데 12일에도 조선인들이 입갱하지 않고 특히 갱구 부근을 순찰하던 중 주모자로 보이는 윤기병과 전날 아침 제3상애료에서 기세를 높인 홍수봉, 김성수를 검속하면서, 취로를 거부하고 달아난 자들에 대해서도 취로를 권고했는데, 당시 군중심리로 취로는 불가능한 상황이므로 일반경계를 하면서 검속한 3명을 취조했는데, 이들 3명이 주모하거나 선동한 사실을 인정하지 않으므로 일단 료로 돌려보냈다.

한편 광산 측의 취로 권고를 거부하고 산으로 도망한 자들도 오후부터는 속속 료로 돌아오고 있어 철저한 조치를 강구할 필요가 있다고 생각해 오후 5시에 주모자 또는 선동자로 생각되는 12명을 검속해 취조를 시작했다. 이와 동시에 다른 조선인 전원을 협화구락부에 모아놓고 관할 경찰서장과 특고과원이 설득을 한 결과 13일에는 아침에 모두 자발적으로 일어나 검속자와 부상자 3명을 제외한 82명이 전원 취로했고, 이후 갱내 취로 상황은 매우 성적이 좋았다.

당시 일본인 노동자 측에서도 임금인상을 요구해 경찰 당국이 광산 측에 대우 개선 고려를 요청하자 광산 측에서는 임금거치령에 따라 주무 관청(성)과 여러 차례 절충했으나 인가를 받기 어렵다고 해, 다음의 사항에 대해 광산 측에 고려할 것을 요청하고, 이후 실행 상황을 감시하기로 했다.

대우 개선 조건 : 청부임금을 업무 내용에 반영해 실질적으로 임금 향상을 도모할 것. 지카타비 대금 1엔 80전짜리를 1엔으로, 1엔 14전짜리를 80전으로, 70전짜리를 50전으로 지급할 것. 카바이트 대금 19전을 15전으로 지급할 것. 식료 개선을 도모할 것. 복리시설을 실시할 것

7. 조선인 등 태업의 영향

사도광산은 노무자 약 2천여 명 가운데 이주 조선인이 97명인데, 당시 제2차 모집 조선인 250명이 입산하게 되어 있으므로 태업에 미칠 영향을 매우 중요하다고 파악했다. 11일과 12일 양일에 걸쳐 전 광산노무자에 대해 큰 동요를 주어 11일과 같은 일본인 노무자 99명의 태업을 유발하고, 12일에 경찰 측의 진압에 따라 입갱한 것과 같이, 질서를 지키지 않는 군집행동이 될 가능성에 대해 장래에 대책이 필요하고, 새로이 입산할 조선인 등에 대한 대책 차원에서도 고려해야 하므로 단호한 조치를 강구할 필요가 있다.

경찰 당국은 검속자 가운데 홍봉한이 소정의 훈련소에서 성실하지 않고 매우 훈련을 방해하며 반항적 의사가 강했고, 윤기병은 아예 훈련소에 출석하지 않았으며, 임계택은 체격이 빈약해 가동능력이 떨어져 앞

으로 높은 임금을 받을 가능성이 없으며, 이 문제가 불평불만의 근원이 될 수 있다고 판단했다. 이들 3명에 대해 선동적 책동을 한다고 인정해 본적지로 송환하기로 했다.

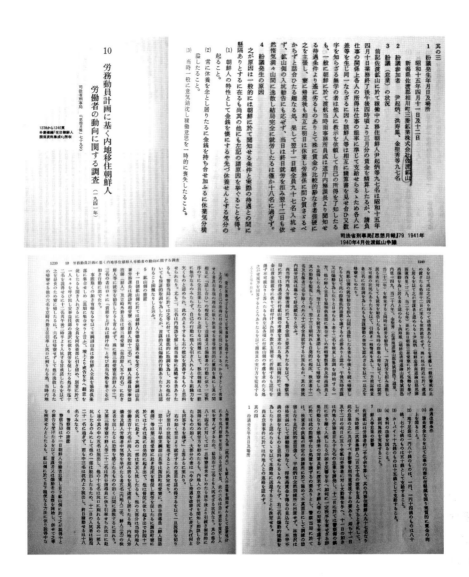

3) 노무조정령 위반이라고?

1941년 12월 6일, 일본 당국은 칙령 제1063호로 노무조정령을 제정 공포했다. 노무조정령은 국가사업에 투입할 노동력을 확보하기 위해 종업자의 고용, 사용, 해고, 취직, 퇴직 등을 관리하기 위한 법령이다.

일본 내무성 경보국이 생산한 『특고월보』 1943년 3월과 4월, 5월에 노무조정령 위반으로 검사국현재 검찰청으로 송치한 사도광산 조선인 광부의 사건을 찾을 수 있다.

1943년 3월 신전석진新田錫陳 외 1명이 작업장을 탈출했다가 검거되어 노무조정령 위반으로 검사국으로 넘어갔다. 신전석진은 3월 16일에 탈출해 29일에 검거되었다.

4월 14일에는 김정치金山政治, 당시 19세가, 5월 10일에는 채영석川本榮錫, 당시 35세이 각각 탈출을 시도했다가 검거되어 노무조정령 위반으로 검사국으로 넘어갔다. 김정치는 1943년 2월 27일 탈출했다가 4월 18일에 검거되었으니 오랫동안 도주 생활을 한 셈이다. 채영석은 5월 1일에 탈출했다가 3일만에 검거되었다. 이후 광산으로 돌아와 일하다가 1945년 4월에 조선으로 돌아갔다.

4월 22일에는 노무조정령 위반 혐의로 송국 중이던 고도중철高島重哲에 대해 벌금 100엔을 언도해 확정했다. 신전석진 일행과 김정치, 채영석이 무슨 형에 처해졌는지는 알 수 없다.

그러나 노무조정령은 위반했을 때 징벌 조항이 없다. 그러므로 이들이 노무조정령 위반 혐의로 검사국으로 송치된 것은 사실과 다르다. 징벌 조항은 국가총동원법에서 찾을 수 있다. 국가총동원법 제13조에 '명령에 불복不服 또는 기피할 경우는 3년 이하의 징역 또는 5천 원 이하의 벌금' 규정이 있다.

어떻게 된 일일까. 『특고월보』의 기록이 오류일까. 아니면 당시에 법 조항에 없는 노무조정령 위반 혐의를 적용한 것일까.

노무조정령

제1장 총칙

제1조 국가에 긴요한 사업에 필요한 노무를 확보하기 위해 국가총동원법(1938년〈昭和13年〉칙령 제317호에 의한 경우를 포함. 이하 동일) 제6조 규정에 의거 종업자의 고용, 사용, 해고, 취직 및 퇴직 제한은 별도로 정하는 것을 제외하고 본 령이 정하는 바에 의한다.

제2장 종업자의 해고 및 퇴직 제한

제2조 후생대신이 지정하는 공장, 사업장, 기타 장소(이하 지정공장이라 함)에서 사용될 종업자 또는 후생대신이 지정하는 범위의 종업자 해고 및 퇴직은 명령이 정하는 바에 따라 국민직업지도소장에게 인가받지 않으면 이를 행할 수 없다.

전 항 종업자에 대해서는 고용기간의 만료, 기타 해고 및 퇴직 이외의 사유에 의해 고용관계를 종료할 경우에는 계속해서 고용관계를 존속시킬 것을 필요로 한다. 단, 명령이 정하는 바에 따라 국민직업지도소장의 허가를 받은 경우에는 이에 구애되지 않는다.

제1항의 지정은 지정해야 할 공장, 사업장, 기타 장소의 사업주 또는 지정받아야 할 범위의 종업자를 사용하는 사업주에 대해 통지로 이를 시행할 수 있다.

전 항 규정에 따라 지정 통지를 받은 사업주는 그 취지를 관계 종업자에게 주지시켜야 한다.

제3조 전 조 제1항 및 제2항 규정은 좌측 각호 1에 해당하는 경우에는 이를 적용하지 않는다.

　　1. 육해군에 징집 또는 소집되거나 또는 지원에 의해 육해군 현역으로 복무하고 있는 경우

　　2. 육해군 학생생도(해군예비연습생 및 해군예비보습생을 포함)에 채용된 경우

　　3. 국가총동원법 제4조 규정에 의거 징용된 경우

　　4. 기타 명령이 정하는 경우

전 조 제1항 및 제2항 규정은 국가 및 도부현, 시정촌, 기타 이에 준하는 것에는 이를 적용하지 않는다.

제3장 종업자의 고용, 취직 및 사용 제한

제4조 기술, 기능 또는 학식경험이 있는 자로 후생대신이 지정하는 자(이하 기능자라 함)의 고용 및 취업에 대해서는 명령이 정하는 바에 따라 국민직업지도소장의 허가를 받은 경우 또는 국민직업지도소의 소개가 있는 경우를 제외하고 이를 시행할 수 없다.

제5조 전 조 규정은 좌측 각호의 1에 해당하는 경우에는 이를 적용하지 않는다.

　　1. 연령 14세 미만 혹은 연령 60세 이상의 남자 또는 연령 14세 미만 혹은 연령 40세 이상의 여자 기능자의 고용 및 취직의 경우

　　2. 입영(응소의 경우를 제외함, 이하 동일)을 명령받거나 혹은 징용되어 해고된 자 또는 입영 혹은 징용기간 중 고용기간이 만료한 자가 그 퇴영(입영 시의 신체검사에서 귀향을 명령받은 경우도 포함) 혹은 징용해제일로부터 3개월 이내에 다시 원직으로 복귀한 경우

3. 학교 졸업자 사용제한령 제1조의 졸업자 고용 및 취직의 경우

4. 국가 및 도부현의 기능자 고용 및 취직의 경우

5. 기타 명령으로 정하는 경우

제6조 본 령 시행 후 국민학교 초등과(내지에서는 이에 준하는 것을 포함함. 이하 동일)를 수료하거나 또는 국민학교 고등과(내지에서는 이에 준하는 것을 포함함, 이하 동일)을 수료하거나 혹은 중도퇴학한 후 2년을 경과하지 않은 자로 기능자가 아닌 자(이하 국민학교 수료자라 함)의 고용 및 취직은 국민직업지도소 소개가 아니면 이를 시행할 수 없다. 단, 국가 및 도부현에 고용 및 취직하는 경우, 선원직업소개소 소개에 의한 선원 고용 및 취직의 경우, 그리고 명령이 정하는 경우에는 이에 구애받지 않는다.

제7조 연령 14세 이상 40세 미만의 남자 또는 연령 14세 이상 25세 미만의 여자로 기능자 및 국민학교 수료자가 아닌 자(이하 일반 청장년이라 함)의 고용 및 취직은 좌측 각호 1에 해당하는 경우를 제외하고 이를 시행할 수 없다.

1. 국민직업지도소의 소개에 의해 고용 및 취직하는 경우

2. 지정공장 사업주, 후생대신이 지정하는 사업을 운영하는 자 또는 후생대신이 지정하는 자, 명령이 정하는 바에 따라 국민직업지도소의 소개에 의하지 않고 고용해야 하는 일반 청장년의 인원, 기타 고용에 관한 사항에 대해 국민직업지도소장의 허가를 받은 경우

3. 명령이 정하는 바에 따라 특정 일반 청장년의 고용 및 취직에 대해 국민직업지도소장의 허가를 받은 경우

제8조 전조 규정은 좌측 각호 1에 해당하는 경우에는 이를 적용하지 않는다.

1. 제5조 제2호의 경우

2. 선원직업소개소의 소개에 의한 선원 고용 및 취직의 경우

3. 명령으로 정하는 경우를 제외하고 농업, 임업, 축산업, 양잠업 및 수산업의 일반 청장년의 고용 및 취직의 경우

4. 국가 및 도부현에서 일반 청장년의 고용 및 취직의 경우

5. 기타 명령으로 정하는 경우

제9조 후생대신은 노무공급업자의 공급에 의한 종업자의 사용 제한에 관해 필요한 명령을 내릴 수 있다.

제10조 전 조 규정은 국가 및 도부현에서 노무공급업자의 공급에 의한 종업자 사용에는 이를 적용하지 않는다.

제11조 국민학교 초등과 또는 국민학교 고등과 재학중인 자를 고용해 그 자가 국민학교 초등과를 수료해 초등학교 고등과에 진학하지 않을 경우 또는 국민학교 고등과를 수료하거나 혹은 중도퇴학한 경우 계속하여 그 자를 고용하는 경우의 제6조 규정 적용에 대해서는 그 자가 국민학교 초등과를 수료하거나 또는 국민학교 고등과를 수료하거나 혹은 중도퇴학할 때

에는 새로 고용하여 취직한 자로 간주한다,

나이 14세 미만의 자를 고용해 계속하여 그 자를 고용할 경우에는 제7조 규정 적용에 대해서는 그 자가 14세에 이르렀을 때 새로 고용하여 취직한 것으로 간주한다.

사업주는 그 고용하는 종업자에 대해 공장, 사업장, 기타 사용 장소 간 소속 이동이 있을 경우 본 령 적용에 대해서는 나중의 사용 장소에서 새로 고용하여 취직한 것으로 간주한다.

제1항 및 제2항의 경우 명령이 정하는 바에 따라 새로운 고용에 관해 제6조 혹은 제7조 규정에 의한 인가 또는 제6조 규정에 의거해 내린 명령에 의한 인가 신청이 있을 경우 그 신청에 대해 인가 또는 불인가의 처분이 있을 때 새롭게 고용하여 취직한 것으로 간주한다.

제4장 잡칙

제12조 국민직업지도소장은 본 령에 의거해 내리는 명령에 따른 인가 신청에 대해 부정 혹은 허위 사실이 있다고 인정할 경우 또는 특히 필요하다고 인정할 경우는 허가를 취소할 수 있다.

제13조 제4조, 제6조 또는 제7조 규정에 위반한 고용 또는 취직이 있을 경우에는 국민직업지도소장은 고용한 자에 대해 고용된 자의 해고를, 취직한 자에 대해 퇴직을 명령할 수 있다. 전조 규정에 따라 인가 취소가 있을 경우에도 마찬가지다.

제14조 후생대신은 종업자의 고용, 사용, 해고, 취직 및 퇴직에 관해 사업자에게 감독상 필요한 명령을 내릴 수 있다.

제15조 국민직업지도소장은 명령이 정하는 바에 따라 종업자의 고용, 사용, 해고, 취직 및 퇴직에 관해 국가총동원법 제31조의 규정에 의거 보고를 요구할 수 있다.

제16조 후생대신, 지방장관 또는 국민직업지도소장은 필요하다고 인정할 때 종업자의 고용, 사용, 해고, 취업 및 퇴직에 관해 국가총동원법 제31조의 규정에 의거 해당 관리로 하여금 관계 공장, 사업장, 기타 장소를 임검하여 업무 상황 또는 장부 서류를 검사시킬 수 있다.

전 항 규정에 따라 해당 관리로 하여금 임검 검사시킬 경우 그 신분을 나타내는 증표를 휴대시켜야 한다.

제17조 전 3조 규정은 국가 및 도부현 종업장의 고용, 사용 및 해고에는 이를 적용하지 않는다.

국민직업지도소장은 명령이 정하는 바에 따라 국가 또는 도부현이 시행하는 종업자의 고용, 사용 또는 해고에 관해 종업자를 사용하는 관아(육해군 부대 및 학교를 포함) 또는 도부현으로부터 통보를 요구할 수 있다.

제18조 후생대신은 제2조 제1항 규정에 따라 공장, 사업장, 기타 장소 또는 종업장의 범위를 지정하고자 할 때는 내각 통리대신과 협의해야 한다.

제19조 조선 및 대만에 있어서는 제6조, 제7조, 제8조 및 제11조 규정은 이를 적용하지 않는다.

조선 및 대만에 있어서는 나이 12세 이상 40세 미만의 남자로 기능이 없는 자(이라 남자 청장년이라 함)의 고용 및 취직은 좌측 각호 1에 해당하는 경우를 제외하고 이를 시행할 수 없다.

1. 국가의 소개에 의해 고용 및 취직할 경우

2. 지정공장 사업주 및 조선총독부 또는 대만총독이 지정하는 자의 고용 및 취직의 경우

3. 남자 청장년을 고용할 수 있는 총원수는 명령이 정하는 바에 따라 조선에 있어서는 부윤, 군수 또는 도사, 대만에 있어서는 시장 또는 군수(澎湖廳은 청장)의 허가를 받은 경우에 그 인원수를 채울 때까지 고용 및 취직의 경우

4. 명령이 정하는 바에 따라 특정 남자 청장년의 고용 및 취직에 대해 조선에 있어서는 부윤, 군수 또는 도사, 대만에 있어서는 시장 또는 군수(澎湖廳은 청장)의 허가를 받은 경우

5. 제5조 제2호의 경우

6. 국가 그리고 도, 주 및 청의 남자 청장년의 고용 및 취직의 경우

7. 기타 명령으로 정하는 경우

조선 및 대만에 있어서 연령 12세 미만의 남자로 기능자가 아닌 자를 고용해 계속해서 그 자를 고용할 경우에는 앞의 항 규정의 적용에 대해서는 그 자가 나이 12세에 달할 때에 새로 고용하거나 취직한 자로 간주한다.

전 항의 경우에 명령이 정하는 바에 따라 신규 고용에 관해 제2항 규정에 따른 인가 또는 동 항 규정에 의거해 내려진 명령에 따른 인가 신청이 있을 때는 그 신청에 대한 인가 또는 불인가의 처분이 있을 때 새롭게 고용 및 취직한 자로 간주한다.

제20조 본 령 중 후생대신이라 함은 조선에 있어서는 조선총독, 대만에 있어서는 대만총독, 화태에 있어서는 화태청 장관, 남양군도에 있어서는 남양청 장관으로 하고, 지방장관이라 함은 조선에 있어서는 도지사, 대만에 있어서는 주지사 또는 청장, 화태에 있어서는 화태청 장관, 남양군도에 있어서는 남양청 장관으로 한다. 국민직업지도소장이라 함은 조선에 있어서는 부윤, 군수 또는 도사, 대만에 있어서는 시장 또는 군수(澎湖廳은 청장), 화태에 있어서는 화태청 지청장, 남양군도에 있어서는 남양청 지청장으로 한다. 국민직업지도소라 함은 조선, 대만, 화태 및 남양군도에 있어서는 국가로 한다.

본 령 중 도부현이라 함은 조선에 있어서는 도, 대만에 있어서는 주 또는 청, 남양군도에 있어서는 남양군도 지방ㅁ으로 한다. 국민학교 초등과라 함은 화태에 있어서는 화태 국민학교령에 따른 국민학교 초등과, 남양군도에 있어서는 남양청 국민학교규칙에 따른 국민학교 초등과로 한다. 국민학교 고등과라 함은 화태에 있어서는 화태 국민학교령에 따른 국민학교 고등과, 남양군도에 있어서는 남양청 국민학교규칙에 따른 국민학교 고등과로 한다. 내지에 있어서 이에 준하는 것이라 함은 화태에 있어서는 화태에서 이에 준하는 것, 남양군도에 있어서는 남양군도에서 이에 준하는 것으로 한다.

제13조 중 제4조, 제6조 또는 제7조라 함은 조선 및 대만에 있어서는 제4조 또는 제19조 제2항으로 한다.

부칙

본 령은 1942년(昭和17年) 1월 10일부터 이를 시행한다. 단, 내지, 화태 및 남양군도에서 제7조 제2호 규정, 조선 및 대만에서 제19조 제2항 제2호 및 제3호 규정의 실시를 위해 미리 필요한 범위에 있어서는 공포일부터 이를 시행한다.

종업자이동방지령 및 청소년고입제한령은 폐지한다. 단, 본 령 시행 전에 이루어진 행위에 관한 벌칙 적용 및 본 령 시행 전에 종업자이동방지령 제5조 규정에 위반한 고용을 시행한 자에 대한 본 령 제8조 규정의 적용에 대해서는 본 령 시행 후라 하더라도 그 효력을 갖는다.

국민근로수첩법 시행령 중 다음을 개정한다,

제8조 제1항 제1호를 아래와 같이 개정한다.

1. 근로조정령 제2조 제1항 규정에 따른 인가를 받아 퇴직할 때 또는 동령 제4조 혹은 제7조 제3호 규정에 따른 인가 혹은 동령 제6조 단서 규정에 의거한 명령에 의한 인가를 받아 취직할 때

자료 원문 내무성 경보국內務省 警報局, 『특고월보特高月報』1943년 3~5월분
[박경식朴慶植, 『재일조선인관계자료집성』 제5권, 삼일서방, 1976 수록]

1943년 3월 14일: 미쓰비시광업㈜ 사도광산 이
입조선인노무자 신전석진(新田錫陳) 외 1명이 3월
16일 작업장을 탈출했다가 29일에 검거되어 노
무조정령 위반으로 관할 검사국으로 송국

4월 25일: 미쓰비시광업㈜ 사도광산 이입 조선
인 노무자 김정치(金山政治, 당시 19세)가 1943년 2
월 27일 탈출했다가 4월 18일에 검거되어 노무
조정령 위반으로 관할 검사국으로 송국

4월 22일 : 니기타현에서 노무조정령 위반 혐의로 송국 중이던 이입 조선인 노무자 고도중철(高島重哲)에 대해 벌금 100엔을 언도(확정)

二二日　新潟県にて予て労務調整令違反として送局中の移入朝鮮人労務者高島重哲に対し、罰金百円の言渡（確定）ありたり。

5월 10일 : 미쓰비시광업㈜ 사도광산 이입 조선인 노무자 채영석(川本榮錫, 당시 35세)이 5월 1일에 탈출했다가 3일에 검거되어 노무조정령 위반으로 관할 검사국으로 송국

一〇日　新潟県に於ては同県下三菱鉱業株式会社佐渡鉱業所移入朝鮮人労務者川本栄錫当三十五年が、本月一日職場を拋棄し、逃走したるを同月三日発見、之を検挙し、労務調整令違反として所轄検事局に送局せり。

4) 화태청 경찰서 수배문서에서 찾은 사도광산 조선인 광부

러시아연방 사할린Sakhalin주에 있는 사할린주역사기록보존소GIASO와 사할린개인기록보존소GADLSSO에는 일제강점기 시절에 일본 당국이 생산한 경찰문서가 보관되어 있다. 화태청樺太廳 소장 경찰서 기록물이다. 화태청이란 러일전쟁의 결과 1905년에 포츠머스 강화조약을 맺은 후 일본이 남사할린 통치에 들어가면서 1907년에 설치한 통치기관이다.

이 기록물은 국무총리 소속 대일항쟁기 강제동원피해 조사 및 국외 강제동원희생자 등 지원위원회가 2014년 한러정부 합의에 따라 남사할린에서 발굴한 화태청樺太廳 소장 경찰서 기록물총 1만 매. 총 7,472명분의 명부자료 포함을 의미한다.

화태청 소장 경찰서 기록물은 화태청 도요하라豊原, 현 유즈노사할린스크 경찰서가 생산해 일본 본토와 조선 등 제국 일본 영역에 배포한 문서이다. 사할린에서 거주지를 이탈한 조선인은 물론, 일본 18개 도도부현의 강제동원 작업장에서 탈출한 조선인을 수배할 목적으로 발송했다. 문서마다 '비밀문서'임을 나타내는 표시를 했다.

경찰 당국은 무단으로 관할 지역을 이탈한 조선인에 대해 일본 본토와 남사할린, 조선 등지에 수배 요청을 내리는 등 꼼꼼하고 철저했다. 동일인에 대해 소재가 파악될 때까지 여러 차례 수배령을 내렸다. 수배령을 내린 후 적발했으면, 적발 사실을 알리는 문서를 배포했다.

수배문서이므로 수배 대상자의 기본 인적 사항 외에 '신장, 인상, 체격, 머리카락 길이' 등 인상 특징을 꼼꼼히 기재했고, 신장은 ○척尺 ○촌寸 ○분分 단위나 미터법 1/10cm 단위에 이르기까지 실측치에 가깝게 정확도를 기했다. 옷의 색깔과 모양도 적었다.

이같이 꼼꼼하고 철저한 경찰문서에서 사도광산 조선인 광부 2명을 찾을 수 있다. 산본태욱山本泰旭, 충남 부여군 출신, 당시 25세과 우상문禹相文, 충남 논산군 출신, 당시 23세이다.

1941년 4월 19일 니가타현 경찰부장이 제국 일본 전역의 경찰서장 앞으로 보낸 비밀문서高外秘 제1667호에서 이들의 이름을 찾을 수 있다. '고외비'란 고등외사경찰의 비밀문서라는 의미이다. 두 청년이 어디로 갔는지, 이후에도 적발했다는 문서는 보이지 않는다.

■ 화태청 경찰부, 『경찰공보』 551호의 조선인 탈출자 4명

화태청 경찰부가 발간하는 『경찰공보』 551호1941년 12월 15일에는 사도광산을 탈출한 4명의 이름이 남아 있다. 윤성병尹晟炳, 충남 논산군, 당시 25세, 이화실高本政元, 충남 부여군, 당시 27세, 조옥동月山玉同, 충남 논산군, 당시 30세, 함연태伊原吉一, 충남 부여군, 당시 24세 등 4명이다.

이들의 이름을 수록한 문서는 「단체이주조선인노동자도주수배」인데, 1941년 11월 탈출자 관련 문서였다. 이 문서는 이들의 인상착의도 상세히 적었다.

> 윤성병: 키 5척 5촌, 얼굴이 둥글고 약간 검으며 눈이 크고 머리가 길고 몸이 뚱뚱하다. 짙푸른 색 점퍼와 검은색 바지를 입고 있으며 지카타비를 신었고, 모자는 쓰지 않았다.
> 이화실: 키 5척 5촌, 얼굴이 둥글고 약간 검으며 눈이 크고 머리가 길고 체격이 좋다. 연 푸른색 점퍼와 약간 검은 색 바지, 또는 짙푸른 색 상하의를 입고 있다.
> 조옥동: 키 5척 4촌, 얼굴색이 약간 검으며 눈썹이 크고 둥글다. 갈색 상의를 입고 고무화를 신었다.
> 함연태: 키 5척 4촌, 얼굴색이 희고 얼굴이 긴 편이며, 머리카락이 짧다. 짙푸른 색 점퍼와 검은색 바지, 또는 갈색 상하의를 입었다.

자료 원문 니가타현 경찰부장, 「이주 조선인 노동자 도주 소재불명 수배 건(1941.4)」
[화태청樺太廳 소장 경찰서 기록물, GIASO 1i –1–123]

고외비高外秘 제1667호
1941년 4월 19일
경찰부장
관하 각 경찰서장 앞

「이주 조선인 노동자 도주 소재불명 수배 건」
니가타현에서 취로 중인 노동자 중 아래 표의 노동자 2명이 도주해 소재를 알 수 없으므로 수배를 통보하오니 수배 발견에 노력해주실 것을 다음과 같이 통첩한다.

> 본적: 충남 논산군 벌곡면 사형리
> 주소: 사도군 아이카와마치 미쓰비시 사도광업소

이름 나이 : 광산부 우상문, 당 23세

인상: 키 5척 4촌, 체중 근육, 얼굴이 둥글고 머리카락이 길며, 모발이 가늘고, 얼굴이 검붉은 편. 모자를 쓰지 않았고 고무 지카타비(작업복)와 청색 작업복을 입었음

비고: 현금 20엔을 가지고 있고, 일본어는 하지 못하며, 아이카와 경찰서가 발행한 공화(共和)회원증 113호 휴대 중

본적: 충남 부여군 양암면 석동리

주소: 사도군 아이카와마치 미쓰비시 사도광업소

이름 나이: 산본태욱, 당 25세

인상: 키 5척 3촌, 얼굴이 약간 검고, 뚱뚱한 편. 국방색 옷(회사가 지급)과 양복 상하의를 입었고 모자를 쓰지 않았으며 고무화를 신었음

비고: 현금 20엔을 가지고 있고, 일본어는 하지 못하며, 회원증은 없음

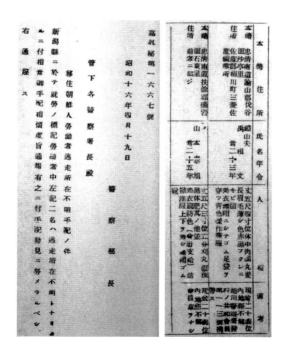

5) 148명의 조선인 탈출자

1943년 6월, 사도광업소 측이 작성한 보고서에는 현장에서 탈출한 조선인의 통계가 있다. 1942년 3월 기준으로 동원한 1,005명의 조선인 가운데 148명이 탈출했다. 1940년 2월~1942년 3월까지 발생한 탈출자이다.

1940년 2월~1942년 3월까지 탈출자 148명은 이 시기에 사도광산이 동원한 조선인의 14.7%에 달했다. 얼마나 많은 사람이 섬을 탈출했는지 알 수 있다. 탈출을 시도하다가 적발된 사람 가운데에는 니가타 형무소에 수감된 이들도 있었다.

사도광산은 니가타항에서 멀리 떨어진 섬이어서 지역민의 도움 없이는 탈출이 불가능했다. 그런데도 조선인은 탈출을 멈추지 않았다. 어떻게 탈출했을까.

당시 사도에는 항구가 세 군데 있었다. 아이카와 사도광산 가까이에 있는 오마大間항, 니가타항 방향을 바라보는 료쓰兩津항, 사도섬 맨 북단의 와시자키鷲崎항이다. 현재 니가타항에서 사도섬으로 들어가는 여객선은 료쓰항에 정박한다.

세 군데 항구 가운데 오마항은 광물을 육지로 실어 나르는 곳이었으므로 감시가 심해서 탈출할 수 없었다. 탈출자들이 주로 이용한 항구는 료쓰항과 와시자키항이다. 이곳에서 '발동기와 돛을 함께 갖춘 어선'인 기범선機帆船을 이용해 탈출했다. 단독으로 실행하는 경우가 있지만 여러 명이 함께 시도하는 경우도 있었다.

당시 조선인들은 배를 가지고 있지 않았으므로 배를 가진 일본인 어부에게 '부탁'해서 배를 이용해야 했다. '부탁'이란 돈을 주고 매수하는 방법을 의미할 것이다. 1943년 1월에 탈출을 시도하던 조선인 4명도 일본인 어부에게 부탁해서 발동기가 달린 어선으로 탈출하려 했다. 이들 가운데 2명은 탈출에 성공했으나 2명은 검거되어 벌금 40엔을 물어야 했다.

■ 조선인들은 왜 탈출했는가

탈출을 위해 상담했던 사도교회 신자 경득은 '상황이 달라지지 않는다'고 이유를 밝혔다. '상황이 달라지지 않는다'는 것은 강제노동에 위험한 작업 환경, 열악한 식사 등이 개선되지 않는다는 것을 의미했다.

탈출에 성공한 임태호는 '작업 상황이 열악하고, 위험해 목숨을 부지하기 어렵다고 판단'했다고 했다. 임태호는 지하에서 광석을 채굴했는데, "죽음을 맞닥뜨리는 일이었으므로 하루하루가 공포 그 자체"였다. 매일 같이 낙반 사고가 있어서 '오늘은 살아서 이 지하를 나갈 수 있을까' 하는 생각을 하며 마음을 졸이고 살았다고 했다. 그런 상황에서 두 번의 큰 부상을 입자 이대로는 살아서 고향 땅을 밟거나 사랑하는 가족과 같이 지내지 못할 것 같다는 생각에 탈출을 결심했다. 이같이 조선인 광부의 탈출은 젊은이의 호기심이나 치기가 아니라 스스로 목숨을 지키기 위한 필사적인 행동이었다.

그런데 광업소 측은 탈출의 이유를 '민족성'으로 치부했다. '자유방종적이고 부화뇌동하는 성격 때문'이고, '부화뇌동성에 따라 계획적으로 도망하는 자에게 이끌리기 때문'이라는 것이다. '처음부터 도망을 계획하고 입산'했다는 음모설도 빠지지 않았다.

■ 광업소 측의 대응

광업소 측은 탈출의 원인인 강제노역을 멈추고, 광부들의 안전을 보장하는 대신, 단속과 감시를 강화하는 방법으로 탈출을 막고자 했다. 광업소가 1943년에 당국에 제출한 보고서에서 제시한 탈출방지방안은 다섯 가지였다. 첫째, 경찰과 협화회 등 관변과 사업주의 협력을 철저하게 해서 단속을 강화할 것. 둘째, 조선 현지일본만 전시 생활을 하지 않는다의 근황을 충분히 인식시킬 것. 셋째, 도망 중개자를 엄벌에 처할 것. 넷째, 반도노무자*조선인 광부에 대한 주변 사람들의 값싼 동정심은 금물이며 주변에 인정받도록 할 것. 다섯째, 부랑한 조선인의 사용 금지를 엄히 단행할 것이다.

'조선 현지의 근황을 충분히 인식'시킨다는 것은 '전시에 사도광산의 광부들만 힘든 것이 아니라'는 점을 알려준다는 것이다. '주변 사람들의 동정심이 금물'이라는 것은 괜히 조선인이 불쌍하다는 생각에 탈출을 도와주지 못하도록 하라는 것이다. '부랑한 조선인의 사용 금지 단행'은 고향을 떠나올 때부터 탈출을 계획하고 온다는 전제 아래, 탈출을 선동할 수 있는 조선인을 동원과정에서 거르겠다는 의미이다.

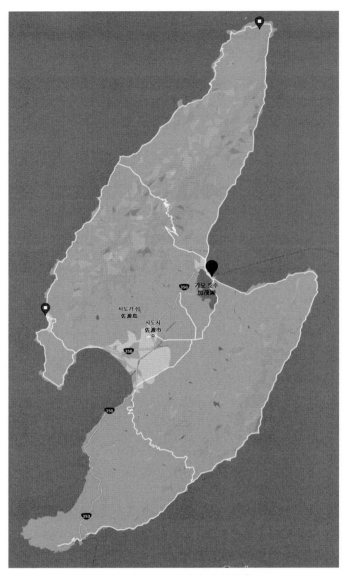

사도섬에서 외부와 연결된 세 군데 항구

자료 원문 사도광업소佐渡鑛業所, 「반도노무관리에 대하여半島勞務管理ニ就テ」 1943년 6월

〈제1표〉 이입수 및 감원수 5월 말일 현재

내용/연월	1940년 2월	1940년 5월	1940년 12월	1941년 6월	1941년 10월	1942년 3월	합계(%)
출신 군	논산	논산, 부여, 공주	논산, 부여	논산, 부여, 연기	청양,논산	청양	–
동원수	98	248	300	153	127	79	1,005명
고용기간(연)	3	3	3	2	2	2	–
사망	1	3	0	3	2	1	10(1.0)
도주	14	46	51	19	12	6	148(14.7)
공상 송환	2	0	1	2	1	0	6(0.6)
사증(私症) 송환	8	10	6	4	0	2	30(3.0)
불량 송환	6	12	3	3	1	0	25(2.5)
일시 귀국	2	29	31	5	5	0	72(7.2)
전출	1	31	74	24	0	0	130(12.9)
감원총수	34	131	166	60	21	9	421(41.9)
현재수	64	117	134	93	106	70	584(58.1)

6) 1945년 6월, 사도섬을 탈출한 7명의 조선인

현재 사도시 아이카와마치에 있는 사도시사도박물관에는 광업소 측에서 광부들에게 정기적으로 담배를 배급하는 과정을 담은 자료가 있다. 표지가 없어서 제목을 알 수 없어 정혜경이 임의로 「조선인 연초 배급명부」라고 붙였다. 명부와 여러 부속문서를 담은 자료이다. 부속문서는 상애료라는 조선인 합숙소의 관리를 맡고 있는 료장이 담배배급업자인 도미타富田에게 보낸 문서이다. 이들 문서에서 탈출한 조선인의 기록을 찾을 수 있다. 1945년 6월 20일자 「등록말소」라는 제목의 문서이다. 제3상애료장인 히로세廣瀬吉三郞가 보낸 공문이다.

이 문서를 통해 11명朴永根, 金山德根, 金城宣弘, 方山孝達, 平沼秉基, 正木鐘烈, 平山快同, 金炳斗, 原田南山, 金喆煥, 金田昌熙. 모두 제3상애료 소속 가운데 1명박영근은 기한을 채우고 고향으로 돌아갔고만기귀선, 7명은 탈출했으며, 3명은 붙잡혀서 형무소에 들어갔음을 알 수 있다.

탈출자 7명은 어디로 갔을까. 그리고 이후 어떻게 되었을까. 7명 가운데 신쾌동과 정목종열은 탈출에 성공하지 못하고, 1945년 9월 27일 다시 사도섬으로 돌아왔다. 이들이 언제 어디서 검거되었는지 알 수 없다. 그리고 이들이 다시 고향으로 갔다는 기록도 찾을 수 없다.

자료 원문 제3상애료장 히로세廣瀨吉三郞가 담배배급자인 도미타富田에게 보낸 등록말소 서류
[사도시사도박물관 소장 자료]

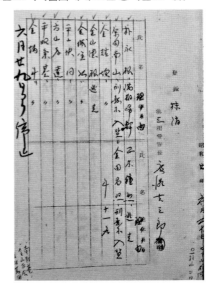

〈등록말소〉

박영근(朴永根): 만기귀선

김덕근(金山德根), 김선홍(金城宣弘), 방산효달(方山孝達), 윤병기(平沼秉基), 정목종열(正木鐘烈), 신쾌동(平山快同), 김병두(金炳斗): 도주

원전남산(原田南山), 김철환(金喆煥), 김창희(金田昌熙): 형무소 입감

1945년 6월 20일

제3상애료장 히로세(廣瀨吉三郞)

7) 끝날 때까지 끝난 게 아니야 - 성공할 때까지 멈추지 않는 탈출

일본 내무성 경보국이 생산한 자료 『특고월보』 1943년 1월 11일자 기사에는 사도광산에서 탈출한 조선인 4명의 기사가 실려 있다. 『특고월보』 기사 내용만을 보면, '이입 조선인 노무자 4명이 자유노동자에 비해 임금이 적다는 이유로 도주를 기획해 조선인 고물상과 2명의 일본인 어부에게 부탁해 발동기가 달린 배로 도주하려다가 적발'되었다.

당국은 1월 11일 도주한 조선인 2명에게 벌금 40엔의 판결을 내렸는데, 이들 두 사람은 나중에 다시 탈출했다. 도주를 도운 지원자 4명은 증거불충분으로 불기소처분을 내렸다고 한다. 여기에서 '이입 조선인 노무자'는 강제동원된 조선인을 의미한다. 4명 가운데 2명만을 적발한 것을 보면, 남은 2명은 탈출에 성공한 것이다. 그런데 벌금 처분을 받은 2명도 다시 탈출에 성공했다. 이들의 탈출은 성공할 때까지 끝나지 않았다.

■ 왜 적발한 2명은 기소되었을까

다른 지역에서 탈출하다가 적발한 경우에는 대부분 회사 측이 자체적으로 처리했다. 이들이 집단 폭동을 일으키거나 일본인을 구타하는 행위가 없으면, 기소하지 않고 노무계가 린치를 가하고 징벌방에 가두는 등 가혹하게 했다. 그런데 2명은 자체적으로 처리하지 않고 경찰에 넘겨서 기소로 이어지게 했다. 사도광산의 조선인 광부들이 탈출하다가 적발되어 니가타 형무소에 수감되는 경우도 있다. 1944년 이후의 일이다. 단순히 탈출한 노무자를 기소하거나 형무소에 수감하는 것은 사도광산 만의 특징으로 보인다. 섬이라는 제한된 곳에서 탈출을 감행하는 것에 대한 징벌적 의미가 강했던 것 아닌가.

■ 기소를 했음에도 왜 실형이 아닌 벌금형만을 내렸을까

일반적으로 노무자를 기소한 경우에는 실형을 언도했다. 기소를 할 정도였으면 죄질이 무겁다고 판단했기 때문이다. 경북지역의 통계를 보면, 징용을 거부한 혐의로 검거되어 실형을 선고받은 이들은 79명이었고, 그 외 3명이 작업장 탈출을 시도한 혐의로 실형을 선고받았다. 형기는 죄질에 따라 3개월에서 3년까지였다. 이들은 모두 기소 처분을 받았다. 그런데 왜 1943년 1월에 사도광산을 탈출하다가 적발된 2명은 기소 처분을 받았는데, 벌금형이었을까. 단순 탈출자였으므로 부족한 인력 문제를 해결하기 위한 목적이 강했을까. 아니면 조선에 비해 일본지역은 노무자 탈출에 대한 처분이 관대했던 것인가.

료쓰항(2022년 10월 23일 촬영)

4

—

해방의 땅, 사도

1) 광복은 맞았건만, 여전히 머나먼 고향

1945년 8월 15일, 광복을 맞은 후 사도광산의 조선인들은 곧바로 고향으로 돌아갔을까. 그렇지 않았다. 해방을 맞았으나 사도광산의 조선인들은 곧바로 귀국선을 탈 수 없었다. 이유는 일본이 패전했는데도 광산과 당국은 조선인을 귀국시킬 의지가 없었기 때문이다.

광산과 당국이 조선인들을 돌려보내려 하지 않았던 것은 광산이 입을 타격이 컸기 때문이다. 패전으로 혼란한 상황에서도 타격을 줄이기 위해 광산과 당국은 발 빠르게 움직였다. 당시 대응 모습은 아이카와 경찰서장이 니가타현 지사에게 보낸 보고서 「경찰서장보고 – 휴전 후 이입 조선인 노무자의 동정에 관한 건」1945년 9월 11일자. 특고비발特高秘發 제1218호에 잘 나타나 있다.

이 자료는 총 8쪽의 상세한 보고서인데, 8월 15일부터 9월 10일까지 조선인의 동정을 상세히 담고 있다. 일본의 '패전'이나 '종전'이 아니라 '휴전'이라는 용어를 사용한 것이 이채롭다. 1945년 8월 16일, 아이카와 경찰서장과 특고계, 광산 측은 회의를 열었다. 이들의 논의 주제는 조선인 광부의 귀국이 아니라 '패전으로 인한 가동률 저하 방지 방안'이었다. 이들은 가동률을 유지하기 위해 '지도회'를 개최했다. 보고에서 아이카와 경찰서장은 '조선인 광부들이 일본 패전에 따른 신변상 안전에 불안을 느끼고 있었으므로 가동률이 떨어질 것을 우려해' 지도회를 열었다고 한다. 지도회 이후에 '광부들을 안심시켜 다시 갱에서 일하도록' 한 결과 가동률을 높였다는 것이다. 보고 내용은 섬이라는 폐쇄성으로 인해 신변에 불안을 느낀 조선인들에 대한 관심이 오직 능률 향상뿐이었음을 잘 보여주고 있다.

그러나 조선인 광부들은 곧바로 귀국이 가능할 것으로 보고 노동에 복귀하지 않았다. 광산 측이 갱으로 복귀하지 않은 이들에게 식사를 제공하지 않자 십 수명의 조선인이 공동취사장에 몰려가 항의하기도 했다. 또한 광산에서 '도주'한 광부들이 사택이나 기숙사 거주자들과 연락하는 등 조선인 광부들은 계속 당국을 긴장시켰다.

식량은 8월 31일까지 가배미加配米를 4합 3작을 지급했는데, 9월 1일부터 4합 1작으로 감소하고, 이 가운데 5할은 콩을 섞었다. 부식의 상황도 나빠졌다. 직영농장에서 수확하는 야채가 1개월분도 남지 않을 정도가 되었다. 이런 상황에서 조선인의 귀국 열망은 강했으나 기다림은 계속되었다.

실제로 사도광산에서 조선인 광부가 귀국하면, 광산 측은 큰 타격을 입는 것일까. 혹시 조선인 광부를 보내지 않으려는 술책이 아닌가.

조선인의 귀국으로 광산이 입은 타격은 컸다. 이에 대해서는 히라이의 『사도광산사 고본佐渡鑛山史 稿本』에서도 분명히 언급하고 있다. 히라이는 그간 '조선인 노동자가 거의 전부 갱내 관계 작업에 종사'했으며, "착암 작업과 같이 상당한 숙련자가 있었는데, *조선인이 일제히 귀국함에 따라 갱내 작업은 큰 타격을 입고 출광은 급속히 감소했으므로 선광작업도 불충분해져서 노무배치의 균형이 현저히 떨어지면서 생산을 저해해 극도의 경영난에 빠졌다"고 기술했다. 히라이의 『사도광산사 고본』은 미쓰비시광업이 제공한 자료를 근거로 작성한 것이다. 그러므로 히라이 개인의 의견이 아니라 회사의 입장이었다.

자료 원문 「휴전 후 이입 조선인 노무자의 동정에 관한 건休戰後ニ於ケル移入朝鮮人勞務者ノ動靜ニ關スル件」

[朴慶植, 『朝鮮問題資料叢書』 제13권, アジア問題硏究所, 1990, 462~469쪽]

특고비발特高秘發 제1218호

1945년 9월 11일자

아이카와 경찰서장

니가타현 지사 앞

「휴전 후 이입 조선인 노무자의 동정에 관한 건」

사도군 아이카와마치 미쓰비시광업주식회사 사도광업소

8월 15일 현재 취로 중인 조선인 노무자는 244명인데, 휴전에 따른 금후의 자기 신변의 안부에 불안을 느껴 가동률이 현저히 떨어질 것을 우려해 8월 16일 선인에 대한 본직(경찰서장), 특고계, 광업소와 협력지도회를 개최하고 지도한 결과 불안을 일소하고 점차 가동율이 높아지는 경향이 있는 바〈 중략 〉

식량 및 기타 관계 및 곧바로 귀선할 수 있다고 맹신하고 작업에 착수하지 않는 광부가 상당수 있고, 또 일부(박말구, 궁본영돈, 청목복래 등 십 수명)는 급식량이 적고 불공평하다며 공동취사장에 가서 직접 교섭하는 등의 일도 발생하고 있고, 섬 내에서 밖으로 달아난 조선인이 늘 사택 및 료생과 연락을 취하는 사태도 발생하고 있으며〈중략〉

8월 15일 이후 도주자 7명

8월 15일 이후 광산으로 돌아온 자 28명

〈이하 생략〉

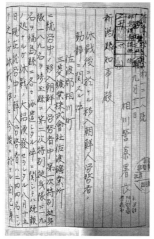
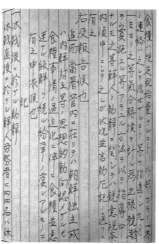
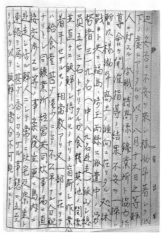

자료 원문 히라이 에이이치平井榮一, 『사도광산사 고본佐渡鑛山史 稿本』, 848쪽

사도광산은 패전과 동시에 조선인 노동자 전부를 송환하고 소수의 일본인 노동자에게 의존하게 되었는데, 앞에서 언급한 바와 같이 조선인 노동자는 거의 전부가 갱내 관계 작업에 종사하고 착암 작업과 같이 상당한 숙련자였는데, 모두 귀국해버려서 갱내 작업은 큰 타격을 받아 출광이 급격히 감소했으므로 선광 작업도 매우 어려운 상황이 되어 노무 배치의 균형을 두드러지게 잃게 되었다.

つて佐渡鑛山は敗戦と同時に朝鮮労働者全部を送還し少数の内地労働者に依存するに至りしが既述の如く朝鮮労働者は殆んど全部が坑内関係作業は大打撃を受け出鑛急拠減少し為めに選鑛作業も甚だ不十ならざるを得ず労務配置の均衡著しく失はれて徒らに生産を阻害し極度の経営難に陥った一方労働組合法設定に伴ふ組合の発足あり過渡期的攻勢に対処しつゝ時の鑛業所長形正嘉氏は充実に努め生産の復活を企図したるが既に此時坑内の頽廃全線に及びて短時日を以て容易に修復困難となり排水坑道以下大部分の坑内も水没するに至った

71
843

2) 끌고 올 때는 득달같더니 집으로 보내는 책임은 없다고?

1945년 8월 15일 해방을 맞았으나 사도광산의 조선인들은 곧바로 귀국선을 탈 수 없었다. 이러한 상황은 다른 지역의 조선인들도 마찬가지였다. 공습으로 파괴된 철로와 항구에서 이들을 실어 나를 선박을 구하기 어려웠기 때문이다. 일본 당국은 군용선은 물론 민간 상선까지 수송선으로 징발했는데, 엄청난 선박 손실로 인해 멀쩡한 선박을 찾기 어려웠다.

미국을 상대로 전쟁을 일으킬 당시, 일본 기획원은 선박의 연간 상실량을 80~100만톤 억제에 성공한다면 1941년도 물동계획수준의 물자를 확보할 수 있다고 예측했다. 그러나 1942년도 선박 상실량은 100만톤을 넘었고, 1943년의 선박 상실량은 전년 대비 두 배가 넘었다. 선박 보유율 지수도 1943년에는 77%, 1944년에는 40%에 이르렀다. 그나마 남은 몇 안 되는 선박도 일본 항구에서 기다리는 것은 아니었다. 대부분 멀리 떨어진 태평양과 동남아시아 해상에 있었다.

조선인을 돌려보내겠다는 일본 정부의 의지도 약했다. 당국이 조선인을 동원할 때는 계획 수송을 했으나 패전 이후에는 귀환에 대해 책임지지 않았다. 귀환과 관련한 최초의 일본 정부 통달은 9월 1일자 「조선인집단이입노무자 등의 긴급조치에 관한 건」이다. 이 통달에는 귀환에 대한 기본 방침만 있을 뿐, 언제부터 몇 명을 어떻게 수송한다는 내용은 전혀 없다. 구체적인 계획이 나온 것은 9월 12일 철도총국업무국장이 내린 통달 「관부關釜. 시모노세키-부산 및 박부博釜. 하카타-부산 항로 경유 여객수송의 건」이 최초이다.

이런 당국의 준비 부족과 혼잡함 속에서 무작정 배를 기다릴 수 없었던 조선인들은 밀선 수배에 나섰다. 1인당 100엔~500엔 정도의 비용으로 승선할 수 있었던 배는 100톤 전후의 낙후된 소형어선이었다. 밀선 비용을 구하기 위해 항구에서 행상하기도 했고, 동향인에게 돈을 빌리기도 했다. 이런 소형어선을 구하는 것도 쉽지 않았기에 격랑 속에서 열악한 밀선에 몸을 실었다가 조난 당하는 경우도 적지 않았다. 더구나 사도광산의 조선인은 섬을 빠져나가야 했으므로 다른 지역에 비해 귀환의 조건은 더욱 열악했다.

일제말기 니가타현에는 74개소의 강제노역장이 있었다. 이곳에 동원되었던 많은 조선인들도 고향으로 돌아가기를 간절히 바라고 있었다. 이들은 1945년 8월 15일 광복 직후부터 니가타현과 일본 정부, 소속 기업을 상대로 귀국을 요구했다. 8월 20일, 니가타 경찰부는 내무성 경찰부에 문서를 보내 '이들의 요구가 강경'하므로 조속히 귀국 배편을 마련해달라고 했다.

그러나 내무성도 방법이 없었다. 일본 정부의 정책이 결정되어야 가능했기 때문이다.

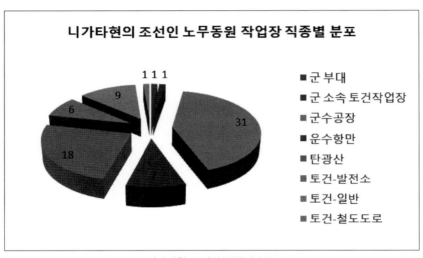

니가타현 조선인 작업장 분포

니가타현 경찰서는 조선인 송환 방침을 정하고 9월 30일부터 니가타지역의 군수공장에 동원했던 조선인을 귀국시키기 시작했다. 9월 30일~10월 2일까지 총 2,254명이 귀국했다. 그러나 이 귀국자에 사도광산 광부들은 없었다. 이들의 귀국을 완료한 후 사도섬 광부들의 귀국이 가능했기 때문이다. 사도광산의 조선인들은 1945년 10월 2일이 지난 후 귀국할 수 있었다. 그날은 언제인가.

니가타항.
당시 조선인이 귀국하던 니가타항은 현재 여객선은 출항하지 않는다.(2022년 10월 23일 촬영)

3) 나라를 찾은 지가 언제인데

그렇다면 1945년 10월 이후에는 귀국할 수 있었는가. 그렇다고 보기 어렵다. 「조선인 연초 배급명부」 부속문서에 따르면, 사도광업소 측이 조선인의 귀환을 실시하기 시작한 것은 1945년 10월 말부터로 보인다.

그러나 11월에 귀국선을 타려던 이들은 귀국할 수 없었다. 병이나 사고로 무기한 연기되었기 때문이다. 이들은 이후 12월 말과 1946년 초에 귀국할 수 있었다.

사도광산 조선인 귀국과 관련해 가장 먼저 볼 수 있는 자료는 11월 1일자 문서이다. 1945년 11월 1일자 문서에는 귀선을 위해 출발하려던 몇몇 사람李鐘根, 松本秉益, 新井詩鉉, 桜井勝太郎, 康本鶴均, 阿部竹吉이 병으로 귀국선을 타지 못하고 돌아왔으므로 이들에게 담배 배급을 해달라는 내용이다. 11월 1일에 합숙소료로 돌아왔으므로 배를 타러 출발한 것은 10월 말이 될 것이다.

그런데 5명 가운데 4명康本鶴均, 新井詩鉉, 松本秉益, 桜井勝太郎은 11월 5일에 귀국길에 나섰다가 또 다시 돌아왔다. 이번에는 사고가 났기 때문이다. 11월 5일에 돌아온 사람은 16명인데, 이들의 귀국도 무기연기되었다. 이 가운데 10명国本栄吉, 李鐘根, 国本善圭, 金山相会, 南寿龍, 鄭道成, 林德喆, 金光成玉, 金城萬甲, 平山石乙은 12월 25일에 무사히 귀국선을 탔다. 귀국선을 탄 이들은 모두 무사히 고향으로 돌아갔을까.

자료 원문 1945년 11월 1일 연초이동서류[사도시사도박물관 소장 자료]

〈연초이동서류〉

제3료 소속 이종근(李鐘根), 송본병익(松本秉益), 신정시현(新井詩鉉), 앵정승태랑(桜井勝太郎), 강본학균(康本鶴均), 아부죽길(阿部竹吉)

귀선을 위해 출발했으나 질병으로 다시 합숙소(료)로 돌아왔으므로 담배 배급을 다시 해줄 것을 요청

1945년 11월 1일

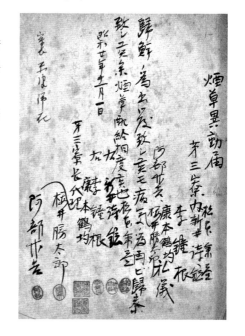

자료 원문 1945년 11월 5일 제3상애료장 히로세廣瀬吉三郎이 작성한 재등록서류

[사도시사도박물관 소장 자료]

〈재등록원〉

송본병익(松本秉益), 이종근(李鐘根), 국본영길(国本栄吉), 김산상회(金山相会), 김성만갑(金城萬甲), 국본선규(国本善圭), 광산등선(光山登仙), 강본학균(康本鶴均), 앵정승태랑(桜井勝太郎), 남수룡(南寿龍), 신정시현(新井詩鉉), 평산석을(平山石乙), 정도성(鄭道成), 임덕철(林德喆), 광전월성(廣田月星), 금광성옥(金光成玉)

위 자는 사고로 인해 귀선이 무기연기되었으므로 다시 등록함

1945년 11월 5일

제3상애료장 히로세(廣瀬吉三郎)

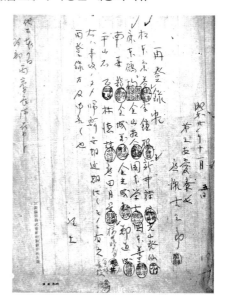

1945년 12월 25일 제3상애료장 히로세廣瀬吉三郎이 작성한 등록말소서류

[사도시사도박물관 소장 자료]

〈등록말소서류〉

김산상회(金山相会), 국본영길(国本栄吉), 국본선규(国本善圭), 남수룡(南寿龍), 김성만갑(金城萬甲), 김광성옥(金光成玉), 정도성(鄭道成), 평산석을(平山石乙), 임덕철(林德喆), 광전월성(廣田月星)

위 귀선으로 등록말소를 요망

1945년 12월 25일

제3상애료장 히로세(廣瀬吉三郎)

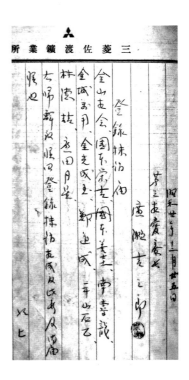

4) 고향으로 갔다가 다시 왔다가?

12월 25일, 무사히 귀국선을 탄 10명 가운데 남수룡1907년생과 이선규国本善圭, 1923년생, 이영길国本栄吉, 김상회金山相会, 1907년생 등 4명은 무슨 사연이 있는지 1946년 4월 28일에 다시 사도섬으로 돌아왔다. 그리고 두 달 후인 6월 28일에 고향으로 돌아갔다. 네 사람은 무슨 사연이 있어서 사도광산에 돌아왔다가 고향으로 돌아간 것일까.

자료 원문 1946년 4월 28일 제3상애료장 히로세廣瀬吉三郎이 작성한 재등록서류
[사도시사도박물관 소장 자료]

〈배급원〉

김산상회(金山相会), 국본영길(国本栄吉), 국본선규(国本善圭), 남수룡(南寿龍)

위 자는 귀선 도중 사정으로 숙소(寮)로 돌아왔으므로 다시 담배 배급을 바람

1946년 4월 28일

제3상애료장 히로세(廣瀬吉三郎)

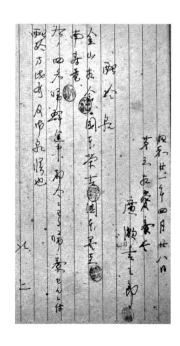

자료 원문 1946년 6월 28일 제3상애료장 히로세廣瀬吉三郎이 작성한 서류

[사도시사도박물관 소장 자료]

〈전출서류〉

김산상회(金山相会), 국본영길(国本栄吉), 국본선규(国本善圭), 남수룡(南寿龍)

위 자는 이번에 귀선하기로 결정되었음

1946년 6월 28일

제3상애료장 히로세(廣瀬吉三郎)

5) 귀국선을 타지 못한 조선인들은 어디로 갔을까!

1945년 11월 5일에 귀국이 연기된 조선인은 16명松本秉益, 李鐘根, 国本栄吉, 金山相会, 金城萬甲, 国本善圭, 光山登仙, 康本鶴均, 桜井勝太郎, 南寿龍, 新井詩鉉, 平山石乙, 鄭道成, 林德喆, 廣田月星, 金光成玉이다. 이 가운데 10명金山相会, 国本栄吉, 国本善圭, 南寿龍, 金城萬甲, 金光成玉, 鄭道成, 平山石乙, 林德喆, 廣田月星은 12월 25일에 다시 귀국선을 타기 위해 사도를 떠났다. 그러나 6명松本秉益, 光山登仙, 康本鶴均, 桜井勝太郎, 新井詩鉉, 李鐘根은 무슨 사정인지 귀국선을 타지 못했다.

11월 1일에 병으로 고향으로 돌아가지 못하고 광산으로 돌아온 5명 가운데 남은 한 사람이 있다. 아부죽길阿部竹吉이다. 이들은 이후에 어떻게 되었을까.

이 가운데 아부죽길과 강본학균康本鶴均은 말■광길末■廣吉과 함께 귀국선을 타기 위해 12월 25일에 사도를 출발했다. 이들이 다시 사도로 돌아왔다는 문서는 없다. 고향으로 간 것이다.

남은 사람은 5명이다. 「조선인 연초 배급명부」 부속문서에서 이들의 행적을 찾아보자.

이종근李鐘根, 1914년생은 1946년 1월 7일 이름을 아오키 이치로靑木一郎로 개명한 직후 갑자기 「조선인 연초 배급명부」에서 말소되었다. 광산이나 합숙소를 떠났다는 의미이다. 정확한 날짜는 알 수 없다. 1월이라는 것만 알 수 있을 뿐이다.

박시현新井詩鉉, 1922년생은 1945년 12월 29일에도 사도광산을 떠나지 못하고 제4상애료로 이전했다가 1946년 7월 31일자로 「조선인 연초 배급명부」에서 말소되었다.

이병익松本秉益, 1905년생은 1946년 3월 20일에 다시 상애료로 복귀했다가 역시 7월 31일자로 「조선인 연초 배급명부」에서 제외되었다. 그가 사도로 돌아온 이유는 '귀선 도중에 사정이 생겨서'였다. 그러나 7월 31일자로 '등록말소'가 된 이유는 알 수 없다.

앵정승태랑桜井勝太郎과 광산등선光山登仙의 소식은 알 수 없다.

이종근과 박시현, 이병익, 그리고 앵정승태랑桜井勝太郎과 광산등선光山登仙. 이들은 모두 어디로 갔을까.

자료 원문 1946년 1월 7일 제3상애료장 히로세廣瀬吉三郎이 작성한 서류

[사도시사도박물관 소장 자료]

〈성명 변경서〉

구 이종근(李鍾根)

신 청목일랑(青木一郎)

위와 같이 성을 변경하게 되었음

제3상애료장 히로세(廣瀬吉三郎)

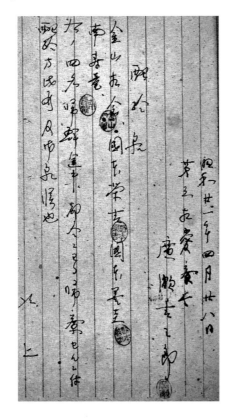

자료 원문 1946년 1월 제3상애료장 히로세廣瀨吉三郎이 작성한 서류

[사도시사도박물관 소장 자료]

〈배급정지증명원〉

청목일랑(靑木一郎)

위 자는 금일 합숙소(료)를 나가게 되었으므로 배급정지증명을 아래와 같이 함

1946년 1월

제3상애료장 히로세(廣瀨吉三郎)

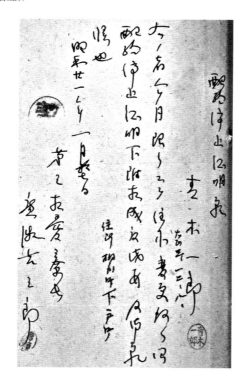

자료 원문 1946년 7월 31일 제3상애료장 히로세廣瀬吉三郎이 작성한 등록말소 서류

[사도시사도박물관 소장 자료]

1946년 7월 31일

제3상애료장 히로세(廣瀬吉三郎)

〈등록말소원〉

이병익(松本秉益) 1905년 12월 19일생

박시현(新井詩鉉) 1922년 2월 25일생

위 자는 등록이 말소되었음

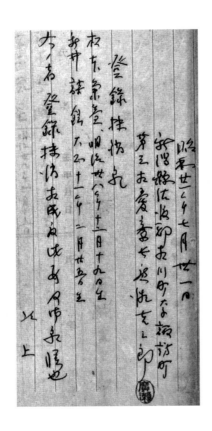

6) 조국이 해방되었는데, 왜 귀국선 대신 사도행 배를 타야 하나!

1945년 6월과 7월, 그리고 8월에 사도를 떠나 사이타마와 후쿠시마로 전근 간 조선인 광부가 있었다. 총 408명이었다. 이들은 사이타마와 후쿠시마에서 광복을 맞았다. 그러나 이들은 사이타마와 후쿠시마에서 고향으로 가는 귀국선을 타지 못했다. 8월 26일과 8월 27~28일, 당국에서 다시 사도로 데려왔기 때문이다. 이 과정에서 89명이 '도중에 탈출'했다. 아이카와 경찰서장은 니가타현 지사에게 보고하면서 이들이 '도주'했다고 적었다. 해방이 되었으니, 자신들이 가고 싶은 데로 자유롭게 가는 것은 당연한 것 아닌가. 그런데도 '도주'라고 표현했다.

319명은 왜 다시 사도로 돌아와야 했을까. 사도에 와서는 무엇을 했을까.

사도로 돌아온 조선인들은 사도에 남아 있던 다른 조선인들과 함께 다시 당국의 관리 대상이 되었다. 아이카와 경찰서장은 니가타현 지사에게 보낸 보고서에서 장황하게 '조선인 노무자들이 문제를 일으키'는 사례를 들었다. 다시 광산에 들어가 일을 하게 해야 하는데 말을 잘 듣지 않는다는 것이다.

이같이 이들은 갱으로 들여보내려는 광업소 측에 저항하며 귀국의 날을 기다렸다. 그리고 대다수가 1945년 말, 또는 1946년 초에 간신히 고향으로 돌아갈 수 있었다. 이선규처럼 귀국길에 나섰다가 사고로 귀국이 연기되어 1946년 6월에야 귀국선을 탄 조선인도 있었다. 박시현과 이병익처럼 1946년 7월에도 여전히 사도광산에 남은 이들도 있었다. 1945년 8월 광복을 맞은 곳, 사이타마와 후쿠시마에서 곧바로 귀국길에 올랐다면, 좀 더 빨리 갈 수 있는 고향이었을 텐데….

광복 후 고향으로 돌아가지 못하고 사도로 돌아와야 했던 조선인들은 또 있었다. 1945년 8월 광복의 기쁨을 니가타 형무소에서 맞은 사도광산 조선인 광부였다. 모두 8명이다.

형무소 수감자는 총 9명인데, 1명盆城長煥은 광복 당시 상애료에 있었던 것으로 보이나 이후 행적을 알 수 없다.

8명의 수감자 가운데 1명김창희은 입감 후 행적을 알 수 없다. 또 다른 1명■남산은 1945년 10월

1일에 광산으로 돌아왔으나 이후 행적은 모른다. 그 외 6명은 1945년 12월부터 1946년 4월에 걸쳐 광산을 떠났다. 일부는 고향으로, 또 일부는 어디론가….

이름	한자 이름	생년월일	본적	입소일	퇴소일	귀국 관련
김달룡	金山達龍	1907년생	강원도 울진군	-	1945.12.23	1945.12.24.광산 복귀/1946.1.전출
김창희	金田昌熙	1922년생	-	1945.6.	-	-
김철환	金喆煥	1915년생	-	1945.6.	1946.2.10	1946.2.27.귀국 예정
류지달	柳川志達	1906년생	-	-	1945.12.17	1945.12.25.전출
장세희	長谷世禧	1917년생	-	-	1946.2.20	1946.3.4.전출예정/1946.4.28.귀국
장석환	張石煥	1923년생	강원도 울진군	-	1946.1.21	1946.2. 귀선 예정
장우성	張本又星	1908년생	//	-	-	1946.2. 귀선 예정/1946.4.28.귀국
■남산	原田南山	1906년생	-	1945.6.	1945.10.1	1945.10.1.상애료 복귀
■장환	盆城長煥	1920년생	-	-	-	1945.3.21. 일시귀국 후 탈출했다가 검거되어 형무소 입감. 이후 상애료로 복귀

그런데 이들은 왜 사도로 돌아와야 했을까. 돌아오고 싶지 않았을 것이다. 당국이 고향으로 가는 배를 태우지 않고 사도로 가는 배를 태웠기 때문에 할 수 없이 돌아온 것이다.

당국은 왜 이들을 모두 사도로 다시 보냈을까. 잘 돌보아주다가 안전하게 고향으로 보내주려는 호의는 아니었을 것이다. 그렇다면 패전 후 혼란 상황에서 조선인들을 통제하고 관리하려 했기 때문이었을까. 일본이 패전했어도 여전히 조선인들을 자신들의 소속이라 여겼던 것일까. 만약 그랬다면, 언제까지 자신들의 소유물로 여기려 했을까.

자료 원문 「경찰서장보고 – 휴전 후 이입 조선인 노무자의 동정에 관한 건」

[朴慶植, 『朝鮮問題資料叢書』 제13권, 아시아문제연구소, 1990, 462~463쪽]

특고비발特高秘發 제1218호

1945년 9월 11일자

아이카와 경찰서장

니가타현 지사 앞

「휴전 후 이입 조선인 노무자의 동정에 관한 건」

사도군 아이카와마치 미쓰비시광업주식회사 사도광업소

2. 취로 중인 이입 조선인 노무자 중 제1차 특별정신대 189명을 사이타마현에, 제2차 특별정신대 219명을 후쿠시마로 파견한 건에 관해서는 이미 보고한 바 있는데 〈중략〉

휴전과 함께 후쿠시마와 사이타마현으로 파견 중인 노무자 319명(89명 도주)은 사도광산으로 복귀해 총원 573명이 되었는데 〈이하 생략〉

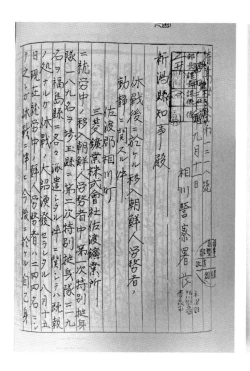

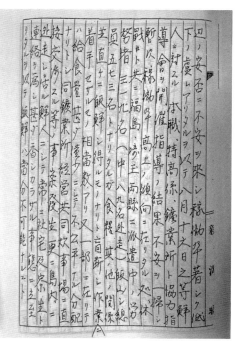

〈연초배급원〉

제1상애료 김산달룡(金山達龍)

위 자는 10월 말일 료생의 귀선을 위해 배급을 정지할 당시 니가타 형무소에 입소 중이었는데, 어제 23일

출소하고 오늘 광산으로 돌아왔으므로 담배 배급을 해줄 것을 요청

1945년 12월 24일

제1상애료장 고카(甲賀虎雄)

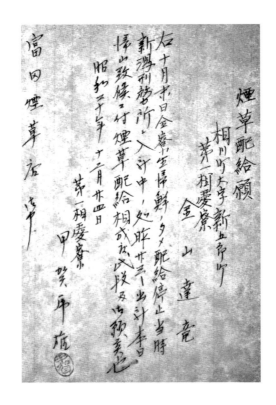

형무소에서 석방된 제1상애료 소속 장석환의 담배배급을 요청한 문서
[사도시사도박물관 소장 자료]

〈 배급원 〉

제1상애료 전 료생 장석환(26세)

위 자는 니가타 형무소 입소 중이었다가 석방되어 광산으로 돌아왔으므로 담배 배급을 요청함. 본인은 귀

선 예정이므로 2월에 배급을 정지해줄 것

1946년 1월 21일

전 료장 고카(甲賀虎雄)

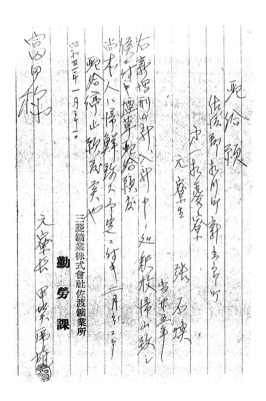

5
—
사도광업소가 생산한 자료

1)「반도인 노무자에 관한 조사보고」(1940)

「반도인 노무자에 관한 조사보고」는 1940년 사도광업소가 관변단체인 (사)일본광산협회에 제출한 보고서이다. 일본국회도서관 소장 자료이다. 재일사학자 박경식朴慶植이 편찬한 『조선문제자료총서』 제2권1981년에 실린 자료이기도 하다.

이 보고서는 1940년 12월 사단법인 일본광산협회가 발간한 『일본광산협회 자료 제78집 – 반도인 노무자에 관한 조사보고』의 수록 자료이다. 사도광산을 비롯한 여러 광산이 제출한 보고서이다. 당시 일본광산협회는 삿포로札幌, 센다이仙臺, 도쿄東京, 오사카大阪, 후쿠오카福岡의 각 광산감독국 관내 중요 광산 84개소탄광, 43, 광산 39, 제련소 2개소를 대상으로 6개 항목에 관한 조사 결과를 제출하도록 했다. 그러므로 목차는 모든 광산이 동일하다. 주로 지도훈육시설, 대우, 분쟁, 파업 등에 관한 내용이다. 조사 시기는 1939년 7월 기준이다.

보고서의 머리말은 단 한 문장이다. "회원 외에 공표하는 것이 적당하지 않다고 인정되므로 취급상 주의해주기 바란다." 외부에 공개할 수 없는 대외비자료였던 것이다. 이 머리말은 일본국회도서관 소장 자료에서는 찾을 수 없다.

보고서의 내용은 회사의 대우와 여러 조건이 매우 좋으며, 일본인과 차이가 없는 동일한 조건임을 강조하는 방향이다. 이 과정에서 민족적 편견을 자연스럽게 드러내고 있다. 모든 항목에서 이 점을 강조하고 있다.

사도광산은 당시 도쿄광산국 관내였으며, 열일곱 번째71쪽부터로 수록하고 있다. 총 6쪽 분량이다.

목 차

(1) 지도훈육시설에 관한 사항
(2) 대우에 관한 사항
(3) 임금 및 저금 상황
(4) 분쟁, 쟁의를 일으킬 경우 기타 원인 및 조치
(5) 불량노무자에 대한 취급
(6) 반도인이 어떠한 작업에 적합한지에 대한 감상

총 6개 항의 목차 가운데 첫 번째 항은 '지도훈육' 사항이다. 교육이 아닌 '훈육'과 '보도'라는 용어를 사용하고 있다. 이를 통해 광산측이 조선인을 어떻게 대하고 있었는지 알 수 있다.

가동상황7월분에 따르면, 1939년 7월 현재 동원한 조선인은 332명인데 월 평균 28일간 일했다. 휴일이 고작 한 달에 2~3일이었음을 알 수 있다. 모두 니가타현 내선협화회 사도지회에 가입하도록 했음도 알 수 있다.

보고서에서 언급한 '내선협화회'는 협화회를, '사도지회'는 '아이카와 지회'를 의미한다. 협화회는 조선인을 통제하기 위한 전국 조직이다. 각 부현의 경찰서 특고과와 내선계가 협화회를 담당했다. 일본 내무성은 1936년에 총 23개 부현에 협화회를 설치했는데, 1938년 중앙협화회로 발족했다.

당시 조선인들은 1939년 발족한 니가타현 협화회 아이카와 지회의 통제 아래 놓여 있었다. 니가타현 협화회 하부 조직 가운데 가장 회원이 많은 지회는 사도광산이 있었던 아이카와 지회였다. 1940년 12월 말 기준으로 니가타현 협화회의 정회원은 1,959명이었는데, 이 가운데 655명의 정회원이 아이카와 지회 소속이었다. 1940년 12월 말에 협화회원이 655명이라는 것은 사도광산의 조선인이 655명임을 의미한다.

보고서에서는 지난 4월 조선인이 분쟁을 일으킨 적이 있다고 언급하고, 원인을 '일부 노무자의 오해로 인한 우발적 사고'로 평가했다. 구체적으로 '언어 불통으로 인한 오해' '이해도 부족' '동원 과정에서 노무과원의 불찰로 노무 조건에 대한 오해' '불량분자의 선동에 편승한 반도인 특유의 교활성 부화뇌동성'이라 기재했다. 결국, 광산 측이 잘못한 것은 전혀 없고, 오직 일부 조선인들이 오해해서 시작한 선동에 이용되었다는 것이다.

사도광업소의 민족적 편견은 마지막 항목반도인이 어떠한 작업에 적합한지에 대한 감상에서 정점을 찍는다. '성격이 둔중하고 기능적 재능이 매우 낮고 연구심 등이 전혀 없으므로' '힘을 쓰는 일을 주로 하는 갱내 운반부 등의 업무에 적합'하다고 강조했다.

보고서는 임금을 "일본인 노무자와 동일하게 지급"한 규정을 제시했다. 나이와 경력 등을 고려해 업무 종류 및 난이도에 따라 차등 지급했다는 것이다. '동일하게 지급'했다고 하지만, 경력이 적은 조선인이 임금을 많이 받을 수 없었을 것이다. 또한 하는 일에 따라 차등을 두어 지급했으므로 당연히 기술직인 일본인보다 단순노동을 했던 조선인은 적게 받았을 것이다.

중요한 것은 각종 지출과 공제금이다. 숙소 이용료는 징수하지 않았으나 식비가 1일 40전, 침구 대여비가 1개월당 1조組 50전, 작업용품 및 의복 장화 등 일용품 구입비도 지출해야 했다. 사전에 저금을 공제했고, '임의적 회사근로보험'이나 예금도 강제로 들어야 했다. 저금은 회사가 관리했으므로 광부들이 마음대로 찾을 수 없었다. 광부가 지불신청을 해도 회사 측이 용도를 조사해서 필요하다고 인정하는 경우에 한해 허가하도록 했다.

1940년 4월 11일부터 13일까지 97명의 조선인 광부들이 파업을 일으켰을 때, 광업소 측이 제시한 대우개선 내용에는 작업용품과 일용품 구입비의 금액 조정이 있었다. 이러한 구입비를 과다하게 징수했음을 인정했기에 개선하려고 했을 것이다.

이같이 광업소 측이 제출한 보고서는 항목마다 민족적 차별과 통제, 착취를 감추고 있었다.

■ 1940년의 광산 통제

아시아태평양전쟁 발발 이전에 일본의 탄광업계는 1921년 대기업 중심의 석탄광업회사로 구성된 석탄광업연합회 및 구성단체, 석탄광업호조회 등 자치적 생산통제기관을 운영하고 있었다. 석탄광업연합회는 도쿄본부를 중심으로 5개 지역별 광업회를 운영했다. 이들 단체를 아우르는 성격이 사단법인 일본광산협회이다. 1941년 12월 일본 정부가 중요산업단체령을 발동해 광산통제회를 설립하면서 해산했다.

이같이 (사)일본광산협회는 광산과 탄광 기업들의 임의 단체로 출발했으므로 통제적 기능은 약했다. 그러나 1936년 이후 일본 정부가 이들 광산과 탄광업의 임의 단체를 증산조장 기관이라는 성격을 부여하면서 반관반민기관이자 통제조직으로 전환되었다.

1937년 7월 중일전쟁을 일으킨 일본은 감독관청상공성의 지도 아래 탄광과 광업계를 광물별로 통제하는 기구를 설립하기 시작했다. 1938년 2월 일본에서 생산하는 구리의 생산 및 생산을 통제하기 위해 '일본구리통제조합'을 설립하고, 6월에는 광산 자재의 합리적 배급을 도모한다는 명분으로 '광산배급통제협의회연합회'를 조직했다. 1940년 10월에는 '광산배급통제협의회연합회'를 발전시킨 형태로 '일본금속광업연합회'를 설립했다. 일본금속광업연합회는 광업용 자재와 인력을 통제했는데, 광산통제회 발족과 함께 사라졌다.

(사)일본광산협회는 1928년부터 자료집을 발간하기 시작했다. 자료 제1집은 『광업재해에 의한 사상통계』이다. 1893년부터 1927년까지 31년간 일본 전국의 탄광산을 대상으로 광종별금속, 석탄, 기타비금속산로 업무상 재해 횟수와 사상자 규모를 정리했다. (사)일본광산협회는 이같은 자료집을 85집1942년 8월까지 출간했다.

자료 원문 17. 사도광산사단법인 일본광산협회社團法人 日本鑛山協會, 『일본광산협회 자료日本鑛山協會資料 제78집 – 반도인 노무자에 관한 조사보고半島人勞務者に關する調査報告』 표지, 해당 내용

17. 사도광산

⑴ 지도훈육시설에 관한 사항

1. 내선융화방법

- 광산 도착할 때 일본인 대표 노무자의 출영 및 회식 간담회 등 실시

- 산신사 참배를 할 때 고향에 대해 무사히 광산에 도착했다는 보고식을 거행하고 경신숭조의 관념을 함양

- 내선협조융화의 필요, 일상생활의 개선, 향상 등에 관해 간절히 설명하고 훈육해 일본적 생활을 유도

- 작업용품 취급과 취업에 관해 열심히 지도하도록 계원과 지도 일본인 노무자 교육을 실시

- 니가타현 내선협화회 사도지회에 입회시킴

- 보도학교를 열어 3개월간 일본어 교육과 교련을 실시

2. 작업 및 보안에 관한 강습

- 보도기간 중 강습회를 개최하고 보안의식의 철저를 도모함과 함께 취업전 계원으로부터 다양한 조업상 주의를 주도록 하고 국민체조 등을 실시

- 특히 취업 현장에서 1개조에 여러 명으로 나누어 일본어에 능숙한 조선인 1명씩을 추가하고 여기에 고참노무자를 선정 배당하고 직접 지도에 임하도록 함

3. 가동 성적(7월분)

가동인원 332명: 가동 10일 이내 2명, 20일 이내 2명, 21일 이상 328명

최고 29일, 최저 4일

가동 연인원 9,244명

1인당 평균 가동일 수 28일

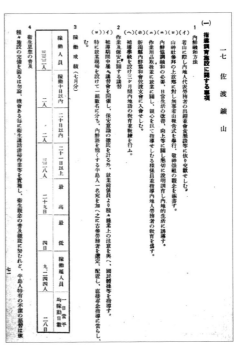

2)「반도노무관리에 대하여」(1943)

「반도노무관리에 대하여半島勞務管理ニ就テ(1943년 6월)」는 1943년 6월 7일, 미쓰비시광업㈜ 사도 광산 측이 도쿄광산감독국과 대일본산업보국회, 도쿄지방광산부회에 제출한 보고서문서번호 855호이다. 「조선인노무관리연구협의회개최요강」과 보고서 등 두 종류의 자료인데, 보고서의 제목은 「사도광업소반도노무관리에 대하여佐渡鑛業所半島勞務管理ニ就テ」이다.

이 자료는 나가사와 시게루長澤秀가 편찬한 『전시하 조선인중국인연합군포로 강제연행자료 집 – 석탄통제회극비문서』 2권1992년에 수록되어 있다. 나가사와 시게루는 이 자료를 인쇄 체로 전환해『재일조선인사연구在日朝鮮人史研究』 12호1983년에도 수록했다.

사도광업소가 보고서를 제출한 일본금속연합회, 도쿄광산감독국, 대일본산업보국회, 도쿄 지방광산부회 등은 모두 반관반민 기관이었다.

「조선인노무관리연구협의회개최요강」을 통해 보고서를 작성한 배경을 알 수 있다. 조선인노 무관리연구협의회는 도쿄광산감독국과 대일본산업보국회, 도쿄지방광산부회가 주최한 행사 이다. 행사를 개최한 이유는 '1943년 6월 시점에서 조선인 노무자가 증가함에 따라 노무관 리를 어떻게 하느냐가 생산에 미치는 영향이 매우 크기 때문에 만전을 기하기' 위해서였다.

협의회는 1943년 6월 20~25일 사도광산에서 개최하기로 되어 있었다. 20일에는 협의회를 열고, 23일과 24일에는 사도광산에서 조선인 노무자의 관리상황을 시찰하는 것으로 기획 했다. 협의회에서 논의하고자 하는 주제는 모두 아홉 가지였다. 조선인 노무자의 취급일반적 취급제도, 조선인 노무자의 교육훈련 방법 및 상황, 조선인 노무자 고용입산 후 가동상황 및 동향, 임금 지급 및 계산 방법, 조선인 노무자의 복리후생시설, 조선인의 탈출과 원인 및 방지대 책, 식량 등 급여규정에 관한 문제와 해결 방법, 계약기간 갱신의 유효한 방책, 기타 관련 희망사항 등이다.

「사도광업소반도노무관리에 대하여」는 조선인노무관리연구협의회에서 사용하기 위해 사도 광업소 측이 준비한 자료로써, 총 19쪽이다. 1940년의 보고서가 총 6쪽이었으니 그에 비해 보고서 분량과 내용이 늘었음을 알 수 있다.

보고서는 총 6개 항목이다.

1940년 보고서의 방향과 마찬가지로 이 보고서도 민족적 차별을 전제로 하고 있다. 제1장 조선인 노무자의 관리방침 가운데 일반적 취급 방안을 보면, 민족성을 전제로 하고 있다. 이 장에서는 세 가지 요소를 강조했다.

첫째, 동원 당시 일본 정부 방침에 따라 내선 무차별 취급을 방침으로 하지만 민족성에 기인하는 부분이 있으므로 항상 통제할 필요가 있다는 점이다. 둘째, 전국적으로 노무자 동원이 양적으로는 충족되었지만 앞으로는 질적 향상에 전력을 다해야 한다는 점이다. 세 번째, 조선인 징병제 실시와 의무 교육 실시 등이 예정되어 있고, 조선에서도 애국반 등이 활성화되어 있으므로, 일본 이입노무자에 대한 훈육을 보다 강화해야 한다는 점이다.

이같은 세 가지 요소를 통해 무차별 취급을 내세우면서도 민족성을 고려한 통제가 필요함을 강조하고 있음을 알 수 있다. 광업소 측은 '차별 없는 대우'와 '통제의 필요성'을 모든 항목에 일관되게 반영했다.

제1장 제2항 대우에서도 "줄 것은 주고 쥘 것은 쥔다"고 표현하면서 조선인의 통제가 필요함을 강조했다. 악습자는 금강료에 별도 수용해서 특별교육을 실시할 계획도 수립했다.

1940년과 1943년 보고서에서 조선인 노무자의 탈출 원인에 대한 인식은 차이를 찾을 수 없다. 1943년 보고서의 차이는 '자유방임과 부화뇌동성'과 함께 '계획적 도망자'를 추가한 것이다. 특히 조선인이 '도일 이전부터 탈출을 계획'한 것으로 파악하기도 했다. 이에 대한 대책으로 '철저한 단속 강화'와 함께 '도망 중개자'에 주목했다. 도망 중개자란 현지 주민을 의미한다. 사도는 섬이라는 지형으로 인해 현지 주민의 도움 없이는 탈출이 불가능했기 때문이다.

조선인 폄하 내용 가운데 하나로 '위생' 항목이 있다. "반도인 특유의 불결한 악습"을 시정하기 위한 조치를 취하고 있다고 언급했다. '반도인 특유'라는 용어를 통해 조선인을 폄하하고 민족성을 부정적으로 언급하고 있다.

제2장의 관리 현황에서 1940년 2월부터 1942년 3월까지 동원자와 가동 상황을 도표표1로 제시하고 있다. 이에 따르면, 1942년 3월 기준으로 동원 총수는 584명이고, 사망자가 10명으로 0.99%, 탈출자가 148명으로 14.73%에 달하고 있다. 또한 전출자는 130명으로 12.94%이고, 감원은 421명으로 41.89%에 달했다.

1943년의 사망율 0.99%를 같은 시기 일본지역 탄광산 노무자의 사망률과 비교해보면 높은 편이다. 일본 전 지역 조선인 노무자 사망률은 0.9%1939.10~1942.10 기준이고, 후쿠오카 관내 조선인 노무자 사망률은 0.6%1944년 1월 기준이다.

전출과 감원은 일본 당국의 금광산조정령에 따른 조치의 결과였다. 당국의 금광업정비방침은 '특정 중요광물의 급속증산에 대처하고 동·구리·아연·수은·철·망간 등 중요 광물의 생산을 확보하기 위해 〈중략〉 금광업의 정리를 단행'한 정책이었다. 조선인 노무자의 배치전환에 대해서는 취급요령에서 '기간 만료가 가까운 자는 가능한 한 기간을 연장해 전환취직을 지도'하고 '협화회를 통해 협력하도록' 했다.

전출과 감원은 1942년 10월 22일부터 각의결정과 상공성 내시內示 및 발표를 통해 실시한 3단계의 금광산정비령 실시에 따라 이루어졌다. 이 조치에 따라 사도광산도 금은광을 휴광하고 구리 채굴에 집중하게 되었으며 이 과정에서 전출과 감원을 실시했다.

제6장 계약기간 갱신의 유효 방책은 광업소 측이 조선인의 발목을 잡고 사도섬 밖으로 내

보내지 않으려 했던 모습을 보여주는 항목이다. "기간 만료자에 대해 사전에 정착취로지도회를 개최해 각 개인의 시국에 대한 인식을 심화시켜서 정착해 취로하는 국가적 필요성을 충분히 이해시켜 여하를 막론하고 전원 계속 취로하도록"했다. 정착취로지도회라는 강압적인 방법으로 고향으로 가려는 조선인의 발목을 잡았다는 것이다.

이런 방법을 취하지 않는다면 "반도인 특유의 부화뇌동성으로 인해 이루어지지 않을 것"이라고 합리성을 부여했다. 동원 당시 자신들이 제시한 조건인 2년 계약 만료를 자신들이 스스로 위반하면서도 '부화뇌동하는 민족성'을 내세우는 치졸함에서 벗어나지 못했다.

이에 그치지 않고 "이후 각 개인의 조선 현지 집안 사정이나 병약자 등 귀선하거나 일시귀선이 불가피한 자"에 대해서는 "조선 현지 기관 및 현지 경찰서와 협의 후 적절한 때에 송환하기로" 했다. 어쩔 수 없는 상황으로 고향으로 돌려보내야 할 경우에도 공권력을 이용해 통제한다는 것이다.

■ 차별 없는 대우라고?

광업소 측은 일관되게 '차별 없는 대우'를 내세우고 있지만 보고서 내용에서 차별적 구조를 알 수 있다. 대표적인 사례는 제2장의 직종별 현황이다. "반도노무자 중 대부분을 차지하는 갱내부"라는 점을 명시했고, 도표를 통해 직종별 인원 현황을 제시했다. 보고서 〈표 3〉에 따르면, 일본인은 잡부나 기타도 많지만 내 운전부나 공작부, 제광부가 다수이다. 주로 제련을 하거나 기계를 작동했다. 일본인이 100%에 달하는 기타 직종은 무엇을 의미하는 것일까. 히로세 교수는 선광장으로 추정했다.

이에 비해 조선인은 착암부와 운반부, 외 운반부 등 갱내 작업에 투입되었다. 위험하고도 진폐증을 유발할 수 있는 작업 현장이었다.

『사도광산사 고본佐渡鑛山史 稿本』848쪽에 따르면, 일본 패전 후 사도광산의 상황을 언급하면서 "조선인 노동자는 거의 전부가 갱내 관계 작업에 종사"했는데, "모두 귀국해버려 갱내 작업은 큰 타격을 입었"다. 조선인이 대부분 갱내 작업을 했음을 입증하는 내용이다.

안전한 작업은 일본인이, 위험한 작업은 조선인이. 과연 이러한 배치를 차별 없는 대우라고 할 수 있는가.

보고서 〈표 3〉 민족별 직종 현황(1943년 6월 기준)에 비율을 추가한 표(단위 : 명/%)

구분	일본인	조선인	합계(명)	일본인 1인에 대한 비율
착암부(鑿巖夫)	27(18.0)	123(82.0)	150	4.5
지주부(支柱夫)	39(41.1)	56(58.9)	95	1.4
운반부	80(21.4)	294(78.6)	374	3.6
내 운전부	19(70.4)	8(29.6)	27	0.4
외 운반부	17(25.8)	49(74.2)	66	2.8
공작부	23(88.5)	3(11.5)	26	0.13
정지부(整地夫)	46(68.7)	21(31.3)	67	0.46
제광부(製鑛夫)	85(81.7)	19(18.3)	104	0.22
잡부	52(82.5)	11(17.5)	63	0.21
기타	321(100)	0	321	
합계	**709(54.8)**	**584(45.2)**	**1,293**	**0.82**

- 자료: 사도광업소, 「반도노무관리에 대하여」(1943년 6월); 히라이 에이이치, 『사도광산사 고본』 1950, 846쪽
- 붉은 글자: 인용자(정혜경) 표시

■ 일본의 탄광업 통제기관

1937년 7월 중일전쟁을 일으킨 일본은 감독관청상공성의 지도 아래 탄광과 광업계를 광물별로 통제하는 기구를 설립하기 시작했다. 1938년 2월 일본에서 생산하는 구리의 생산 및 생산을 통제하기 위해 '일본구리통제조합'을 설립하고, 6월에는 광산 자재의 합리적 배급을 도모한다는 명분으로 '광산배급통제협의회연합회'를 조직했다. 1940년 10월에는 '광산배급통제협의회연합회'를 발전시킨 형태로 '일본금속광업연합회'를 설립했다. 도쿄광산감독국 등 지역별 감독국을 운영했다.

1941년 12월에 일본 정부는 탄광산에 대한 통제체제를 더욱 강화했다. 일본 정부는 중요산업단체령을 발동하면서 광산통제회를 설립했다.

광산통제회 설립과 함께 석탄통제회도 설립했다. 석탄통제회도 중요산업단체령 발동에 따라 탄생했는데, 일본 정부는 1년 전부터 설립 작업을 시작했다. 1940년 12월 7일 일본 내각은 '경제신체제확립요강'을 각의결정한 후 1941년 중반부터 창립 준비에 들어갔다. 상공성 주관으로 7월과 8월에 관계단체 관계자들이 여러 차례 모여 회동을 갖고 '석탄통제회 설립요강안'

을 결정했다. 광산통제회와 석탄통제회는 모두 일본 패전 후 1945년 12월 해산되었다.

■ 대일본산업보국회

일본 국가총동원체제 아래 결성된 관민공동의 노무자 통제조직이다.

1938년 일본이 국가총동원법을 제정 공포해 전시체제기에 돌입한 후 당국은 일본 전국의 주요 공장과 탄광산 등 사업장에서 노동력 통제기구의 필요성을 제기했다. 이러한 일본 정부의 적극적인 정책에 따라 1938년에 관민 공동의 노동자 통제조직인 산업보국연맹을 결성하고, 자주적 운동을 내세운 산업보국운동을 실시했다.

그 후 1940년 명목상에 불과했던 일본노동총동맹 해산 후 단일한 통제기구가 필요하게 되었다. 이러한 분위기 속에서 1940년 11월 4일 일본 각의는 근로신체제확립요강을 결정하고 이에 따라 산업보국연맹을 해산하고 11월 23일 대일본산업보국회를 설립했다. 대일본산업보국회는 '노사일체', '산업보국정신의 고양', '직장 규율의 확립', '생산력 증강 달성' 등을 내걸고, 노무관리와 물자배급기관으로서 노동자 통제의 핵심 기관으로 자리 잡았다. 1945년 8월 일본의 패전 후 9월 30일 연합군 최고사령관 총사령부약칭 GHQ, General Headquarters of Supreme Commander for the Allied Powers 지령으로 해산했다.

대일본산업보국회가 강력히 추진한 활동은 '황도연성皇道鍊成'이라 표현했던 산업보국정신 고양 운동이었다. 황도연성이란 황도정신을 체득하도록 하는 것이었다. "공장이 물건을 생산하는 곳이라는 식으로 생각하는 것은 서양 사상"이라고 비판하고 일본에서 "공장이란 생산조직체임과 동시에 봉사의 마음을 닦는 훈련의 장소"이자 "국민 훈련의 일환"이라고 주장했다. 나아가 일본에서 "12시간은 사명감으로 일하고, 남은 12시간은 준비하는 시간"이며, "일본인의 생활이란 황실을 번성하게 하는 생활이지 개인적인 생활은 단 한 시도 있을 수 없다"고 강조했다. '노사일체'를 슬로건으로 내걸었으므로 노동조합이란 있을 수 없으며, 식량이 부족하고 열악한 현실도 허용하지 않았다. 어떠한 악조건 아래에서도 대량의 품질 좋은 군수물자 증산을 달성하는 것이 노무자가 해야 할 책무이며 이를 위해 철저한 황도정신으로 무장하라고 주문했다. 이같이 대일본산업보국회는 국민에게 무조건적이고 철저한 군수물자의 증산을 강요하기 위한 목적의 기관이었다.

동광부東鑛部 제853호

도쿄광산감독국

대일본산업보국회 나가미즈타니(長水谷良一)

도쿄지방광산부회

광산감독권자 광산광업대리인 앞

〈조선인노무자관리연구협의회개최요강〉

이번에 연구협의회를 다음과 같은 요강에 따라 개최하게 되었으므로 귀 광산에서도 본 취지에 적극 찬동해 적임자(원칙으로는 노무 담당자 또는 관계기술계원 각 1명이나 2명)를 참가하도록 하고, 6월 15일까지 참가자의 직책과 이름을 아래와 같이 보고해주길 바라며 안내함

〈조선인노무자관리연구협의회개최요강〉

1. 개최일자 : 6월 20일 전후 2일간(확정 후 알림)

2. 회의장 : 사도광산

3. 취지

조선인(원문 : 반도인) 노무자가 증가하고 있는데, 이에 따른 노무관리가 얼마나 생산에 영향을 미치는가 하는 점이 매우 크므로 조선 인노무자 관리연구협의회를 개최해 만전을 기하고자 함

4. 연구협의사항

⑴ 조선인노무자의 취급(일반적 취급제도)

⑵ 조선인 노무자의 교육훈련 방법 및 상황

⑶ 조선인 노무자 고용(입산 후 가동상황) 및 동향

⑷ 임금 지급 및 계산 방법,

⑸ 조선인 노무자의 복리후생시설,

⑹ 조선인의 탈출과 원인 및 방지대책,

⑺ 식량 등 급여규정에 관한 문제와 해결 방법,

⑻ 계약기간 갱신의 유효한 방책,

⑼ 기타 관련 희망사항

5. 사도광산에서 조선인 노무자 관리사항 시찰

6. 참가자 원칙으로 노무담당자 또는 관계기술계원 각 1명이나 2명

7. 경비

(1) 회의비는 해당 광산부회(*도쿄지방광산부회)에서 부담

(2) 참가자의 여비와 숙박비 등은 각 광산(*사도광산)에서 부담

8. 기타

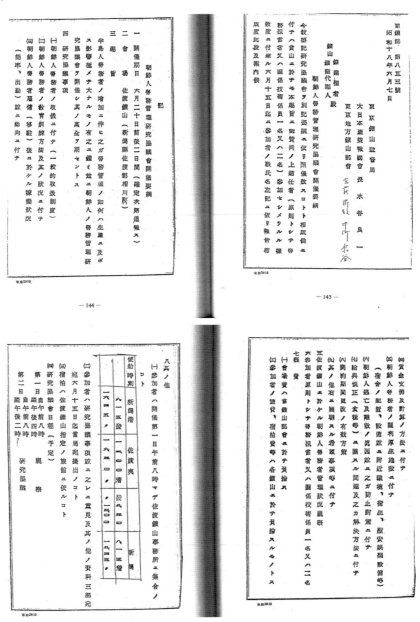

〈표 1〉 이입수 및 감원수(1943년 5월)

내용/연월		1940년 2월	1940년 5월	1940년 12월	1941년 6월	1941년 10월	1942년 3월	합계(%)
모집, 알선		모집	모집	모집	모집	모집	모집	
출신도별군		논산	논산, 부여, 공주	논산, 부여	논산, 부여, 연기	청양, 논산	청양	–
동원수		98	248	300	153	127	79	1,005명
고용기간(연)		3	3	3	2	2	2	–
감원수	사망	1	3	0	3	2	1	10(1.0)
	도주	14	46	51	19	12	6	148(14.7)
	공상 송환	2	0	1	2	1	0	6(0.6)
	사증(私症) 송환	8	10	6	4	0	2	30(3.0)
	불량 송환	6	12	3	3	1	0	25(2.5)
	일시 귀국	2	29	31	5	5	0	72(7.2)
	전출	1	31	74	24	0	0	130(12.9)
	계	34	131	166	60	21	9	421(41.9)
현재		64	117	134	93	106	70	584(58.1)
계속 취로수속 완료 여부		완료	완료		완료			

〈표 2〉 숙소별 및 가동률(1943년 5월)

숙소별	야마노가미 사택	제1료	제3료	제4료	기타	계		
현재원	117 116	185 156	157 135	124 117	1	584 535		
가동률	83%	(93.1) 89.3	(96.8) 87.3	(95.1) 84.5				

괄호 안은 갱외부 가동률
가동률은 도망과 일시귀선을 제외한 실제 인원의 가동상황

佐渡鑛業所半島勞務者管理ニ付ナ

一、管理方針

(イ)一般的取扱方

移入當時ノ政府方針ニ從ヒ內鮮無差別取扱方針ナルモ民族性ヨリシ
テ當ニ町成リ引締メテ行ク要アリ、全國的ノ勞務配置ナルモ世ノ
ハ行ク所迄行キタルヤノ觀アリ、今後ハ價ノ向上ニ協力ヲ注ギ能率
增進ヲ圖ルヘシ傳ニ半島勞務者ニ付テハ半島人ニ對スル徵兵
制ノ施行、後務教育ノ實施、半島內ニ於ケル愛國班(隣組)ノ活
躍等アリテ、内地移入者ノ調育ナル放置セバ半島在住ノ者ヨリモ
後レル處アリ、獨リ從來良ノミナラズソノ家族ニ對シテモ眞ニ日本
人タルノ調育ヲナス要アリ

(ロ)待遇

内地人ト全裸ナルモ察、住宅等ニ付キ况分ナル施設ヲナス反面「與
ヘルモノハ與ヘ」ノ給メル所ハ締メル所ヲ以テ之ヲ當リ伴ナル勤
務狀况、性行等不良ナル者ニ對シテハ相當嚴居ナル態配ヲ以テ難ミ貰

(ハ)逃亡防止

(イ)逃亡原因

1.自由放縦且浮動性アル性格ニヨルモ爲
2.附和雷同性ニヨリ計畫的逃亡者ニ引ヅラレル爲
3.浮來前ヨリ計畫ニヨルモ

網ヲ明ニスル爲ト致居ル

(ニ)防止意見

1.官邊、事等主協力徹底的取締ノ強化
2.明鮮現地ノ近況(内地ノミ戰時生活ニ非ズ)ヲ充分認識セシメ
  ル事
3.逃亡仲介者ヲ護網ニ附スル事
4.半島勞務者ニ對スル世人ノ安直ナル同情心ハ禁物ニテ世人ノ認
  識ヲ高メル事
5.浮浪半島人ノ使用禁止ヲ嚴行セシメル事

3)『사도광산사 고본』(1950, 미출간)

『사도광산사 고본』1950, 미출간은 히라이 에이이치平井榮一가 작성한 원고이다. 사도시 아이카와相川향토박물관 소장 자료이다. 표지에 '쇼와昭和25년'이라 기재되어 있으므로 1950년에 작성한 것으로 보인다. 완성한 원고는 아니고 작성 중인 원고로 여러 군데에 추기追記한 흔적이 있다. 2022년 1월 14일 고 히로세 테이죠広瀬貞三 교수가 한국 측에 제공했다. 목차에 따르면, 천 쪽에 달하는 방대한 분량인데, 국내에서 입수한 자료는 표지와 목차 6쪽, 내용 6쪽 등 극히 일부이다. 표지와 목차를 제외하면, 내용은 419쪽·420쪽·844쪽·846쪽·847쪽·848쪽이다.

자료의 생산 배경에 대해서는 『사도금은산조사보고서』전 6권2010~2016의 해제小風秀雅, 余湖明彦, 「해제 - 사도광산사의 내력과 성격」에서 밝히고 있다. 이 자료는 현재 사도시 아이카와相川향토박물관과 미쓰비시사료관이 소장하고 있다. 두 소장처 자료는 동일한 복사본이다. 미쓰비시사료관 소장본은 ㈜골든 사도 소장 자료로 추정한다.

이 자료는 2000년대에 니가타新潟현립도서관에서도 소장하고 있었는데, 자료 기탁자인인 ㈜골든 사도의 의향에 따라 비공개가 되었다.

겉표지에는 '히라이 에이이치 원고平井榮一稿 사도광산사(1)佐渡鑛山史(一) 1950년昭和二十五年'과 '다이헤이광업大平鑛業, 舊三菱鑛業(株) 사도광업소佐渡鑛業所'라고 기재되어 있고, 하단에 '홋카이학원北海學園대학의 오쿠마 요시오大隈四千男에게 기증1989.9.4.'했다는 메모가 있다.

속표지에는 "후모토 사부로麓三郎 소장 자료를 빌려서 복사"했다는 내용과 "제1회~제12회는 누락되어 있는데, 에도시대의 내용으로 생각된다"는 메모가 있다.

속표지 작성 일자는 '쇼와 51년 1월 19일' 즉 1976년 1월 19일이다. 속표지 좌측에 목차의 일부가 보이는 점을 볼 때, 목차의 공란에 작성한 것으로 보인다. 겉표지의 메모 작성자와 속표지 작성자는 알 수 없다. 필체를 볼 때 동일한 사람은 아닌 것으로 보인다.

속표지와 겉표지의 내용을 통해, '1950년에 히라이 에이이치가 작성한 자료를 1976년 1월 19일에 후모토 사부로에게 빌려서 복사했고, 다시 1989년 9월 4일에 오쿠마 요시오에게 기증'했음을 알 수 있다.

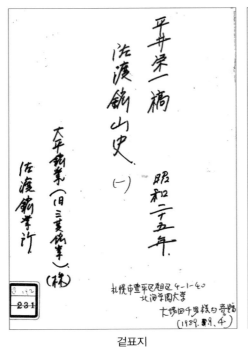

겉표지

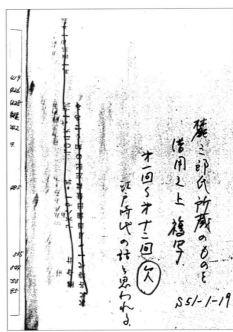

속표지

이 자료는 1949년 당시 사도광산의 소유권자인 다이헤이大平광업 사장이었던 하니 미치유키羽仁路之가 히라이 에이이치平井榮一에게 『사도광산사』 원고 집필을 의뢰하면서 탄생했다. 그러나 『사도광산사』는 출간되지 못하고 초고의 상태로 남았다. 히로세 교수는 초고 상태의 자료에 '사도광산사 고본'이라는 이름을 붙였다.

846쪽 첫 문장은 매우 익숙한 문장이다. 조선인은 3개월 이상 근무할 경우에는 '단체생명보험에 가입시키고 재적 중 보험료는 모두 회사가 부담하며 불행한 일을 닥치면 보험금 3백엔을 주고 재해에 대한 부조, 퇴직의 경우 급여관계 등에 내선 구별이 없었다'고 기술했다. 이 내용은 1943년 6월 7일, 사도광산 측이 감독기관인 도쿄광산감독국과 대일본산업보국회, 도쿄지방광산부회에 제출한 보고서문서번호 855호 「사도광업소반도노무관리에 대하여佐渡鑛業所半島勞務管理ニ就テ」 내용과 동일하다.

왜 동일한 문장이 들어 있을까. 히라이가 사도광산사를 집필 할 당시에 사용한 자료는 미쓰비시광업이 제공했다. 그러므로 사도광업소가 일제말기에 작성한 내용을 그대로 반영한 것이다.

■ 『사도광산사 고본』의 조선인 해당 부분

이 자료에서 조선인 관련은 4쪽 정도이다. 844쪽·846쪽·847쪽·848쪽이다. 조선인 관련 내용은 없지만 419쪽·420쪽도 눈 여겨 볼 만하다. 기존의 자료에서 언급하지 않았던 내용이기 때문이다. 주목할 부분을 살펴보자.

첫째, 사도광산 역사에서 의미를 부여하는 시기는 에도시기가 아니라 '일본 근대시기'라는 점을 언급하고 있다. 419쪽·420쪽에 해당한다. 니가타현은 사도광산을 세계문화유산으로 등재 신청을 하면서 사도광산의 대상 시기를 센고쿠戰國시대1467~1590년 말부터 에도江戶시대 1603~1867년로 한정하고, 에도시기의 제련기술 등에 의미를 부여했다. 그러나 이 자료에서는 '사도광산의 근대사'에 주목했다. "부유선광장을 신설하는 등 획기적인 개혁을 실현해 여러 곤란을 극복하고 1940년에 생산 신기록을 달성"해 1940년에 금 1,537.9톤, 은 24,494톤을 생산했다고 강조했다. 자료에서 '획기적인 개혁'이라 언급한 부유선광장은 1938년에 설치한 시설이다.

둘째, 1944~1945년 조선인 동원 규모를 확인할 수 있는 유일한 자료이다. 846쪽이 해당한다. 히라이는 이 1944~1945년 동원 규모의 근거를 후모토 사부로가 작성한 내부자료를 근거로 작성했다고 한다.

846쪽에서는 직종별 인원 현황을 언급했는데, 일본인과 조선인을 비교하며 갱내 노동에서 조선인의 비율을 강조했다. 이 직종별 인원 현황은 1943년 6월 7일, 미쓰비시광업㈜ 사도광산 측이 감독기관인 도쿄광산감독국과 대일본산업보국회, 도쿄지방광산부회에 제출한 보고서문서번호 855호 「사도광업소반도노무관리에 대하여」를 근거로 사용한 것으로 보인다. 여기서 강조한 직종별 인원 현황은 848쪽에서 다시 찾을 수 있다.

848쪽은 일본 패전 후 사도광산의 상황을 기술한 부분인데, 여기에서 '조선인 노동자가 거의 전부 갱내 관계 작업에 종사'했음을 명시했다. 히라이는 특히 처음 기술한 문장에 누락한 내용을 추가로 기재해 "착암작업과 같이 상당한 숙련자가 있었는데, (*조선인이) 일제히 귀국함에 따라 갱내 작업은 큰 타격을 입고 출광은 급속히 감소했으므로 선광작업도 불충분해져서 노무배치의 균형이 현저히 떨어지면서 생산을 저해해 극도의 경영난에 빠졌다"고 기술했다. 소제목에 '패전 후 조업상황'이라고 해서 패전이라는 용어를 사용한 점이 특이하다. 히라이는 848쪽에서 '패전과 동시에 조선 노동자 전부를 송환했다'고 했으나 실제로 조선인이 귀국선을 탄 것은 1945년 11월이 지나서였다. 사실에 대한 검증이나 확인을 하지 않고 미쓰비시광업이나 후모토가 제공한 자료에 의존한 때문으로 보인다.

■ 히라이 에이이치(1895~1956)는 누구인가

히라이 에이이치는 사도광산 채광 과장과 향토박물관 초대 관장을 역임한 인물이다. 1895년 4월 아이카와마치에서 출생했다. 히로세 교수는 히라이가 광산에 근무하기 시작한 시기를 1920년대 중반으로 추정했다.

1936년 무렵 홋카이도北海道 요이치군余市郡에 위치한 미쓰비시광업 데이네야마手稲山광산의 나카노사와中ノ沢 지산으로 전출을 갔고 1942년 7월 아키타현秋田縣의 오사리자와尾去沢광산 등을 거쳐 다시 사도로 돌아와 채광 과장기사을 마지막으로 퇴직했다.

광산 기술 부문 역사에 정통하며 문화에도 관심이 많아 「메이지 시대의 사도광산의 문화적 사적明治時代に於ける佐渡鉱山の文化的事績」, 「사도의 도자의 역사佐渡に於ける陶磁の歴史」, 「아이카와 향의 지학적 잡감相川郷の地学的雑感」 등 많은 글을 남겼다.

오사리자와 광산 참사로 있던 시절에 논문 두 편을 발표했다. 이 논문은 자신이 "사도광산에서 근무할 때 실제 목격한 것을 기초로 고찰"했다고 한다. 「석영조면암과 신규 금광맥에 대한 고찰石英粗面岩と新規金鉱脈に就いての考察」, 『일본광업회지』 58권 687호1942년 7월과 「광맥의 형태 개념과 채광 사견鉱脈の形態概念と採鉱私見」, 『일본광업회지』 64권 728호1948년 7~9월

1956년 모리 사부로森三郎 등과 같이 아이카와마치가 건립한 향토박물관 창립에 참여해 초대 관장을 지냈으며 아이카와마치 교육위원장, 미쓰비시금속광업㈜ 참사 등도 역임했다.

■ 히라이 에이이치의 원고는 왜 책으로 출간되지 못했을까

후모토 사부로의 말을 빌어 알아보자. 후모토 사부로1893~?는 구제 도쿄고등상업학교와 전문학부를 졸업했다. 1927년 미쓰비시합자회사에 입사해 미쓰비시광업의 해외부장, 인사부장, 총무부장, 감사역1950년 4월~1953년 5월을 역임했다. 많은 책과 논문을 발표했는데, 특히 『미쓰비시광업사사三菱鉱業社史』(미쓰비시광업사, 1976년)의 집필자 4명 가운데 한 사람이었다. 그는 경영사나 경제사 연구자였던 다른 집필자들과 달리 미쓰비시광업을 대표하고 있었고 미쓰비시광업의 전체상을 증언할 수 있는 사원이었다.

후모토 사부로는 『사도광산사』에 대해 "히라이 씨가 원고를 완성했는데 기술적 시각에서 집필한 것이었다. 그래서 하니 미치유키羽仁路之 사장이 일반 독자에게도 두루 읽히는 것을 써보는 게 어떠냐며 권했다"라고 밝혔다. 히라이 원고에 대해 회사 측에서 만족하지 않았음을 알 수 있다.

실제로 히라이의 원고는 천 쪽에 달하는 방대한 분량인데, 대부분 광산 기술에 대한 비중이 매우 높았다. 히라이 본인이 문화에 관심은 많았으나 역시 채광 과장답게 광산 기술 부문을 중요하게 여겼기 때문일 것이다.

■ 미쓰비시광업이 아니라 다이헤이 광업?

자료에 따라 다이헤이大平와 타이헤이太平로 혼용하고 있다. 일반적으로 다이헤이를 사용하지만, 1949년 작성한 공탁금 현황표에서는 타이헤이로 사용했다. 미쓰비시광업은 1950년에 미쓰비시광업과 다이헤이大平광업으로 분리되었다가 다이헤이광업은 1952년에 미쓰비시금속광업으로 회사명을 변경한 후 1973년에 다시 미쓰비시금속으로 변경했다. 미쓰비시광업은 1973년 미쓰비시광업시멘트로 사명을 변경했다. 두 회사는 1990년에 미쓰비시머터리얼로 통합되었다.

■ 후모토 사부로麓三郎, 1893~?

구제 도쿄고등상업학교를 거쳐 구제 도쿄고등상업학교 전문부를 졸업했다. 1927년 미쓰비시 합자회사에 입사한 후 1953년 5월까지 미쓰비시광업 해외부장, 인사부장, 총무부장, 감사역을 역임했다. 『사도금은산 사화佐渡金銀山史話』미쓰비시금속광업, 1956와 『미쓰비시 이즈카탄광사三菱飯塚炭鑛史』미쓰비시광업, 1961 등 다수의 저작과 번역서 등을 남겼다. 1976년 출간한 『미쓰비시광업사사三菱鑛業社史』 편찬에 촉탁*연구원으로 참가하기도 했다.

후모토는 미쓰비시광업의 전체상을 쓸 수 있는 사원이었다. 히라이가 『사도광산사 고본』을 집필할 당시 후모토가 작성한 자료를 근거로 했다고 알려져 있다. 그가 남긴 『사도금은산사화』에 따르면 "히라이씨의 원고가 완성되었는데, 히라이씨는 오직 기술적인 입장에서 집필했으므로 하니 사장이 나후모토에게 일반적으로 읽을 만한 것이라도 알맞은 것을 써서 보여주면 어떨까 하고 종용했다"고 한다.

■ 후모토 사부로에게 자료를 빌린 사람은

경제학자인 오바 요시오大場四千男, 1943~이다. 오바는 2002년에 호세대학法政大學에서 박사학위경제학를 취득했다. 1970년에 홋카이도학원대학北海學園大學 경제학부 강사로 강단에 선 이후 조교수, 교수를 역임하고 2014년 3월에 정년퇴직했다. 연구 분야는 영미 경제사, 경영사, 일본 경영사이다. 일본 경영사에서는 전시 경제와 기업 경영, 석탄광업사, 초기 홋카이도 경제를 주로 연구했다.

자료 원문 히라이 에이이치平井榮一, 『사도광산사 고본佐渡鑛山史 稿本』1950, 844~848쪽

(9) 조선 노무자 사정(844~845쪽)

중일전쟁의 확대와 함께 광원의 응소(應召. *입대를 의미)도 갈수록 증가하면서 증산계획 수행상 난관이 발생하고 내지 구인이 절대적으로 불가능한 상태가 되자 1940년 2월 조선인 노무자 98명을 모집하였고 5월 248명, 12월 300명, 1941년 280명, 1942년 79명, 1944년 263명, 1945년 251명, 총 1,519명을 이입했으나 종전과 동시에 잔류 인원 1,096명을 송환했다.

846쪽

구분	일본인	조선인	일본인 1인에 대한 비율
착암부(鑿巖夫)	27	123	4.5
지주부(支柱夫)	39	56	1.4
운반부	80	294	3.6
내 운전부	19	8	0.4
외 운반부	17	49	2.8
공작부	23	3	0.13
정지부(整地夫)	46	21	0.46
제광부(製鑛夫)	85	19	0.22
잡부	52	11	0.21
기타	321	0	
합계	709	584	0.82

1944년, 1945년도에 조선인 노무자 증가 수 514명으로 압도적인 노동자였다. 대개 훈련이나 지도가 우수했으므로 종전(*패전)에 즈음해서도 다른 지방에서 보는 것과 같은 난폭한 모습도 없이 귀환시킬 수 있었다.

(10) 패전 후 조업상황(846~848쪽)

중일전쟁 발발 후 9년, 태평양전쟁 진행 3년 미만에 원자폭탄의 위력은 일본 국토를 초토화하기에 충분했고, 피폐한 국민의 전투의지를 잃게 만들었다. 〈중략〉

사도광산은 패전과 동시에 조선 노동자 전부를 송환하고 소수의 일본인 노동자에게 의존하게 되었는데, 이미 언급한 바와 같이 조선 노동자는 거의 전부가 갱내관계작업, 소위 착암 작업과 같이 상당한 숙련자가 있었는데, (*조선인이)일제히 귀국함에 따라 갱내 작업은 큰 타격을 입고 출광은 급속히 감소했으므로 선광 작업도 불충분해져서 노무배치의 균형이 현저히 떨어지면서 생산을 저해해 극도의 경영난에 빠졌다.

即ち各資本間対立場合より裁断し得たる日本社会として是正せんとする等対外的の
圧力によって根本的の改造を行はれたるものでその科学的根拠と日本人の
反省とは大改造に困難を伴はれたが内容や其規模に於て明治維
新以上の大変革であったと云ひ得る此時曾日本に於ける旧勢力は潰滅
に頻し財閥解体により七十余年間経済界実業界に覇権を握つたる三菱
も亦崩壊の運命を辿り社長岩崎小彌太男爵は偶々病を得て豆星地に逝
きた

三菱鑛業株式会社は存続営業するを得たるが社長小村千太郎氏以下殺
高幹部悉く退陣し新生脳部によって置換され羽仁路之氏社長に就任し
て再建の重任を帯ぶるに至った
依って佐渡鑛山は販戦と同時に朝鮮労働者全部を送還し少数の内地労
働者に依存するに至り既述の如く朝鮮労働者は殆んど全部が坑内
関係作業に充当され出動急拠減少し為め選鑛作業も甚だ不十分
ならざるを得ず労務配置の均衡著しく失はれて徒らに生産を阻害し極
度の経営難に陥つた一方労働組合法設定に伴ふ組合の発足あり過渡期
的政勢に対処しつゝ時の鑛業所長形正嘉氏は此充実に努め生産の復
活を企図したるが坑内の類廃全線に及びて短時日を以て容易に修
復困難となり排水坑道以下大部分の坑内も水没するに至った
昭和二十一年四月当鑛山再建案として硅石採掘並に之

桃三ヶ月以上に及びたる時は團体生命保険に加入せしめ各人任命中の
保険料は一切会社負担し万一不幸ありたる場合保険金三百円を贈呈し
災害に対する扶助、退職の場合の給与関係等につき内鮮区別なく移入
当時は一人一日一升程度を普通とし断次減食せしめ特に配給米実施は
盛り飯とし配給米の特に不足を来せる場合は甘藷、大根、乾麺等の
混食にて間に合はせた、昭和十八年五月に於ける職種別人員及び内地
労働者との比率は左の如くである

	繪岩	支柱	運搬	内運転	外運転	工作	整地	製鑵	雑夫	其他	計
朝鮮人	一二三	五六九	二四	八	四九	三一	一九				五八四
内地人	二七	三九	八〇	一九	一二	四六	八五	五一	三二一	七〇九	
内地人一人に対する比	四・五一	一・四三	三・六	〇・四	二・八	〇・三	〇・六	〇・二		〇・八二	

昭和十九年、二十年度に於ては朝鮮人労務者増加数五一四人に対し十二名
個的の労働者であった
概して訓練よろしきを得たる如く終戦に際しても他地方に見
る如き暴状等もなく帰還せしむるを得た
(ハ)敗戦後の操業状態
日支事変勃発以来九ヶ年、太平洋戦争通行三ヶ年未満原子爆弾の威力
克く日本国土を支離裂開させるに十分であり疲弊せる国民の戦國意識

피해자가 소장한 기록

1) 김종원이 남긴 자료

2019년 충남 논산에 거주하는 유족김종원 피해자의 아들을 찾았을 때, 그는 부친의 직업능력신
고수첩職業能力申告手帳과 보험증서보험료영수장를 보여주었다. 그에게 이 자료들은 부친이 남긴
귀한 유물이다.

이 같은 자료를 간직한 사도광산 피해자 유족은 적지 않다. 위원회가 인정한 사도광산 피해
자 152명 가운데 무려 104명이 협화회 수첩이나 사진, 국민노무수첩, 제적부사망지가 사도광산
임을 명시, 각종 명부, 편지 등 피해를 입증할 수 있는 자료를 소장하고 있다.

김종원의 유족이 간직하고 있는 직업능력신고수첩은 「국민징용령」1939년 7월 8일 제정. 칙령 451호
에 근거해 제정한 법령인 「국민직업능력신고령」 규정에 따라 발급한 수첩이다. 「국민직업능
력신고령」은 국민징용 대상자 선정에 필요한 절차를 규정한 법령이다. 그러므로 이 수첩을
발급받은 사람은 국민징용 후보자라는 의미가 된다.

김종원은 1940년 10월 3일 직업능력신고수첩을 발부받았다. 1940년 10월 3일에 광산에 입
산했음을 알 수 있다. 김종원은 '모집'이라는 경로로 동원되었다. 수첩에 '채광부'로 기재하
고 있다. 갱내에서 광물을 캤다는 증거이다.

김종원은 직업능력신고수첩을 발급받았지만 피징용자는 되지 않았다. 사도광업소는 1944

년 12월 18일 군수성 지정 관리공장이 되었고, 그날 소속 광부 전원은 협화회관에 모여 현원징용영장을 받았다. 피징용자가 되었던 것이다. 그러나 김종원은 1943년에 고향으로 돌아왔으므로 피징용자가 되지 않았다.

김종원이 남긴 또 다른 자료인 보험료영수장保險料領收帳은 보험증서이다. 1941년 8월부터 1943년 3월까지 매월 7일에 1엔 20전씩 납입했다. 당시 조선인 노무자의 일반적인 보험료 납입 방식은 원천 공제였다. 회사 측이 당사자에게 물어보지도 않고 노무자의 월급에서 꼬박꼬박 가져가는 방식이었다. 그런 점을 감안하면, 이 보험도 김종원의 의사와 무관하게 가입했을 것이고, 김종원에게 묻지도 않고 보험금을 월급에서 빼갔을 것이다.

보험증서에는 '모집인 불입募集人拂込'이라는 도장이 찍혀있다. 글자 그대로 이해하면 이 보험료는 모집인이 납입한 셈이 된다. 그런데 모집인이 보험료를 납입했다는 것은 무엇을 의미하는가. 김종원의 임금을 모집인이 관리하고 있었다는 의미는 아닐까.

■ 보험료는 회사가 부담한다면서

사도광업소가 작성한 자료「사도광산사 고본」에는 "단체생명 보험료는 모두 회사가 부담"한다는 문장이 있다. 그렇다면 이 보험료는 누가 부담했을까. 보험증서 어디에서도 회사가 냈다는 흔적은 찾을 수 없다.

■ 보험료는 어디로 갔을까

이 보험증서의 계약자는 김종원이다. 그렇다면 보험금을 찾아갈 사람은 김종원이고, 보험증서도 김종원이 가지고 있었다. 김종원은 1943년에 고향으로 돌아올 때 보험료를 찾아 왔을까. 만약 김종원이 보험료를 찾아왔다면, '지급 완료支給濟'라는 도장이 찍혀있어야 한다. 그러나 보험증서에서 그런 도장의 흔적은 찾을 수 없다. 찾아오지 못한 것이다. 이 보험금은 찾을 수 있을까. 어디에서 찾을 수 있을까. 안타깝게도 지금은 어디에서도 찾을 수 없다. 그저 유품일 뿐이다.

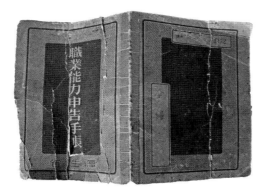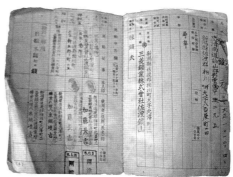

김종원의 직업능력신고수첩 표지와 속지(2019년 6월 26일 촬영)

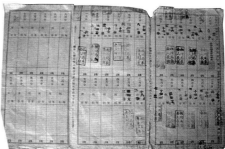

김종원의 보험료영수장 표지와 속지(2019년 6월 26일 촬영)

2) 눈을 잃고 얻은 기록

국립 일제강제동원역사관은 사도광산 강제동원 피해자의 기록물을 소장하고 있다. 위원회에서 피해조사를 할 당시 피해자와 유족들을 찾아다니며 어렵게 기증받은 자료들이다. 이 가운데 이기상의 기록을 찾을 수 있다.

이기상李起相. 당시 일본식 이름은 조본기상朝本起相이었다.

1912년 2월 충남 청양에서 태어난 이기상은 1942년 3월 17일 사도광산에 강제동원되었다. 채굴부로 일하던 그는 1944년 3월 30일 고향으로 돌아왔다. 그가 해방을 맞기 이전에 고향으로 돌아온 이유는 사고로 두 눈을 볼 수 없게 되었기 때문이다. 갱에서 폭파작업을 하던 중 파편가루가 눈에 박히면서 두 눈의 시력을 잃었다. 고향의 동생이 사도섬까지 가서 앞을 볼 수 없는 형을 데리고 고향으로 돌아왔다. '광업소에서 준 일본 돈 200엔'을 가지고 집으로 돌아왔으나 장애자의 삶은 척박했다. 어렵게 생활하다가 1974년 11월에 사망했다.

이기상이 남긴 자료는 후생성의 이름이 선명한 국민노무수첩이다. 많은 메모가 어지러운 가운데, 1942년 4월 8일 료쓰兩津국민직업지도소장이 발급했다는 문구는 선명하다. 료쓰는 사도섬에 있는 지역 이름이다.

이기상의 국민노무수첩에는 처음 사도광산에 동원된 일자와 했던 일, 매일 주도록 한 임금 등을 기재했다. 사용자는 미쓰비시 사도광산이었다. 1942년 3월 17일에 규정된 이기상의 일급은 1엔 90전이었고, 1944년 3월 30일 해용사용에서 풀려남되었을 때에는 3엔 70전이었다. 물론 임금액을 기재했다고 해서 지급했다는 의미는 아니다.

■ 국민노무수첩

국민노무수첩법법률 제48호, 1941.3.7 공포, 7.21 시행에 근거한 제도이다. 국민노무수첩법은 '노무의 적정한 배치를 도모하기 위한 기초를 확립'한다는 목적을 내걸고 제정한 통제법이다. 당국은 군수생산을 확보하고 생산력 확충계획을 수행하기 위해서는 노무의 적정한 배치를 해야 했으므로 노무의 배치상황을 명확히 하고 배치계획의 수립과 계획의 유효한 실시를 확보하는 기초를 확립할 목적으로 제정했다.

당국은 이미 노무자의 이동 방지를 위해 국가총동원법에 근거해 종업자이동방지령1940년 12월 5일 시행을 제정·시행하고 있었지만 당시에는 노무자의 신분 경력을 관리할 수 있는 수첩제도가 없었으므로 노동자 이동 방지에 그다지 효과를 거두지 못하고 있었다. 그러므로 국민노무수첩법을 실시해 노무자를 대상으로 수첩제도를 적용하고 신분경력기능정도 등을 명확히 파악하며 수첩으로 노무자의 취업과 사용을 규제함으로써 이동 방지를 한층 강화하고자 국민노무수첩제도를 마련했다.

국민노무수첩법의 개요를 보면, 공장광산이나 기타 기술자와 노무자들은 신분·경력·기능정도·임금 등을 기재한 국민노무수첩을 소지하도록 하고 국민직업지도소에 등록해서 배치상황을 명시하도록 하며 이에 따라 기술자와 노동자의 사용 및 취업에 필요한 규제를 하는 등을 내용으로 하고 있다.

수첩을 소지해야 하는 대상자는 '14세 이상 60세 미만의 국민노무수첩법 시행규칙에 제시한 기술자나 노무자로 공업, 광업, 토목건축업, 교통운수업, 화물취급업, 통신사업 종사자'이다. 수첩에는 이름, 나이, 본적지, 거주지, 병역 관계, 직업, 학력, 취업 장소, 기능 정도, 임금, 급여 등 인적 사항을 상세히 기재되도록 규정했다.시행규칙 제2조

■ 국민직업지도소

1941년에 설치한 직업소개기관이다. 일본의 직업소개소 제도는 일본인을 상대로 하는 지역 단위의 노무 동원 수행기구였다. 일본의 직업소개소는 1921년법률 제55호에 발족해 총력전 이전 시기에는 시·정·촌이 설립한 실업구제기관의 성격이 강했다. 그러므로 일본 정부는 직업소개소의 국영화를 통해 노무동원과 관련한 각종 업무를 수행하는 기관으로 규정하고 수행기능을 강화해야 할 필요성을 느껴 1938년에 개정하게 되었다. 1938년 기준 일본 본토의 직업소개소는 384곳이고 직원은 3,079명이었다.

일본의 직업소개소는 1941년 국민직업지도소를 거쳐 1944년에는 국민근로동원서가 되었다. 일본은 1938년 6월 29일에 칙령 제452호 「직업지도소 관제」를 통해 국민직업지도소를 설치했는데, 1941년 1월 31일 칙령 제113호 「직업소개소법 개정」을 통해 직업소개소를 대체한 것

이다. 특히 일본의 직업소개소는 1939년에 제정한 「국민직업능력신고령」에 따른 국민등록업무를 전담하는 기관이었다.

직업소개소를 계승한 국민직업지도소1944년 이후 국민근로동원서는 1942년부터 내무성의 위탁을 받아 동원업무를 수행한 전시노무대책의 실시기관이었다. 일본 내에서 일본인을 대상으로 한 업무 범위를 넘어서 조선에서 동원도 관여했다. 일본 각지의 탄광회사는 국민직업지도소국민근로동원서에 필요한 노무자 인원을 요청하고 지시에 따라 조선에서 조선인 노무자를 동원했다.

■ 왜 국민직업지도소장이 국민노무수첩을 발급했을까

1941년 6월 14일에 제정한 「국민노무수첩법 시행규칙」 제1조에 국민직업지도소장이 발급하도록 규정했기 때문이다.

■ 수첩은 누가 보관했을까

수첩은 개인이 소지하는 것이 아니라 사용자가 보관하도록 되어 있었다. 국민노무수첩 제도를 만든 이유가 노무자를 통제하고 이동을 방지할 목적이었으므로 개인이 수첩을 가지고 있다가 작업장을 이탈하는 것을 막기 위해서였다. 수첩의 주인은 '자신의 수첩을 보고 싶을 때에는 사용자에게 보여 달라고청구해서 열람'할 수 있을 뿐이었다. 당국이 노무자에게 얼마나 심한 통제를 했는지 시행규칙의 규정을 통해 알 수 있다.

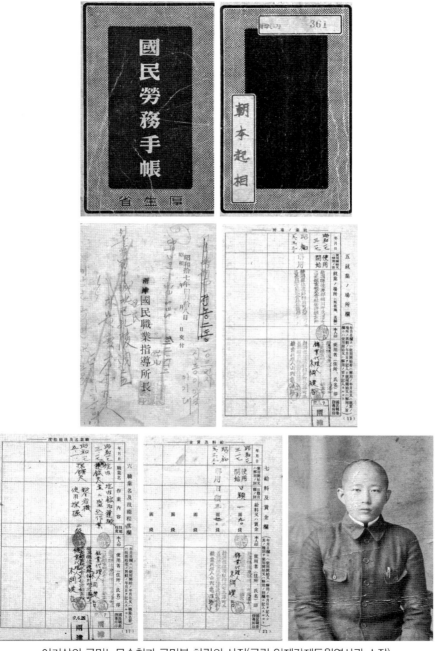

이기상의 국민노무수첩과 국민복 차림의 사진(국립 일제강제동원역사관 소장)

7
_
피해자의 목소리

1) 임태호의 탈출기

2004년부터 위원회가 피해조사를 할 당시 34명의 생존자를 확인할 수 있었다. 그러나 현재 사도광산의 경험을 전해 줄 생존자는 찾을 수 없다. 생존자는 있다. 그러나 사도광산의 경험을 생생히 들려 줄 수 있는 생존자는 아니다.

2023년 현재 위원회 피해조사 당시 생존자 34명은 1명을 제외하고 모두 사망했다. 1명의 생존자는 1929년 10월생전남 진도 출신으로 만 14세에 입산했다. 그러나 1945년 4월 광산 입산 후 2개월 만에 허리부상으로 입갱하지 못하다가 8월에 후쿠시마현으로 전근갔으므로 사도광산의 경험은 매우 짧았다. 더구나 어린 시절의 경험이어서 기억하기도 쉽지 않다.

1992년 6월 4일에 NHK가 방영한 프로그램 영상현재 국립일제강제동원역사관 소장에 당시 생존자였던 노병구의 모습을 볼 수 있다. 국립일제강제동원역사관 주최 전시회 '사라지는 목소리들'에서 김주형전북 익산군 출신이 1991년 11월에 구술한 영상1분 30초을 공개했다. '조선인 강제연행 추적조사 1991년 11월 20일~12월 2일 코리안강제연행니가타현조사회'33분, https://www.youtube.com/watch?v=pnuJzl3He_M에서도 몇몇 당시 생존자의 모습을 볼 수 있다. 그러나 모두 짧은 영상이어서 일부 경험만을 들을 수 있다.

현재까지 사도광산의 경험을 비교적 풍부히 남긴 광부는 임태호林泰鎬이다. 임태호는 1919년

12월 20일 충남 논산군에서 태어나 1940년 11월 사도에 동원되었다. 1997년 9월 사망할 때까지 가나가와神奈川현 가와사키시川崎市에 살았던 임태호는 1997년 5월 사망하기 직전 길지 않은 구술을 남겼다. 그러나 안타깝게도 영상이나 녹음기록은 남아 있지 않다. 일본에서 출간된 책에 구술 요약문이 실려 있을 뿐이다. 그 내용을 따라가 보자.

임태호는 1940년 11월 젊은 동료들과 함께 배를 타고 일본 땅을 밟았다. 스무 살의 청년이었다. 좁은 배는 조선인으로 넘쳐났다. 니가타현 사도섬에 도착하니 산속 오지의 산 정상에 함바飯場. 노무자 숙소가 있었다. 아이카와相川라는 곳이었다. 갈 때는 '모집'이라고 해서· '자유 모집'이라고 생각했는데, 도착해서 '징용'임을 알았다.

곧바로 광부 생활을 시작했다. 함바에서 일하는 곳까지는 걸어서 1시간 반 걸렸는데, 평탄한 길이 아니라 오르내리기 고생스러운 거친 길이었다. 더운 여름날에도 고생스러웠지만 추운 겨울에는 말로 표현하기 어려울 정도였다. 눈이 무릎까지 쌓여 있었으므로 갱구에 도착하면 다시 돌아갈 일이 막막했다. 숙소로 돌아가는 길이 일하는 것 이상으로 힘들었다.

임태호가 하는 일은 갱내 광석 채굴이었다. 갱내 작업은 죽음을 맞닥뜨리는 일이었으므로 하루하루가 공포 그 자체였다. 매일 같이 낙반 사고가 있었으므로 '오늘은 살아서 이 지하를 나갈 수 있을까' 하는 생각에 마음을 졸이고 살았다. 사망자에게 인간 대접이라는 것은 없었고, 아무런 조의弔儀도 없었다.

임태호는 다행히 살아남았다. 그러나 그도 지하에서 작업 중에 발판이 떨어지는 사고로 부상을 입고 구사일생으로 목숨을 건졌다. 의식을 잃고 정신이 든 곳은 병원이 아니라 함바의 이부자리였다. 허리를 강하게 맞아서 일어나지도 못하고 병원에도 가지 못하고 열흘 정도 누운 채 지냈다. 간신히 일어날 수 있게 되자 다시 갱으로 돌아가야 했다. 회사 기준으로 보면, 병에 걸려도 이틀 이상은 쉴 수 없는데, 열흘이나 일하지 않았으므로 더 이상 쉰다는 것은 절대로 용납할 수 없었다. 작업 중에 두 번째 부상을 입어 다시 손을 사용할 수 없게 되자 이대로는 살아서 고향 땅을 밟는 것도, 사랑하는 가족과 같이 지내지도 못할 것 같다는 생각이 들어 탈출하기로 결심했다. 히로시마廣島로 탈출 후 이곳저곳을 다니다가 가와사키에 정착해 조국의 해방 소식을 듣고 너무나 감격해 말보다 눈물이 먼저 나왔다.

임태호에게 조국의 해방은 일본 제국주의로부터 받은 모욕적인 경험으로부터 해방이기도 했다. 그는 "전후 반세기 이상이 지났으나 오늘날에도 여전히 일본 정부로부터 진심 어린 말 한마디를 들은 적이 없다. 죽은 동료들도 지금은 모두 성불成佛하지 않았을까 생각한다. 나와 같은 경우에 있었던 사람들이 한 사람이라도 살아 있는 동안에 성의 있는 진정한 사죄를 받기를 원한다"는 말로 구술을 마쳤다.

사도광산은 직할 병원을 운영하고 있었다. 그러나 임태호는 두 번이나 부상을 입은 와중에도 병원 치료를 받은 적이 없었다. 여러 차례 닥친 부상은 임태호에게 탈출의 계기가 되었다. 임태호가 사도광산을 탈출한 시기나 탈출 방법은 밝히지 않았다. 탈출은 현지 어부나 주민들의 도움 없이는 어려웠으므로 현지민의 도움이 있었을 것이다.

자료 원문 조선인강제연행진상조사단朝鮮人強制連行眞相調査團, 『조선인강제연행의 기록 - 관동편朝鮮人強制連行の記錄 - 關東編』, 柏書房, 2002, 301~302쪽

朝鮮人強制連行
調査の記錄 関東編1
神奈川・千葉・山梨

朝鮮人強制連行真相調査団 編著

柏書房

今から57年前の1940年11月、日本の植民地であったため、自分の国でありながらも働けず、米どころである農地もみんな取り上げられた。しかたなく家族の生活を支えるため日本への「募集」に応じ、若い仲間と船に乗り日本の土を踏むことになった。…

「自由募集」と聞いていたのに、日本に着いたとたん「徴用」であることがわかった。三菱佐渡鉱山で働くことになった。（略）

地下での作業は死と背中合わせで毎日が恐怖であった。毎日のように落盤があるので、今日は生きてこの地下からでられるのかと思うと息が詰まる思いであった。

死んだあとも人間らしくあつかわれるじゃなし、何の弔いもなかった。

私は悪運が強かったのか、おかげさまで今日まで生きのびてこられた。私も地下での作業中にハシゴから落ち、大ケガをしたが九死に一生を得たのである。そのあとはどうなったのか意識を失っていた。気がついた時には飯場の布団の上であった。腰を強く打ったので起きることもできず、病院にも行けず10日ほど寝たままだったように思う。

やっとの思いで起き上がり、また仕事に戻るようになった。

病気になっても2日以上休むことも許されない所に10日も動けず、働いていないことなどとても許されることではなかった。…

戦後半世紀以上もたった今日においても、日本政府から心癒される言葉一つも耳にしたことがない。死んでいった仲間たちもいまだに成仏はできないのではないかと思う。私のような境遇にあった人たちが一人でも生きているうちに、誠意ある真の謝罪をしてくれることを願うものである。

2) 사라지지 않는 목소리들

여기 목소리가 있다. 사도광산에 강제동원된 조선인 광부들의 목소리이다.

1992년 6월 4일에 NHK가 방영한 프로그램 '50년째의 진실, 사도금광', '조선인 강제연행 추적조사 1991년 11월 20일~12월 2일 코리안강제연행니가타현조사회'의 영상물, 그리고 2022년 11월 1일~12월 16일 국립일제강제동원역사관이 주최한 전시회 '사라지는 목소리들'의 영상 전시물이다.

■ '50년째의 진실, 사도금광'

42분짜리 일본어 영상물이다. 1991년에 장명수 등 일본 현지 시민들이 조사단을 구성해 충남지역에서 현지조사를 실시할 때 동행 취재해서 만든 프로그램이다. 조사단이 집집마다 방문해서 생존자와 유족을 조사하는 모습이 생생하게 담겨 있다. 어떤 유족배우자은 집을 찾아온 조사단에게 "남편의 일은 생각하고 싶지도 않다"며 돌아서서 담뱃대에 불을 붙인다. 쓸쓸함이 얼굴에 가득하다. 광산에서 압사당한 부친의 사진을 들고 조사단을 찾아온 딸은 "억울하게 돌아가신 아버님"의 일을 일본의 시민들이 지금이라도 찾아 나선 것은 "당연한 일"이라고 했다.

이 영상물에는 당시 모집책이었던 논산 출신의 스기모토가 A라는 이름으로 나온다. 음성과 얼굴을 변조해 알아볼 수 없다. 도쿄에 살고 있는 그는 광산의 노동실태에 대해 한마디도 하지 않았다. "왜 고향으로 돌아가지 않느냐"는 질문에 못 들은 척했다. 조사단은 고향을 지키고 있는 스기모토의 아내 이씨를 찾아갔다. A는 일본에서 결혼해서 가정을 꾸리고 있지만 이씨는 이혼 같은 것은 한 적도 없고, 생각하지도 않는다고 했다.

이 영상물은 2008년 일본 연구자 요시자와 후미토시吉澤文壽, 니가타정보대학 교수가 위원회를 방문해 기증했다. 2015년 위원회 폐지 후 현재 국립일제강제동원역사관이 소장하고 있다.

■ '조선인 강제연행 추적조사 1991년 11월 20일~12월 2일 코리안강제연행니가타
　현조사회'

상태가 좋지 않지만 우리말 통역이 일부 들어 있다.https://www.youtube.com/watch?v=pnuJzl3He_M

■ '사라지는 목소리들'

위 두 가지 영상물 중 김주형의 영상과 생존자 및 유족의 구술 영상 일부를 편집한 전시물
이다. 5명의 영상으로 구성되어 있는데, 1명당 1분 30초 정도의 짧은 영상 클립이다.

세 가지 동영상은 몇몇 옛 사도광산 조선인 광부들의 모습을 볼 수 있는 소중한 피해자의
목소리이다.

지금 목소리의 주인공들은 찾을 수 없다. 그러나 이들의 목소리는 사라지지 않았다. 영상물
로 남아 있기 때문이다.

영상물을 통해 역사의 기록을 남긴 주인공 가운데 몇몇 사람의 사연을 알 수 있다. 영상 속
에서 이들은 사도광산에서 경험을 이야기하며 환하게 웃기도 했다. 다리에 장해를 입고 배
를 곯았으며, 1991년과 1992년 구술할 당시에도 폐질환을 호소하고 있었으나 멀리 일본에
서 자신들의 이야기를 들으러 온 것만으로도 큰 위로가 된 듯했다. 이들 가운데 정병호와
노병구는 1992년에 자신들의 노역 현장을 방문하고, 삼거리 우동집을 찾기도 했다.

구술, 피해자의 목소리.

단순한 목소리가 아니다. 구술기록이다. 피해자에게는 위로와 치유가 되고, 듣는 이들에게
는 교훈을 주는 귀한 목소리이다.

밝게 웃으며 구술하던 주인공들은 이제 모두 세상을 떠났지만, 목소리를 남겼다. 그리고 이
들의 목소리는 결코 사라지지 않고 남아 있다.

■ 노병구

1923년 3월 충남 청양군에서 태어났다. 1942년 9월 15일 고향을 떠나 광천을 거쳐 천안역
에서 기차를 타고 부산에서 부관연락선을 타고 사도광산으로 갔다. [조선인 연초배급명부]
에서 이름을 찾을 수 있다. 노병구는 2005년에 위원회에 피해신고를 해서 2007년에 피해

자 판정을 받았다.

노병구의 영상은 NHK가 만든 '50년째의 진실, 사도금광'에서 볼 수 있다. 노병구의 생일을 맞아 온 가족이 모여 생일상 준비를 하는 모습이 정겹다. 당시 70세인 노병구는 당시에 찍은 사진을 가지고 있었다. 노병구는 "일본 광산에서 기합은 늘 있는 일"이었다고 회상했다. 발파 사고로 같이 일하던 4명이 눈앞에서 죽어 나갔다. 광산에서 일할 때에도 폐가 약해서 병원에서 약을 타다 먹곤 했는데, 가장 두려운 것은 군대에 끌려가는 일이었다.

■ 김주형

1927년 1월 전북 익산군에서 태어났다. 형님과 함께 농사를 짓고 있다가 1943년에 사도로 '징용'을 가게 되었다. 같은 면에서 세 명이 트럭을 타고 익산 군청에서 노란 옷*국민복을 입고 고향을 떠났다. 임금은 1일 1엔 30전이었으나 식대, 신발값 등을 제하고 나면, '밥 한 그릇도 사 먹기 어려운 무일푼'의 신세였다. 「조선인 연초 배급명부」에서 이름을 찾을 수 있다. 김주형도 2005년에 위원회에 피해신고를 해서 2007년에 피해자 판정을 받았다.

그의 영상은 '조선인 강제연행 추적조사 1991년 11월 20일~12월 2일 코리안강제연행니가타현조사회33분짜리 영상'에서 볼 수 있다. 1991년 11월 28일에 구술한 영상이다. 구술 당시에 65세였다.

면에서 '가가리'와 구장이 찾아와 징용을 통보한 후 면사무소에 모여 트럭과 기차를 타고 익산 군청과 이리, 여수를 거쳐 려관연락선을 타고 사도로 가는 과정이 상세하고도 생생하다.

면에서 온 사람은 "둘 중에 한 명은 징용을 가야 한다"며 데려갔다. 당시는 징용이 일상이었다. "매일 잡아갔으니께" 피한다는 것은 생각할 수도 없었다.

"일본에서 데리러 온 사람*사도광산의 노무계 직원이 60대 노인인데, 머리를 흔들면서" 이리에서 직접 인솔했다. "이리에서 학교 교실에 가둬놓고 모집가가리 3명이 지키는 통"에 꼼짝없이 "다른 사람들을 더 데려오기를 기다렸다"가 여수로 출발했다. 니가타현에 도착해서는 배를 타고 사도섬에 도착해 다시 트럭을 타고 광산에 들어갔다. 광산에 도착하니 먼저 와서 일하던 조선 사람들이 "왜 여기에 왔냐"며 안타까워했다.

이 영상물의 일부는 전시회 '사라지는 목소리들'에서 1분 30초짜리 영상물로 선보이기도 했다.

■ 정병호

1918년에 충남 청양에서 태어나 강경에서 살고 있다가 동원되었다. 결혼해서 가정을 이루고 있었는데, 27세에 징용을 피하지 못했다. 한겨울 추위 속에서 갓 태어난 딸을 두고 떠나야 했다. 공포스러운 분위기에서 징용을 피한다는 것은 상상할 수도 없었다.

1943년 1월 20일에 집을 떠나 논산에서 여수로 가서 하룻밤을 보낸 후 연락선을 타고 일본으로 떠났다. 사도광산에 도착했을 때는 어두운 밤이었다. 캄캄한 밤에 트럭을 타고 광산에 도착해 광부의 삶을 시작했다. 정병호는 갱 안에서 일하다가 1944년에 낙반사고로 다리에 장해를 입었다. 얼마나 큰 사고였는지, 무려 3개월이나 입원할 정도였다. 장해를 입은 대가로 '일본 돈 100엔'을 받았다. 「조선인 연초 배급명부」에서 이름을 찾을 수 있다. 정병호는 위원회에 피해신고를 하지 않았다.

'조선인 강제연행 추적조사 1991년 11월 20일~12월 2일 코리안강제연행니가타현조사회33분짜리 영상'에서 정병호의 모습을 볼 수 있다. 1991년 11월 28일에 구술한 영상이다. 당시 75세였다. 정병호는 김주형과 같이 노동실태에 대해 구술했다.

■ 김주형과 정병호의 노동실태

이들은 3교대로 일했다고 회상했다. 가장 먼저 갱으로 들어가는 1번방1番方은 새벽 5시에 아침을 먹고 광산에 가서 오후 4시까지 갱에서 일했다. 숙소료의 식당에 가서 손바닥만한 나무 이름표식권를 내면, 아침밥과 점심 도시락송진으로 만든 나무 도시락을 받을 수 있었다. 아침밥도 도시락이었다. 일본인 근로보국대가 2개월씩 일하다가 갔는데, 주로 여성들이었다. 이들은 갱 밖에 선광장에서 일했다.

■ 면의 가가리? 모집가가리? 노무가가리?

'가가리'는 '계係'의 일본어 독음이다. 피해자들은 늘 자신을 동원해 간 사람을 면의 가가리나 모집가가리, 노무가가리라고 표현했다. 면의 가가리와 노무가가리는 면사무소의 담당계원인 면서기를 지칭한 표현이다. 모집가가리는 면의 가가리와 노무가가리, 그리고 회사에서 나온 인솔자 모두를 지칭하는 의미로 사용했다.

면사무소의 노무동원징용을 담당한 계는 지역마다 차이가 있었다. 호적계, 노무병사계, 국민총력계, 노무계, 권업계 등 다양했다. 그러나 민중들은 노무계로 불렀다. 이들은 상부인 군청의 지시를 받아 면의 할당량을 채웠다. 이들은 회사에서 나온 인솔자와 경찰, 그리고 마을의 구장과 함께 할당량을 채우고, 탈출자가 발생하지 않도록 엄중히 감시하며 수송했다.

■ 구장

이장의 다른 말이다. 현재 통장이나 이장에 해당한다. 1917년 10월 시행된 면제에 따라 종래의 동장과 이장을 폐하고 구장을 설치했다. 1931년 8월에 읍면제를 실시하면서 안착했다. 구장은 면장의 명을 받아 동과 리의 행정사무를 보조하는 명예직이다. 1952년까지 유지하다가 이장으로 바꾸어 부르고 있다.

■ 려관연락선, 부관연락선

부관釜關연락선은 부산에서 시모노세키를 오가는 여객선이다. 1905년에 취항했다. 부산의 한문 표기인 '부釜'와 시모노세키下關下關의 '관關'를 따서 지은 이름이다. 부관연락선의 개설은 한·일간 인구 이동에서 의미가 컸다. 일본은 1901년 부산~경성~신의주를 잇는 철도를 완성했고, 고베와 시모노세키 간 철도 노선을 완성함으로써, 한·일간 거리를 단축했다. 부관연락선 개설은 신의주~부산 간 한반도 전역과 일본 규슈~간사이關西 간 교통망을 마련했다. 연락선은 대개 길고 넓은 갑판 위로 원통형 기둥이 높이 솟아 검은 석탄 연기를 뿜어내는 증기선이었다. 1930년대에는 쇼케이마루昌慶丸나 곤고마루金剛丸 등 여러 선박이 있었는데, 지상 3층에 지하 2층까지 총 5층짜리 연락선도 있었다.

려관麗關연락선은 여수와 시모노세키를 오가던 여객선이다. 1930년 12월 25일 광주~여수 간 철도인 광주선이 개통되자 여수는 전남 동부 지역의 교통요충지가 되었다. 이로 인해 여수와 일본 시모노세키를 오갈 연락선이 필요해 개통한 연락선이다. 처음 취항할 당시에는 광주선이 개인이 운영하던 사철私鐵이었으므로 연락선도 일본 철도원 직영이 아닌 가와사키川崎 기선에서 운항했다.

영상물 '50년째의 진실, 사도금광' · '조선인 강제연행 추적조사 1991년 11월 20일~12월 2일 코리안강제연행 니가타현조사회' · '사라지는 목소리들'

노병구 · 김주형 · 정병호의 모습

8
공탁금 관련 자료

조선인 공탁금 관련 자료는 일본 패전 후 일본 정부가 일본에 동원했던 조선인 귀국 과정에서 미수금 지급을 통제하는 과정에서 생산한 자료이다. 당시 일본 기업은 귀국하는 조선인들에게 임금, 강제저금, 가족송금, 후생연금, 퇴직수당, 조위금, 각종 보험금 등을 지급하지 않았다. 그리고 일본 정부와 당시 일본을 통치하던 연합군 최고사령관 총사령부약칭 GHQ, General Headquarters of Supreme Commander for the Allied Powers는 1946년 3월 도쿄의 일본은행에 관리계정을 만들고 기업들에게 미수금을 입금하도록 했다. 8월에는 사법성이 「조선인노무자 등에 대한 미불금 등의 공탁에 관한 건」을 제시해 공탁하도록 규정했다. 이 조치에 따라 1946년부터 1994년까지 공탁했다.

일본 국립공문서관 쓰쿠바筑波분관에는 「조선인의 재일자산조사보고철-귀국 조선인에 대한 미불임금채무 등에 관한 조사결과」와 「경제협력 한국.105.조선인에 대한 임금미불채무조」라는 제목의 자료가 있다. 두 자료에 사도광산에 동원된 조선인의 공탁기록이 담겨 있다. 그러나 두 자료 모두 인원수1,140명와 공탁금액231,059.59엔만 있을 뿐, 채권자의 이름이나 주소는 찾을 수 없다.

일본의 시민활동가 고바야시 히사토모小林久公가 2021년 11월에 이 자료를 근거로 니가타지방법무국에 정보공개를 신청했으나 동일한 내용의 자료만 입수했을 뿐이다.

■「조선인의 재일자산조사보고철-귀국 조선인에 대한 미불임금채무 등에 관한 조사 결과」

「조선인의 재일자산조사보고서철」에 편철된 20건의 자료 가운데 하나이다. 자료의 성격을 기준으로 크게 두 종류로 구분할 수 있다. 전반부의 총 405쪽표지 포함 407쪽은 전보안電報案인데, 홋카이도를 비롯한 36개 도도부현별로 조사해 노동성 기준국 급여과장 앞으로 보낸 「귀국 조선인에 대한 미불임금채무 등에 관한 조사 결과」이다. 나머지 279쪽 분량은 공문서이다. 1945년 패전 후 조선인의 미불임금채무 등에 대한 조사와 공탁에 관해 GHQ와 법무성·대장성·노동성·대일본산업보국회大日本産業報國會 및 각 도도부현 간에 주고받은 문서이다.

이 가운데 사도광산의 미불금 기록은 전보안에 수록된 「귀국 조선인에 대한 미불임금채무 등에 관한 조사결과」에서 찾을 수 있다.

〈표 1〉「귀국 조선인에 대한 미불임금채무 등에 관한 조사결과」 수록 내역

문서철	기업명	작업장명	현	군	정·촌	번지	공탁/채권종류	공탁/채무액	공탁/채무자수	공탁/공탁국명	공탁연월일	공탁(계)/금액	공탁(계)/인원
자산철 095	太平鑛業㈜	佐渡鑛業所	新潟縣	佐渡郡	相川町	大字北澤町2번지	미불임금	231,059.59	1,140	新潟사법사무국 相川 출장소	1949.2.25	231,059.59	1,140

■「경제협력 한국.105.조선인에 대한 임금미불채무조」

대장성 국제금융국이 작성한 문서철이다. 사도광산과 관련한 공탁기록을 찾을 수 있으나 한 줄에 불과하다. 1,140명의 미불임금을 공탁했다는 내용이다.

〈표 2〉「경제협력 한국.105.조선인에 대한 임금미불채무조」 수록 내역

기업명	채권자수	사업장	도부현	공탁처	채권자수	채무종류	수록면
大平鑛業	1522		岩手	盛岡供託局花巻出張所	212	保管中の有価証券/賃金他未払金	79
		尾去沢	秋田	秋田司法事務局大館出張所	170	公傷死亡者弔慰金/公傷死亡者香典/退職慰労金/賃金補給金/厚生年金脱退手当金/貯金	85
		佐渡鑛業所	新潟	新潟司法事務局相川出張所	1140	未払賃金	131

■ 두 건의 공탁기록이 의미하는 두 가지

하나는 최소 1,140명의 조선인을 동원했다는 점이다. 또 다른 하나는 이들의 급여와 저축, 각종 보험금을 본인에게 지불하지 않고 공탁했다는 점이다.

■ 미불금을 공탁해두었다는데

이 공탁기록은 채권자의 이름이나 주소, 미불금액 등이 없는 통계표이다. 그러므로 이 자료만으로는 1,140명의 조선인들을 확인할 수 없고, 미불임금을 요구할 수도 없다. 공탁금 자료는 있으나 채권자를 알 수 없으니 그저 자료가 있다는 것만으로 만족해야 하는가.

자료 원문 「조선인의 재일자산조사보고철」표지 및 사도광업소 해당 부분

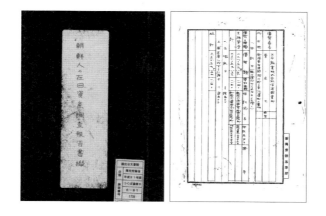

자료 원문 「경제협력 한국.105.조선인에 대한 임금미불채무조」표지 및 사도광업소 해당 부분

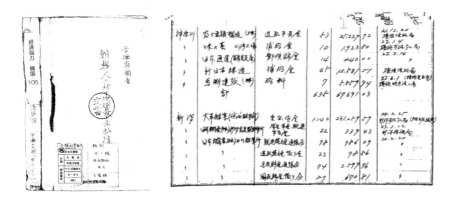

9

사도광산 조선인 강제동원 관련 명부

1) 이름을 기억하라! – 한국 사회가 기억해야 할 강제동원 피해자의 이름

전쟁으로 인한 각종 피해자의 권리 회복은 인간의 기본적 권리다. 제2차 대전 후 탄생한 국제인권법international law of human rights에서는 인간의 기본적 권리를 '전시·평시·식민지 지배를 막론하고 문명인들 사이에 확립된 관례, 인도주의의 법칙, 공공의 양심, 국제법 등에 따라 전시 중 상병자·포로·민간인뿐만 아니라 억류자의 조속한 본국 귀환·송환, 사자死者의 유해와 묘지의 존중 및 일상생활의 회복'으로 규정했다.

나라를 잃어 일본 침략전쟁에 동원되었던 강제동원 피해자의 기본적 권리를 찾는 방법은 무엇일까. 기억하는 일이다. 이름을, 그리고 그들이 겪은 강제동원 피해의 역사를.

강제동원 피해자의 이름을 기억하려면 어떻게 해야 할까. 이름을 기록하는 일, 명부 작성에서 출발한다. 강제동원 피해자의 이름을 모으는 작업은 제1공화국 시절부터 정부의 몫이었다. 정부 수립 후 과제가 산적한 가운데, 정부가 강제동원 피해자들의 명부를 작성한 이유는 새 국가 건설에서 대일배상이 중요했기 때문이다. 그러나 한국 정부의 대응은 미국의 대일정책 변화라는 벽 앞에서 초라했고, 대일배상의 길은 험난했다. 1949년부터 미국의 정책이 일본과 조기 강화로 바뀌면서 한국의 의견을 전혀 반영하지 못한 채 샌프란시스코 대일강화조약이 체결되었다. 배상을 받으려면 일본을 대상으로 직접 협상해야 했다. 대한민국의 명운을 걸고 일본과 본격적으로 맞붙으려면 무기가 필요했다. 그래서 명부를 만들었다.

현재 한국 정부가 소장한 '강제동원 피해자 명부'는 2015년 말 기준 260종, 1,772,728건중복인원 포함이다. 177만 건 가운데 일본 정부로부터 확보한 명부가 737,819건이고, 한국 정부가 자체적으로 생산한 명부가 총 6종 981,705건이다. 그 외 위원회 자체수집 명부·국가기록원과 국사편찬위원회 수집 명부는 53,204건이다. 177만 건은 모든 강제동원 피해자의 명부가 아니다. 같은 이름이 여러 번 수록되어 있으므로 실제 숫자는 강제동원 피해 규모 780만 건의 10% 정도일 것이다.

한국 정부가 소장한 177만 건의 명부에는 177만 명의 이름이 있다. 중복자를 제외하면, 50만 명 정도다. 피해자 780만 명 중 실제 동원 규모를 200만 명으로 추산한다 해도 기록되지 않은 이름의 주인공은 훨씬 많다. 아시아태평양전쟁은 '명부 없는 노무자'와 마찬가지로 '군적軍籍 없는 군인'도 양산했다. 군대에 갔으나 군적에서 찾을 수 없는 조선인들이 적지 않다. 그렇다면 이들은 피해자가 아닌가.

기록되지 않은 이름은 무명씨라 한다. 이름 없는 이라는 뜻이다. 그러나 원래부터 이름이 없었던 사람은 없으니, 정확히 표현하면 이름을 찾지 못한 사람들이다. 위원회가 만든 명부 가운데에는 가해자의 기록에서 찾지 못한 이름이 많다. 위원회는 조사과정을 통해 가해자 기록에 없는 '무명씨'의 이름을 찾아냈고, 기록되지 않은 이름을 살려냈다. 2015년 12월 31일 위원회 폐지와 함께 한국의 진상규명 작업은 중단되었다. 이스라엘과 중국 등 제2차 세계대전의 피해국에서는 계속하고 있다. 피해자 인권 회복의 길이 피해국인 한국 정부의 책무이자 몫이라는 점을 인식한다면 다시 가야 하는 길이다.

지역별로 수합한 목록

표지(충남)

개인별 조사표

종이 부족으로 일제강점기 공문서를
이면지로 사용한 사례

제1공화국 시기에 생산한 「일정시피징용징병자명부」(국가기록원 소장)

2) 국가기록원 소장 강제동원 관련 명부철

일본이 아시아태평양전쟁에서 패한 후 얼마 지나지 않은 1946년 6월 17일, 일본 후생성 근로국은 「조선인 노무자에 관한 조사의 건」이라는 통첩근발 제337호을 전국 도도부현 지사 앞으로 하달해 전시 중 조선인을 동원했던 사업장에 대해 조선인 노무자의 신원과 직업, 근무기간, 미불금 등을 적어서 제출하도록 했다. 이 조사를 통해 68,042명의 조선인 노무자를 확인할 수 있다. 이 자료가 바로 『조선인 노동자에 관한 조사결과』이다.

그런데 미쓰비시는 이 때 사도광산 조선인 명부를 후생성에 제출하지 않았다. 그렇다면 일본 정부 명부 가운데 사도광산의 조선인은 전혀 찾을 수 없는가. 그렇지 않다.

일부 사도광산 피해자 명부를 국가기록원 소장 강제동원 명부에서 찾을 수 있다. 1990년 5월 노태우 전 대통령이 일본을 국빈방문했을 때 한국 정부가 일본 측에 요청해 1992년에 인수한 명부 가운데에 있다.

1990년 최호중 외무장관은 일본 외무성 장관에게 "전전·전시 중 조선인 연행자에 대한 명부 작성에 협력"을 요청했다. 이와 같은 사실은 같은 해 8월 7일 일본 노동성이 발표한 「이른바 조선인 징용자 등에 관한 명부いわゆる朝鮮人徴用者等に関する名簿の調査について」에서도 알 수 있다. 이 발표는 "이 조사는 5월 25일 한일 외무회담 당시 최호중 한국 외무부 장관으로부터 징용된 사람에 대한 명부 입수에 협력해 달라는 요청을 받아" "징용자를 중심으로 관알선 등으로 우리나라*일본 사업소에서 노동에 종사한 이른바 조선인 징용자 등"이라는 내용을 담고 있다.

1990년에 요청한 명부는 1992년 한국 정부가 인수했다. 이 명부 중에서 사도광산 조선인의 이름을 찾을 수 있다.

3) 「순직산업인명부」에서 찾은 사도광산 사망자 9명

1992년에 한국 정부가 인수해 현재 국가기록원이 소장하고 있는 강제동원 명부 가운데 『소위 조선인징용자에 관한 명부』라는 문서철이 있다. 이 문서철에 「순직산업인명부」가 있다. 이 자료는 '미쓰비시 사도광산'이라는 작업장 이름을 명시한 현재 유일한 일본 정부 소장 명부이다.

『소위 조선인 징용자 등에 관한 명부』는 1990년 5월 노태우 전 대통령이 일본을 국빈방문했을 때 한국 정부가 일본 측에 요청해 1992년에 인수한 명부 중 하나이다.

『소위 조선인징용자등에 관한 명부』는 6개의 문서철에 총 3,736매 문서가 편철되어 있으며 문서 건은 270건이다. 수록 인원은 총 27,814명인데, 중복자가 있으므로 중복자를 제외한 실제 수록 인원은 26,044명이다.

「순직산업인명부」는 표지에 '산문불출금지 경상원'이라는 메모를 적은 견출지를 볼 수 있다. 경상원은 일본 규슈九州 후쿠오카福岡현에 위치한 사찰이다. 주지가 한국인이다. 그러므로 경상원이 소장한 자료를 일본 정부가 한국 정부에 이관한 것으로 보인다.

「순직산업인명부」의 자료생산자는 대일본산업보국회이다. 표지에 '1940.11.23.~1942.11.22.' 명부임을 기재한 점으로 볼 때 1942년 말 또는 1943년 초에 생산한 것으로 보인다.

이 명부는 1940.11.23.~1942.11.22.간 사망자를 수록하고 있는데, 총 153매이고, 1,195명의 인명을 수록하고 있다. 이 자료에서 사도광산 조선인 사망자 이름을 찾을 수 있다. 자료 오른쪽 상단에 '三菱佐渡*미쓰비시 사도'라고 기재했다.

「순직산업인명부」 중 사도광산 사망자 명부는 총 9명의 사망자를 수록했는데, 이 가운데 2명은 자료가 접힌 상태로 마이크로 필름을 촬영한 탓에 식별할 수 없다.

이 명부는 일본 정부가 생산한 명부는 아니지만 당시 일본 정부가 설립한 관변단체가 작성한 명부라는 점에서 정부가 생산한 명부와 동일한 의미를 찾을 수 있다. 또한 명부를 편철한 『소위 조선인 징용자등에 관한 명부』는 1992년 일본 정부가 한국 정부에 '한국인 강제동원 명부'로 이관한 명부 중 하나이다. 그러므로, 「순직산업인명부」는 일본 정부가 인정한 조선인 강제동원 명부가 된다.

이 자료는 조선인만을 수록한 자료는 아니다. 원본은 조선인만을 수록한 사망자 명부가 아니었으나 한국 정부에 이관하는 과정에서 일본인과 혼재된 명부에서 조선인만을 남기고 재편집한 자료이다.

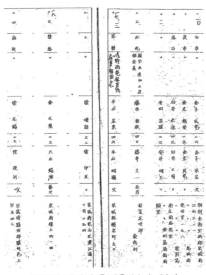

중간에 잘라낸 흔적을 볼 수 있다.

■ 순직?

이 자료의 제목은 「순직산업인명부」이다. 순직자의 이름을 모은 자료라는 의미이다. '순직'은 공상, 즉 업무 도중에 사망한 경우를 지칭한다. 그러므로 명부의 주인공은 모두 강제노역 중 사망했음을 알 수 있다.

■ 대일본산업보국회는 왜 이러한 사망자 명부를 작성했을까

1944년 「산업순직자명부」 표지에 따르면, 위령제를 통해 대중선전에 활용하기 위해서였다. 국민의 동원을 촉구하기 위해서는 순직자를 극진히 대우하는 모습을 보여줄 필요가 있었기 때문이다.

■ 대일본산업보국회

일본 국가총동원체제하 결성된 관민공동의 노무자 통제조직이다. 1938년 일본이 국가총동원법을 제정 공포해 전시체제기에 돌입한 후 당국은 일본 전국의 주요 공장과 탄광산 등 사업장에서 노동력 통제기구의 필요성을 제기했다. 이러한 일본 정부의 적극적인 정책에 따라 1938년에 관민 공동의 노동자 통제조직인 산업보국연맹을 결성하고, 자주적 운동을 내세운 산업보국운동을 실시했다.

그 후 1940년 명목상에 불과했던 일본노동총동맹 해산 후 단일한 통제기구가 필요하게 되었다. 이러한 분위기 속에서 1940년 11월 4일 일본 각의는 근로신체제확립요강을 결정하고 이에 따라 산업보국연맹을 해산하고 11월 23일 대일본산업보국회를 설립했다. 대일본산업보국회는 산업보국정신의 고양, 직장 규율의 확립, 생산력증강달성 등을 내걸고, 노무관리와 물자배급기관으로서 노동자 통제의 핵심 기관으로 자리잡았다. 1945년 8월 일본의 패전 후 9월 30일 연합군 최고사령관 GHQ 지령으로 해산했다.

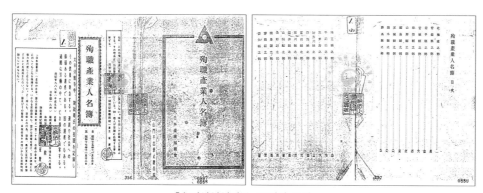

「순직산업인명부」 표지와 목차

사망일	성명	나이	가족 이름	관계	본적지
1941.3	남원원동	25	남원양구	부	충남 논산군
1941.7	식별 불가				충남
	식별 불가	26			
1941.7	박길동	37	박옥성	처	충남 부여군
1941.3	금성주환	25	이씨	처	충남 청양군
1941.3	관원계부	26	관원금순	처	충남 부여군
1942.1	부산종의	24	이씨	처	충남 청양군
1942.4	연이병기	19	연이양희	처	충남 부여군
1942.10	수원정호	26	수원제득	처	충남 청양군

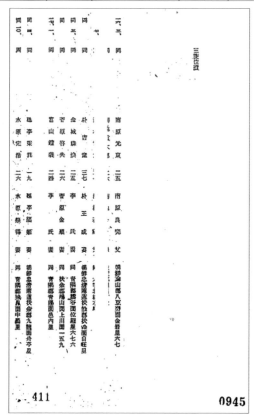

411

0945

4) 전근자 관련 명부

사도광산 광부들은 당국의 조치에 따라 미쓰비시 소속 광산이나 기타 군 시설공사장 등 다양한 작업장으로 전근된 사례가 있다. 많은 사례 가운데 국가기록원 소장 명부에서 확인한 사례는 두 건이고, 인원은 3명이다.

■ 미쓰비시 호소쿠라細倉 광산 전근자

전근 지역 가운데에서 명부를 통해 알 수 있는 작업장은 미야기宮城현에 있는 미쓰비시 호소쿠라細倉 광산이다. 한국 정부가 1992년에 일본 정부로부터 이관받은 『조선인 노동자에 관한 조사결과』에서 호소쿠라 광산 소속 963명의 명부를 확인할 수 있다. 963명 가운데에는 사도광산에서 전출한 광부가 포함되어 있다. 현재 확인한 광부는 라용기松林龍崎와 조한구豊趙漢九이다.

『조선인 노동자에 관한 조사결과』호소쿠라 광산 소속 조선인 광부 932명 가운데 593명이 탈출했다고 기재했다. 라용기와 조한구도 '도주' 기록에 포함된 주인공이었다.

■ 미쓰비시화성공업(주) 소속 마키야마牧山 공장 전근자

『조선인 노동자에 관한 조사결과』에서 찾을 수 있는 또 한 명의 전근자는 여운형宮本運亨, 1915년생이다. 충남 논산 출신인 여운형은 1945년 3월 13일, 후쿠오카현 기타큐슈北九州시 소재 미쓰비시화성공업㈜ 소속 마키야마牧山공장으로 전근을 갔다. 명부에 '징용'이라 기재되어 있다. 마키야마 공장에서는 목공으로 노역했다. 해방을 맞아 귀국했으나 1950년 7월 18일에 사망했다.

1934년 미쓰비시광업㈜와 아사히旭유리硝子㈜가 일본타르공업㈜를 설립했는데, 1936년에 일본화성공업㈜로 상호를 변경했다. 1944년에 아사히유리㈜를 합병해 미쓰비시화성공업㈜가 되었다. 현재 미쓰비시화학㈜이다. 그러므로 여운형은 동일한 미쓰비시 계열의 작업장으로 전근간 것이다.

■『조선인 노동자에 관한 조사결과』

1946년 6월 17일, 일본 후생성 근로국은 「조선인 노무자에 관한 조사의 건」이라는 통첩근발 제337호을 전국 도도부현 지사 앞으로 하달해 전시 중 조선인을 동원했던 사업장에 대해 조선인 노무자의 신원과 직업, 근무기간, 미불금 등을 적어서 제출하도록 했다.

조선인 노무자에 관한 내용은 제1호~제3호의 양식을 배포해 통일된 정보를 제공하도록 했으며, 작업장에 대해서도 소관 부처, 작업장 이름, 소재지 등을 명시하도록 하고 있어 동원 기업의 정보도 파악할 수 있다. 이 조사를 통해 수합한 자료가 『조선인 노동자에 관한 조사결과』이다. 68,042명의 조선인 노무자를 확인할 수 있다. 일부이기는 하지만 미쓰비시는 물론, 미쓰이, 스미토모 등 일본 대기업의 동원 현황도 알 수 있다.

자료 원문 호소쿠라 광산 전근자 : 라용기(송림용기)와 조한구(풍전한구)

라용기: 충남 부여 출신. 36세. 1940.5.7. 관알선으로 입산. 직종 – 착암. 1942.1.31. '도주'

조한구: 충남 부여 출신. 28세. 1943.5.22. 관알선으로 입산. 직종 – 아연제련잡부(亞鉛雜). 1944.1.30. '도주'

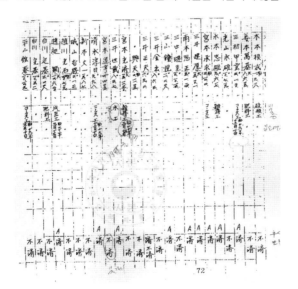

자료 원문 미쓰비시화성공업(주) 소속 마키야마牧山 공장 전근자: 여운형(궁본운형)

궁본운형, 1915년 4월 25일생, 목공, 1945년 3월 13일 입소, 미불급 지급하지 않음

人別	氏名	生年月日	本籍	入所価値	入所年月日	退所年月日	退所事由	未払金	送所与ノ代理	厚生年金
官	重光宣相	28	全南 咸平郡 月也面校村里526	亞雄	18.5.22	19.1.30	逃走	57	63	
〃	柏谷大愛	29	月也面 月也里628	〃	18.8.11	20.8.13	級鮮		400 188 20	
〃	豊山壹基	27	海保面 海保里796	〃	18.5.22		級鮮		390	
〃	新井長洙	26	大場里733	〃	18.5.22	20.6.15	級鮮	11 52	500 57 28 27 00	
〃	南原三峰	30	豊山面速陽洞291	〃	18.1.29	20.8.31			15 04 89 06 45 20 113 00	49 99
〃	清原碩潤	27	渚陽洞848	〃	18.1.29				15 76 184 99 61 17 127 00	84 99
〃	玉岡漢速	25	北樹面馬銀洞942	〃	18.1.29	19.10.20			14 60 33 40	
〃	永川甲龍	23	金城面山憲洞247	〃	17.1.29	18.9.20	逃走	6 01	18 95	
〃	新井晋權	25	里夏面松陽洞407	〃	17.1.29	20.3.9			17 70 170 00	
〃	宮村聲鐘	27	咸北面 新里306	〃	18.4.27	18.6.23	級鮮			
〃	金城元雄	37	良北面草旺296	〃	18.4.27	18.8.7			2 70	
〃	豊趙漢九	28	韓村面山還里236	〃	18.5.22	19.1.30	逃走		72 71	

5) 사도시사도박물관이 소장한 조선인 강제동원 관련 명부

사도시 아이카와마치에 있는 사도시사도박물관은 두 종류의 사도광산 강제동원 조선인 명부를 보관하고 있다. 그러나 이 명부를 열람하는 것은 쉬운 일이 아니다. 1개월 전에 열람신청을 한 후 열람 허가를 기다려야 하는데, 웬만해서는 허가를 내주지 않기 때문이다.

두 종류의 명부는 오래 전부터 박물관이 보관하고 있었다. 그러나 박물관이 이들 명부를 보관하고 있다는 것은 2019년에 알려졌다. 2019년에 일제피해자지원재단 학술연구용역일본 지역 탄광·광산 조선인 강제동원 실태 - 미쓰비시三菱광업㈜ 사도佐渡광산을 중심으로 - 보고서에 연구자정혜경가 명부 분석을 실었기 때문이다. 연구자정혜경는 니가타현의 향토사학자인 사토 타이지佐藤泰治를 통해 일부 자료를 제공받았다. 그러나 자료의 일부였으므로 지속적으로 추가 자료 입수에 노력한 결과, 2022년에 박물관이 소장한 모든 자료를 확보할 수 있었다.

사토 타이지는 니가타현 고이테小出고등학교 교사로서 1991년에 코리안문제등연구회에 참가하고 있었다. 장명수 등 코리안문제등연구회가 혼마관장으로부터 명부의 일부『아사히신문』1991년 11월 14일 기사에서는 240명인데, 중복자를 제외하면 120명이라고 보도를 확보하고 한국으로 조사를 위해 준비할 때, 명부 정리작업에 참여했다. 그런 인연으로 자료를 소장하고 있었다.

두 종류의 자료는 모두 표지가 없어서 제목을 알 수 없다. 그러므로 정혜경이 내용을 분석한 후 임의로 이름을 붙였다. 임의로 붙인 자료의 이름은 '조선인 연초 배급명부'와 '조선총독부 작성 지정연령자 연명부'이다.

■ 두 종류의 자료가 원래 있었던 곳은 어디인가

사도시사도박물관이 두 종류의 자료를 입수한 곳은 일제강점기에 아이카와마치에서 전당포와 담배가게, 우편국을 겸하고 있던 도미타 다케시富田毅의 옛집이었다. 지금도 가게 일부와 큰 창고가 남아 있다. 가게 규모로 볼 때, 이 가게를 운영한 도미타富田는 담배 외 여러 물품을 광산에 납품한 것으로 보인다. 그는 우편 관계의 기록은 패전 직후 중앙 정부의 지시에 따라 모두 소각했으나 이 대장은 지시가 없었으므로 그대로 가지고 있었다.

■ 언제 사도시사도박물관이 입수하였는가

사도시 현지 활동가인 고스기 쿠니오小杉邦男는 발굴 시기를 1955년이라 구술했다.2022년 10월 24일 그는 1955년에 자료는 발굴했으나 창씨명으로는 한국인을 찾는 것이 엄두가 나지 않다가 1991년에 한국 현지조사를 가는 근거가 되었다고 했다.

『아사히朝日신문』1991년 11월 14일은 1980년으로 추정했다. 1991년 11월 14일자 기사에 '10년전쯤' 발견했다고 언급했기 때문이다. 『조선신보』2022년 3월 7일자 기사에서는 '1991년에 230명분의 연초배급명부'를 발견했다고 했다. 장명수張明秀도 『월간 Asahi』1992년 9월호의 「현대사비화 - 전쟁과 인간」에서 1991년에 발견했다고 했다.

장명수 등이 명부를 입수하게 된 과정에 대해서는 「사도 아이카와 미쓰비시광산에 강제연행된 조선인의 조사에 대한 보고佐渡相川三菱鑛山に强制連行された朝鮮人の調査についての報告」미공개에서 알 수 있다. 보고서 내용은 『아사히신문』 1991년 11월 14일 기사에도 반영되어 있다.

이 보고서에 따르면, 1991년 8월 하야시 주지의 초청으로 김태진金泰振과 장명수연구회 사무국가 하야시 주지와 함께 아이카와마치사편찬실을 방문해 편찬위원인 혼마本間寅雄, 다른 이름은 이소베磯部欣三에게 명부 복사본을 제공받았다. 당시 혼마가 제공한 명부는 390명의 이름과 생년월일이 기재되어 있었다고 한다. 이들은 나중에 명부를 작성한 도미타富田와 만나서 명부 작성과 보존 경위에 대해서 이야기를 들었다. 이 내용을 보면, 1991년에 이미 혼마가 명부를 소장하고 있었으므로 1991년 이전에 발굴했을 것이다. 그러므로 1991년은 자료를 처음 발굴한 시기가 아니라 장명수가 혼마에게 확보한 시기이다. 390명이라는 점을 볼 때 일부 자료로 보인다. 장명수는 이 자료를 발굴한 후 한국에서 가서 2회에 걸쳐 현지조사를 실시했다.

이같이 발굴 시기에 관해서는 1955년, 1980년, 1991년 등 여러 주장이 있다.

■ 왜 담배를 배급했을까

담배는 강제동원 현장에서 당국이 노무자들에게 지급한 필수 품목이었다. 노동의 고통을 잊게 하기 위해 지급했다고 한다. 사도 광산 외에 다른 작업장에서도 담배를 받았다는 구술은 흔히 들을 수 있다. 여성이나 어린아이들도 담배를 받아서 마을에 나가 다른 먹을거리와 바꾸어 먹었다고 회상했다.

사도시사도박물관의 모습(2022년 10월 24일 촬영)

명부를 보관했던 담배가게와 창고의 모습(2022년 10월 24일 촬영)

6) 「조선인 연초 배급명부」

사도광산에 동원된 조선인들 가운데 가족동반자들은 야마노가미山之神사택에서, 단신자들은 '료寮'라고 불렀던 합숙소에서 지냈다. 제1상애료相愛寮, 신고로마치新五郎町, 제2상애료시모야마노가미마치下山之神町, 제3상애료지스케마치次助町, 제4상애료스와마치諏訪町 등 총 4개소의 합숙소寮에서 생활했다.

「조선인 연초 배급명부」는 총 3개소의 합숙소에 거주한 조선인 명단조선인 연초 배급명부이다. 제1상애료, 제3상애료, 제4상애료이다. 제2상애료는 1943년 이후에는 조선인이 사용하지 않고 주로 일본인 근로보국대원의 숙소로 사용했다.

「조선인 연초 배급명부」는 회사 측에서 광부들에게 담배를 지급하는 과정에서 생산한 명부이다. 조선인 숙소와 가까운 곳에 있던 전당포 겸 담배가게의 구가舊家가 소각하기 직전의 자료 가운데에서 조선인 노동자의 명부를 발견했다. 이 명부를 통해 1944~1945년에 기숙사에 있었던 466명의 조선인 이름과 생년월일을 알 수 있게 되었다.

이 명부는 표지에 소속 합숙소만을 기재하고 있다. 그러므로 자료의 제목을 알 수 없다. 그러나 본문에 '연초'라는 용어가 있고, 발견장소가 전당포 및 담배가게라는 점을 감안해 '조선인 연초 배급명부'라고 이름을 붙였다.

「조선인 연초배급명부」는 2022년 10월 말 현재 3개 버전을 찾을 수 있다. 하나는 '코리안강제연행등니가타현연구회'가 입수해 정리한 버전이하 연구회 소장본이고, 두 번째는 사토 타이지佐藤泰治 소장본이며, 세 번째는 사도시사도박물관 소장본이다.

■ 연구회 소장본

「사도 아이카와 미쓰비시광산에 강제연행된 조선인의 조사에 대한 보고」미공개에 수록한 명부이다. 한국 현지조사를 위해 장명수가 입력했다. 당시 같은 회원으로 활동하던 사토 타이지도 정리 작업에 참여한 것으로 보인다.

총 399명을 수록했는데, '일본인 3명·국적 불명 11명·국적? 3명' 등으로 국적을 표시하기도 했다. 3명의 일본인은 다른 버전사토 타이지 소장본에서도 볼 수 있는 동일인이다. 399명 가운데 10명20건이 중복이므로, 실제 수록 인원은 389명이고, 일본인이 3명이므로 조선인은 386명이 된다.

'국적 불명'이나 '?'로 표시한 이름의 주인공은 모두 조선인이 아닌가.

그렇지 않다.

'국적 불명'이나 '?'로 표시한 이름 가운데 대부분은 다른 버전(사토 타이지 소장본)에서는 모두 조선인으로 파악했다.

이강하, 목병준 등 조선인임이 명확한 이름이 있다.

'강전희태(岡田喜泰)'와 '아부죽길(阿部竹吉)'은 일시귀선자 명단과 광복 후 '귀선(歸鮮)'명단에 포함되어 있으므로 조선인이다.

그러므로 연구회의 국적 표시는 정확하다고 보기 어렵다.

■ 사토 타이지佐藤泰治 제공본

사본과 엑셀 파일 두 종류이다.

이 가운데 사본은 두 종류제1상애료A, 제1상애료B이다. 표지는 사도시사도박물관 소장 자료와 동일하다. 모두 466명을 수록하고 있는데, 중복 인원과 일본인 3명을 제외하면 조선인은 416명이다.

제1상애료 A 형식은 이름과 생년월일서력, 연호, 이동 관련 정보, 작성 일자를 기재한 명부117명이다. 제1상애료 B형식107명은 이름만 기재한 명부이다. 엑셀 파일은 제3상애료와 제4상애료 명부총 244명이다.

■ 사도시사도박물관 소장본

총 407명의 인명을 수록하고 있다. 명부와 부속문서 수록자를 포함한 수치이다. 부속문서는 많은 인명 정보를 수록하고 있는데, 배급대장에 없는 인명도 있다.

사도시사도박물관 소장본은 연구회 소장본에 비해서는 많지만, 사토 타이지 소장본보다는 적은 인명 정보를 수록하고 있다.

■ 세 가지 버전의 수록 인원이 차이가 나는 이유는

첫째, 부속문서의 정보를 포함하는가 여부이다. 부속문서는 상애료 료장이 작성한 문서가 대부분이다. 수신처를 알 수 없는 문서와 당시 배급을 담당했던 도미타연초배급소에 보내는 문서이다. 그런데 연구회 소장본은 사도시사도박물관 소장본 가운데 부속문서가 담고 있는 인명 정보를 포함하지 않았다.

둘째, 사토 타이지가 작성한 엑셀파일의 정보 때문이다. 현재 이 파일의 전거를 파악할 수 없다. 자료소장자인 사토 타이지도 어느 자료를 보고 입력했는지 기억하지 못하고 있다. 그렇다고 창작물로 보이지는 않는다. 다른 버전과 동일인이 대부분이기 때문이다. 이를 통해 명부 발굴 당시 더 많은 부속문서가 있었으며, 이 가운데 일부가 현재 사도시사도박물관 소장본일 것으로 추정할 수 있다.

셋째, '연초를 배급하고 보고한 보고일'의 차이 때문이다. 사토 타이지 제공본의 보고일은 1944년 10월 31일, 1945년 6월 20일, 불명확한 일자194410XX, 194411XX, 연도미상 3월 31일와 공란이다. 연구회 소장본의 보고일은 1944년 10월 22일, 10월 25일, 10월 26일, 10월 31일, 11월 6일, 11월 10일, 12월 20일, 1945년 1월 8일, 5월 17일, 7월 11일, 10월 10일, 기타1944년 19월 19일 등이다.

동일인에 대해 보고일이 다른 경우가 있는데, 연초배급일이 여러 차례 있었기 때문이다.

■ 세 가지 버전의 명부가 담은 정보

세 가지 버전의 총 수록 인원은 556명일본인 3명 포함이며, 일본인과 중복자47명를 제외하면 494명이다.

현재 발굴한 사도광산 관련 자료에서 1945년 광복 이전의 조선인 광부는 1,168명이다. 그러므로 「조선인 연초 배급명부」 수록자 494명은 당시 노역 중인 조선인 광부의 절반 이하 규모가 된다.

〈표 1〉「조선인 연초배급명부」수록 현황(2022.10. 수집분)

구분		수록 인원	보고 회수 및 보고일	형태 및 규모	중복
연구회 소장본		총 399명	1944년 10월 22일, 10월 25일, 10월 26일, 10월 31일, 11월 6일, 11월 10일, 12월 20일, 1945년 1월 8일, 1월 20일, 5월 17일, 7월 11일, 10월 10일, 기타(1944년 19월 19일) 등 총 13회 및 불명	- 입력본, 총 399명: 중복 20명(실 10명), 일본인 3명 - 조선인 추정 실수록 인원 386명	- 359명: 사토 타이지 제공본 중복, 30명 신규 - 2명: 조선총독부 연령자명부 중복 - 24명: 위원회 조사 결과 확인 - 9명: 일정시피징용징병자명부, 왜정시피징용자 명부 수록 - 11명: 후생연금자료 등재
사토 타이지 제공본 (사본)	상애료 1-A	총 117명 (표지 포함 총 8매)	1944년 10월 25일, 10월 31일, 11월 6일, 1945년 6월 20일, 불명확한 일자(3월 31일)와 공란	총 466명(일본인 3명 포함): 사본(224명), 엑셀 파일(242명) - 94명 중복 수록(실수록 인원 47명) - 조선인 추정 실수록 인원 416명	- 52명(총 54명, 중복 2명): 조선총독부 연령자명부 중복 - 16명: 위원회 조사 결과 확인 - 6명: 일정시피징용징병자명부, 왜정시피징용자 명부 수록
	상애료 1-B	총 107명 (총 1매)	알 수 없음		
사토 타이지 제공본 (엑셀 파일)	상애료 3~4	총 244명	1944년 10월 22일, 10월 25일, 10월 26일, 11월 6일, 11월 10일, 12월 20일, 1945년 5월 17일, 7월 11일, 10월 10일, 기타(1944년 19월 19일) 등 총 10회		-12명: 위원회 조사 결과 확인 - 5명: 일정시피징용징병자명부, 왜정시피징용자 명부 수록 - 7명: 후생연금자료 등재
사도시사 도박물관 소장본	상애료 1, 3, 4료	총 408명 (표지 포함 총 143매)	-	- 사본: 일본인 1명, 국적 불명 14명 - 조선인 추정 실수록 인원 407명	- 40명: 조선총독부 연령자명부 중복 - 22명: 위원회 조사 결과 확인 - 38명: 기타 자료
합계		494명 : 416명(사토 타이지 제공본 실수록 인원)+30명(연구회 소장본 중 신규 인원)+48명(사도시사도박물관)			

총 수록 인원 가운데 353명의 작성일 기준 나이를 확인할 수 있었다. 나이는 16~48세에 걸쳐 분포하고 있는데, 평균 나이는 29세이다.

■ 세 가지 버전의 「조선인 연초 배급명부」에서 중복자가 많은 이유는

배급 보고일이 다르기 때문이다. 세 가지 버전의 명부에서 공통적인 배급 보고일은 1944년 10월 22일, 25일, 11월 6일 등 3회이다.

배급 보고일 가운데에는 광복을 맞은 후인 1945년 10월 10일을 볼 수 있다. 그 외 부속문서에는 12월 말까지 배급을 요청하는 문서가 적지 않다. 사도광산의 광부들이 고향으로 돌아간 것이 1945년 10월 이후였으므로 귀국 전까지 광산에서 일했던 일부 조선인에게 지급한 기록으로 보인다.

■ 2022년 10월 말에 수집한 세 가지 버전의 명부가 사도광산 「조선인 연초 배급명부」의 전부인가?

절대 그럴 수 없다. 세 가지 버전의 명부는 1944년 이후의 명부이다. 사도광산은 1939년 2월부터 조선인을 동원했으므로, 그 때부터 이들에게 담배를 배급했을 것이다. 그러므로 1939~1943년간 조선인 연초배급명부도 있었을 것이다.

그렇다면 1939~1943년간 조선인에게 지급한 연초 배급명부는 어디에 있을까. 그것이 알고 싶다.

자료 연구회 소장 명부

佐渡鉱山名簿一覧表

寮番	番号	氏名	年号生年月日	国籍	報告日
1	281	李源庚			20.1.8
第四	152	青末炳求	M 34. 1.	朝鮮	19. 10. 25
第三	8	青木福米	T 11. 5.	朝鮮	19. 10. 25
第四	156	青田聖万	T 12. 9.	朝鮮	19. 10. 25
1	322	青田泰郁	T&6.5.15	朝鮮	19.10.31 (恭)
1	320	秋田長吉	T 4.5.13	朝鮮	19.10.31
第三	64	秋 奉龍	T 5. 11.	朝鮮	19. 10. 25
第三	7	明本尋炳	M 40. 7.	朝鮮	19. 10. 25
1	344	朝元玉純	T 9. 12. 25	朝鮮	19.10.31
第四	240	阿部竹吉	M 41. 4.	不明	19. 10. 26
第三	6	新井詩紘	T 11. 2.	朝鮮	19. 10. 25
1	280	新井寿寅	T 11.2.20		20.1.8
1	378	新井寿寅	T 11.2.20	朝鮮	19.10.31
第三	246	新本漢永	T 4. 4. 2	朝鮮	19. 10. 25
第四	4	新本舜奎	M 45. 3.	朝鮮	19. 10. 25
第三	5	新本魯貞	T 4. 11.	朝鮮	19. 10. 25
1	312	安 永洙	T 4.9.25	朝鮮	19.10.31
第三	123	安東甲京	M 43. 4.	朝鮮	19. 11. 10
第三	263	安藤重天	M 44. 3.	朝鮮	不明
第三	9	安山萬玉	M 45. 3.	朝鮮	19. 10. 25
第三	10	伊坂浩吉	T 2. 11.	不明	19. 10. 25
第四	212	池 学仁	M 39. 3.	朝鮮	19. 10. 25
第三	11	石岡順甲	T 6. 8. 2	朝鮮	19. 10. 25
1	350	石川繼太	T 10.3.14	朝鮮	19.10.31
1	355	石山九顯	T 11.12.19	朝鮮	19.10.31
第三	269	伊藤漢東		朝鮮	20. 10. 10
第四	157	井上炳浩	T 7. 10.	朝鮮	19. 10. 25
1	366	井上魯均	M 43.7.20	朝鮮	19.10.31
1	309	伊原鎭甲	T 9.11.16	朝鮮	19.10.31
1	275	伊原鎭洸	T 11.10.24	朝鮮	19.12.20
1	299	伊原鎭洸	T 11.10.24	朝鮮	19.10.31
1	308	伊原鎭京	T 4.12.1	朝鮮	19.10.31
第四	248	伊山珪紘	T 11. 2.	朝鮮	19. 10 .25

- 1 -

7) 「조선총독부 작성 지정연령자 연명부」

이 명부는 「조선인 연초 배급명부」제1상애료, 1944년 10월 31일자에 삽입되어 있던 자료인데 원본은 소실한 것으로 알려져 있다. 현재 사도시사도박물관에는 복사본이 별지 상태로 보관되어 있다.

총 4장의 사본에 번호 9751~9850까지 총 100명의 이름과 생년월일, 본적지, 거주 장소, 처리, 통通번호 등 총 6개 항목이 기재되어 있다. 작성 시기와 작성 부서는 알 수 없다. 표지가 없는 것으로 볼 때 자료 중 일부의 사본인 것으로 보인다. '조선총독부' '지정연령자연명부'가 명시된 양식에 수기手記로 기재했다.

이 자료는 사본의 상태가 불량상단이 희미해 정확한 이름을 확인할 수 없으나 본적지가 함남과 경북, 강원울진군, 충북이라는 점과 1899~1925년 출생자임을 알 수 있다. 그러나 주소지를 기준으로 보면, 강원현 경북 지역의 명부임을 알 수 있다.

작성 시기를 알 수 없으므로 동원 당시 나이는 특정할 수 없다. 양식에 기재된 용어가 '지정연령자 연명부'라는 점을 볼 때 특정 나이를 대상으로 한 명부로 보인다. 조선총독부 작성 지정연령자 연명부는 바로 조선총독부가 조선인을 일본에 동원하는 과정에서 작성한 명부라는 점에서 의미가 높다.

93명의 조선인 가운데 52명은 「조선인 연초 배급명부」와 중복 수록자이다. 또한 1명서상철, 香山相哲은 「조선인 연초 배급명부」외에, 위원회에 피해판정을 받았고, 「왜정시피징용자명부」에서도 이름을 찾을 수 있다.

이 명부는 표지가 없어 제목을 알 수 없다. 다만 사용한 양식의 제목을 반영해 '조선총독부 작성 지정연령자 연명부'로 붙였다. 일본 정부와 기업이 생산한 명부는 다양한 종류이지만 '지정연령자 연명부'라는 이름의 자료는 발굴된 적이 없다.

일본의 시민 활동가인 다케우치 야스토竹內康人는 2022년 2월 27일에 열린 「강제동원진상규명네트워크 ZOOM 강좌-사도광산 조선인 강제노동 강제노동부정론 비판」에서 이 자료에 대해 '1945년 2월 입소 경북 울진군의 징용광부명부'라면서 「경북울진군징용자명부」로 소개했다. 다케우치가 '1945년 2월 입소 명부'로 파악한 것은 제1상애료장이 작성한 「연초배급이동서류煙草配給異動屆 1945년 2월 5일자」 때문이다.

그러나 수록 인원 가운데 2명은 '조선인 연초 배급명부' 중 상애료1-A와 상애료1-B 명부에 중복 수록자國本汝奉 강원도 울진군 서면 1911년 7월 16일생, 宮本吉鉉 강원도 울진군 기성면 1919년 10월 4일생로서, 연초 배급 보고일은 1944년 10월 31일이다. 그러므로 '1945년 2월 입소자 명부'라는 제목은 맞지 않는다.

■ 강제동원된 사도광산 조선인이 100명? 89명? 91명? 93명?

이 자료는 모두 100명의 이름을 수록하고 있다. 그러나 사도광산이 작성한 이동신고서煙草配給異動屆에는 "별지성명보고서와 같이 89명의 조선인이 징용 광부로서… 미쓰비시 사도광업소에서 근로"라고 기재되어 있다. 그렇다면 89명이 동원되었다는 의미인가. 그렇지 않다.

「조선총독부 작성 지정연령자 연명부」는 100명 가운데 9명의 이름광부번호 9770, 9774, 9782, 9820, 9829, 9835, 9837, 9842, 9843에 사선을 그었다. 사선을 그은 사람은 동원하지 않았다는 의미이다. 그렇다면 9명을 제외한 91명이 동원되었다는 것인가?

그것도 아니다. 9명 가운데 2명의 이름9770, 9782은 변경했을 뿐이다. 기존의 이름을 지우고 그 위에 다른 사람의 이름을 적었다. 처음에 데려오려고 했던 사람을 다른 사람으로 바꾼다는 의미이다. 그러므로 9명에서 2명을 제외한 7명이 동원하지 못한 인원이며, 100명-7명=93명이 동원되었음을 알 수 있다.

그런데, 다케우치 야스토는 『사도광산과 조선인 노동佐渡鉱山と朝鮮人労働』2022년에서 사선에 이름을 그은 사람은 11명이라고 기술했다. "11명이 연행 도중에 도망이나 병으로 이동이 있었다"는 설명도 덧붙였다. 그러나 11명의 이름이나, '연행 도중에 도망이나 병으로 이동이 있었다'는 자료의 근거는 공개하지 않았다. 도대체 무슨 근거로 책에 실은 것일까.

다케우치가 활용한 명부는 사도시사도박물관 소장 자료이다. 새로운 자료가 아니라 이 책에서 활용한 명부와 동일한 자료이다. 같은 자료를 보고 다른 주장을 하는 셈이다.

궁금증을 풀기 위해 명부를 아무리 열심히 들여다봐도 이름에 사선을 그은 사람은 9명이며, 9명 가운데 2명은 동원되었으므로 100명의 명단에서 제외해야 할 인원은 7명이다.

「조선총독부 작성 지정연령자 연명부」

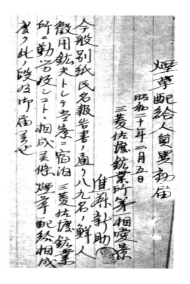

자료 1945년 2월 5일자로 제1상애료장이 작성한 「연초배급이동서류煙草配給異動届」
[사도시사도박물관 소장]

연초배급이동서류

1945년 2월 5일

미쓰비시 사도광업소 제1상애료 進*新助
이번에 별지성명보고서와 같이 89명의 조선인이
징용광부로서 당 기숙사에 숙박. 미쓰비시 사도광
업소에서 근로하게 되었으므로 연초배급을 실시
함에 이같이 제출함

8) 위원회 피해조사 명부

'강제연행의 문서가 있다면 내놓으라!' 일본군'위안부'피해의 강제성 문제를 둘러싼 공박에서 늘 빠지지 않는 가해자일본 측의 그럴 듯 한 주장修辭이다. 그들은 '실증'이라는 명분을 내세워 '피해자는 공적 문서를 남길 수 없다'는 점을 약점으로 삼고 공격의 빌미로 활용한다. 이러한 전략은 홀로코스트 부정론자들이 해오고 있는 방법이기도 하다. '나치가 실행했다면 히틀러의 명령이 남긴 문서가 있어야 하는데, 그런 문서는 한 통도 발견되지 않았다'는 식으로 독일의 집단학살을 부정한다.

피해자는 공적 문서를 남길 수는 없으나 기록을 남길 수 있다. 그 가운데 하나는 한국 정부가 생산한 기록이고, 또 다른 하나는 경험자의 구술이다.

위원회는 2005년 2월부터 15개월간 피해신고를 받아 2012년까지 조사했다. 이 과정에서 피해자로 판정한 218,639건 가운데, 개인적으로 사도광산 동원 피해자로 추출한 규모는 152명여성 1명 포함이다.

152명은 의결서에 '사도광산'을 적시한 사례, '니가타현'으로 기재한 사례를 대상으로 작업장 주소를 확인한 경우, 동행자를 확인해 피해조사 결과를 확인하는 방법으로 추출한 결과이다. 218,639건 전체를 대상으로 한 전수조사결과가 아니므로 추가로 찾을 가능성이 있다.

■ 출신 지역

152건 가운데 본적지를 파악할 수 없는 1건을 제외한 151명의 출신 지역은 충남과 충북, 전남과 전북, 경북 등 5개도이며 이 가운데 다수는 충남이다. 군 단위로 살펴보면, 공주4명, 논산57명, 대덕1명, 청양12명, 부여8명, 연기군5명, 서천1명, 청원군1명 등 8개 군이다.

■ 동원 시기

152명 가운데 148명의 동원 시기를 확인할 수 있다. 시기별로 보면, 1938년 7명, 1939년 12명, 1940년 21명, 1941년 33명, 1942년 26명, 1943년 23명, 1944년 22명, 1945년 4명이다. 1939년부터 증가하기 시작해 1944년까지 골고루 분포되어 있고 1941년이 가장 많다.

■ 귀국 시기

152명 가운데 149명은 귀국 시기를 알 수 있다. 149명의 강제동원 종료 시기를 보면, 1941년부터 1946년 1월까지 분포되어 있다. 여기서 주목할 점은 금광산조정령에 의해 사도광산의 인원 감축이 이루어진 시기에도 귀환자는 2명에 그쳤다는 점이다. 이를 통해 사도광산의 인원 감축 후에도 대부분은 고향이 아닌 다른 작업장으로 전근 간 것으로 보인다.

■ 현지 사망

152명 가운데 12명이 현지에서 사망했고, 2명은 행방불명되었다. 충남 청양군 출신의 유성현은 동원된 후 3개월 만에 갱내 사고로 사망했다. 12명 가운데 9명은 유골을 봉환했다. 12명의 사망자는 152명 가운데 8%에 이른다. 행방불명자 가운데 1명은 1992년 일본 시민단체의 조사 당시 "낙반사고 후유증으로 귀국 도중 에히메현에서 사망"했음을 확인했다.

■ 후유증 상황

광복을 맞아 고향으로 돌아온 138명 가운데 73명이 후유증을 신고했다. 후유증 가운데 다수는 진폐증이다.

갱내에서 암석을 다이너마이트로 폭발할 때 산산조각이 난 돌이 먼지가 되어 공기 중에 떠돌게 된다. 먼지는 3~5미크론 정도로 아주 미세해서 눈으로 보면 연기처럼 보일 뿐이다. 연기처럼 보이는 가루는 현미경으로 보면 창처럼 끝이 뾰족하다. 이 분진이 폐를 찌르면서 쌓이면 폐가 딱딱하게 굳어지는데, 이것을 섬유화한다고 한다. 이 상태에서는 이산화탄소와 산소의 교환이 어려워져서 호흡이 곤란해진다. 이것이 진폐증이다.

73명 가운데 30명이 진폐증으로, 15명이 폐질환으로 신고했다. 이를 통해 45명이 진폐증을 앓았고, 반수 가까운 광부들이 진폐증의 고통을 경험한 것으로 보인다.

138명 가운데 35명은 1945~1969년에 사망했다. 폐질환과 진폐증을 호소한 피해자였다.

■ 관련 자료 현황

위원회 피해조사 명부 수록자 152명 가운데 「조선인 연초 배급명부」에 등재된 동일인은 25

명이다. 그 외 「일정시피징용징병자명부」에서 19명을, 「왜정시피징용자명부」에서는 57명을 확인했다.

일정시피징용징병자명부와 왜정시피징용자명부 내역

일정시 피징용징병자 명부	왜정시 피징용자 명부
• **수록 인원**: 228,724	• **수록 인원**: 285,771
• **작성 배경**: 제2차 한일회담 준비를 위해 전국 단위로 조사하고 도별로 취합해 제출한 명부로써 1953년 1월 내무부가 최종 취합 합본	• **작성 배경**: 제4차 한일회담에 대비해 1957~1958년에 걸쳐 노동청이 전국 단위로 신고를 받아 도별로 취합한 명부
• **내용**: 성명, 생년월일, 주소(면리 단위), 동원기간, 동원지, 귀환 및 사망 여부 등 수록. 군인, 군속, 노무자 등 포함	• **내용**: 성명, 동원 당시 연령, 주소(면리 단위),동원일, 귀환 및 사망 여부, 귀환일 등 수록. 군인, 군속, 노무자 등 포함
• **특징**: 현존하는 **最古의 강제동원 명부**로써 정부 수립과 6.25전쟁 등 혼란한 시기에 정부가 **국가의 책무를 다하기 위해 노력한 사례** *'13.6. 주일 한국대사관 신축 이전과정에서 발견된 명부 3종 중 하나	• **특징**: 위원회가 전국 시군구 공무원 약 2천여 명과 합동으로 '06.6.~'08.12.(총 2년6개월)에 걸쳐 전수조사를 실시. 211,342명에 대한 검증을 완료해 118,520명을 피해자로 확인 **'검증-왜정시피징용자명부'로 활용**

9) 대일민간청구권보상금지급결정대장(피징용자)

『대일민간청구권보상금지급결정대장피징용자』은 '청구권자금의 운용 및 관리에 관한 법률' 1966년 2월 19일 제정 공포에 근거해 제정한 '대일민간청구권신고에 관한 법률1971.1.19.'에 따라 1971.5.21~1972.3.20일까지 10개월간 신고 접수 후 지급한 자료이다.

이 자료는 1965년 한일 정부 간 체결한 '대한민국과 일본국간의 기본관계에 관한 조약 및 부속협정문'의 후속 조치 과정에서 생산한 자료이다. 정부는 대일민간청구권보상금 지급을 위해 '청구권자금의 운용 및 관리에 관한 법률1966년 2월 19일'을 제정하고 이를 근거로 '대일민간청구권 신고에 관한 법률1971년 1월 19일'과 '대일민간청구권 보상에 관한 법률1974년 12월 21일'을 제정했다.

『BD0048608피징용사망자보상금지급결정대장관계철』, 『BD0048643대일민간청구권보상금지급결정대장3』, 『BD0048650대일민간청구권보상금지급결정대장6광주·춘천·제주·강릉·수원·인천·대전』 등 3개의 문서철에 총 8,975건의 신고인 인적 정보를 수록하고 있는데, 중복인원을 제외한 실제 수록 인원은 8,820명이다.

■ 사망자 인적 정보를 통해 찾은 8명의 사도광산 사망자

대일민간청구권보상금지급결정대장피징용자은 신고인의 인적 정보를 정리한 자료이므로 피해자의 이름으로 확인할 수 없고, 피해 내용을 알 수 없다. 그러므로 피해 내용을 파악하기 위해 국가기록원 소장 2개 문서철「대일민간청구권 신고자 명부6-1」, 「대일민간청구권 신고자 명부6-2」에서 신고인 인적 정보와 일치한 사망자 인적 정보를 추출하면, 7,930명이다. 사망자 인적 정보가 신고인에 비해 적은 것은 자료가 미비하기 때문이다.

7,930명의 명단에서 사도광산 사망자 8명의 기록을 찾을 수 있다. 박길동, 박수동, 신수명, 윤익성, 이병기, 이창수, 정희원, 박재갑이다. 정희원은 정금출로 개명했으므로, 정금출의 이름으로 등재되어 있다. 이들은 1941년 2명, 1942년 2명, 1945년에 4명이 사망했다.

이들 8명은 대일민간청구권보상금지급결정대장에 담긴 사도광산 조선인 사망자 전체가 아니라 일부이다. 위원회에 피해신고를 한 피해자 정보를 근거로 확인했기 때문이다.

일련번호	관리번호	접수번호	신고인	주	소	보상금액	지급은행	교부일자
1	6-	1	사무국	서울시 서대문구 홍은동 11-278 (17-9)	1328 120	300,000	조흥 남대문	75.
2	2	40		영등포구 시흥동 96	1328 150	300,000	조흥 영등포	75.7.
3	6	70		관악구 신림동 621-10 (1-3)	1327 151	300,000	"	75.7.
4	7	103		영등포구 신풍산 91	1326 150	300,000	"	75.7.
5	8	89		마포구 아현산 8 (14-6)	1325 121	300,000	조흥 남대문	
6	10	145		성동구 신길 2 188 (3/3)	1324 150	300,000	조흥 영등포	
7	17	177		서대문구 수색 150-6	1323 120	300,000	조흥 남대문	75.7.
8	21	200		서대문구 남가좌동 190-33 4/6	1322	300,000	"	
9	22	196		물금동 480-199	1321	300,000	"	
10	23	213		동대문구 중화동 110-21 1/4	1320 131	300,000		75.8.
11	28	216		성북구 종암동 54-32 14/6	1319 132	300,000		
12	29	242		송정 70	1318	300,000	"	
13	34	35		동대문구 용두동 76-15 (8-5) (종통판방)	131	300,000		75.11.
14	40	249		이문동 86-67 (11-2)	1316	300,000		75.8.9
15	54			용산구 산천동 128-22 분 7 반	1316 140	300,000		75.8.9
16	49	255		성동구 논암동 616-103 16/9	1314	300,000		
17	57	262		성동구 도곡동 성당 APT 45-301	(조정 택방 1303)	300,000		75.7.1
18	59			관악구 신림 2동 86-4 (18-4)	1302 150	300,000	조흥 영등포	
19	110	12		경기 안양시 안양 545 (동사무소내)	1301 171	300,000		
20	120	22		경기 동대문구 청 상회 19-3 (3-1)	1300 131	300,000	조흥 남대문	

10) 지금까지 찾은 사도광산 조선인 강제동원 피해자의 이름

가해자 측 명부에 이름이 없는 피해자는 일본군 '위안부'만이 아니다. 명부에서 이름을 찾을 수 있는 노무자는 극소수다. 위원회는 조선과 일본, 남사할린과 중국 만주, 동남아시아와 태평양 등지에 동원된 노무자를 연인원 7,534,429명으로 집계했다. 그러나 현재 가해자 측이 남긴 명부는 극히 일부에 지나지 않는다.

현재 미쓰비시광업이 공식적으로 밝힌 사도광산 조선인 명부는 찾을 수 없다. 그러나 미쓰비시광업이 밝힌 명부가 없다 해서 사도광산에 동원된 조선인이 없었던 것은 아니다. 미쓰비시광업이 작성한 자료『사도광산사 고본』에 따르면, 사도광산은 최소 1,519명의 조선인을 동원했고, 일부는 현장에서 목숨을 잃었다. 이제 필요한 작업은 명부를 작성해 이름을 기록함으로써 피해자들의 존재를 복원하는 일이다.

10종의 명부와 일본 시민단체가 조사한 자료 등을 종합하면 총 747명의 이름을 찾을 수 있다. 그러나 총 747명 가운데 전체 이름을 복원한 경우는 583명이다. 161명은 일부 인명 및 창씨 이름을 확인할 수 있으며, 2명은 식별이 불가능하다. 식별이 불가능한 사례는 『소위 조선인 징용자 등에 관한 명부』에 등재된 9명 가운데 2명이다.

일부 인명 확인에 그칠 수밖에 없었던 이유는 자료 상태가 좋지 않아 이름의 일부만 파악할 수 있기 때문이다. 창씨 이름은 알 수 있으나 본명을 확인할 수 없는 사례는 일반적인 창씨 부여의 용례로는 파악할 수 없거나 여러 성씨가 가능해 특정할 수 없기 때문이다. 예를 들면, '궁본宮本'은 박씨와 여씨 모두 가능하고, '송촌松村'도 유씨와 채씨 모두 가능하다. '중도갑표中島甲杓'나 '소산경옥蘇山慶玉', '복산규석福山圭錫' 등 성씨를 파악할 수 없는 사례도 적지 않다.

현재 자료로 복원한 사도광산 조선인 747명의 이름은 최소 동원 수 1,519명의 절반 정도에 불과하다. 더구나 완전한 이름을 확인한 사례는 583명이다. 그러나 583명은 소중한 사도광산 조선인 강제동원 피해자의 이름이며, 새로운 명부이다. 583명의 명부에서 출발해 지속적으로 자료를 발굴하고 분석한다면, 1,519명이라는 명부의 완성도 불가능하지 않을 것이다.

■ 사도광산 조선인 피해자 747명의 이름은 어떻게 복원할 수 있었는가

현재 발굴한 모든 자료에서 사도광산 피해자의 인적정보1,022명를 추출해 중복자를 가려낸 작업의 결과이다. 엑셀파일에 37개 항목을 설정하고 관련 정보를 모두 입력해 분석했다.

■ 747명의 이름이 알려주는 강제동원 피해 사실

747명 가운데 284명의 본적지 정보를 알 수 있다. 본적지 정보에서 가장 다수를 차지하는 지역은 충남이지만 강원현재는 경북, 경기, 경북, 전남, 전북, 충북, 함남 등 다양한 지역을 포괄하고 있다. 그러나 자료에 따라 본적지와 주소지가 다른 경우도 있다. 조선총독부지정연령자연명부는 본적 외에 주소지를 기재하고 있는데, 본적지와 다른 사례가 있다. 함남 갑산 출신의 박협기木下協基는 동원 당시 강원도 울진군에 거주하고 있었다. 경북지역에 본적을 둔 8명도 모두 강원도 울진군 거주자였다.

747명 가운데 24명은 현지에서 사망22명하거나 행방불명2명되었다. 747명 가운데 26명이 현장을 탈출했는데, 6명은 탈출에 성공하지 못하고 붙잡혔다. 이 가운데 일부는 형무소에 수감2명되거나 전근조치2명되었다.

자료 명부 분석용 엑셀 파일(정혜경 작업)

자료 검증을 거친 엑셀 파일(정혜경 작업)

(엑셀 파일 표 - 이름, 이름(자료), 본적, 생년월일, 근거자료(한국정부(위원회), 한국정부1, 한국정부2, 한국정부3, 일본정부1, 일본정부2, 일본정부3, 사도향토박물관, 기타), 특기사항, 초기 사망(1945년 이후) 여부, 작성기준 연번 등의 항목으로 구성된 명부)

자료 추출 자료 근거 현황(2022.11.30. 기준). 자료 간 중복 포함

자료 근거		수록 현황
한국 정부	위원회 피해조사 및 동역자 확인	224건
	대일민간청구권결정대장	8건
	일정시피징용징병자명부	19건
	왜정시피징용자명부	57건
일본 정부	조선인노동자에관한조사결과/소위조선인징용자등에관한명부/일제하피징용자명부/후생연금자료	13건
	각종 저금 및 채권	14건
	화태청 경찰문서	6건
	특고월보, 사상월보	5건
	경찰보고(1945년 9월 21일자)	3건
사도시향토박물관	조선인 연초배급명부	494건
	조선총독부지정연령자명부	94건
기타	현지조사(일본시민단체), 엽서, 사진, 편지봉투, 제적부, NHK프로그램, 신문기사, 「사도전도회상기」, 재일코리안생활문화자료관 소장 자료(http://www.halmoni-haraboji.net/exhibit/archives/sheet02/sheet2-chouyou.html) 등	48건
소계		총 985건

10

피해자를 찾아 떠난 길
– 일본 현지 시민단체가 생산한 자료

일본 니가타현 현지 활동가들의 조사 활동

실시 시기	행사	조사 및 행사 내용	주최	출처
1991.11.13	충남 현지조사	선발대 2명(장명수, 박영기). 생존자 2명(여중현, 윤태중) 조사	강제징용 한국인 니가타현 조사회(1991 발족 추정)	대전일보 1991.11.16
1991.11	충남 현지조사		코리안강제연행등니가타현 연구회	월간 아사히 1992.9
1991.11.	충남 현지조사			아사히신문 1991.11.14
1991.11.27	충남 현지조사	본 조사단 6명	강제징용 한국인 니가타현 조사회	대전일보 1991.11.16
1991.12.22 -23	아이카와 보고 집회		과거, 미래- 사도와 조선을 잇는 모임. 코리아문제연구회와 제휴	まなぶ47, 1996.10
1992.2.	충남 현지조사	현지 사망자(이병준), 생존자(노병구), 귀환 후 사망자(김문국)의 유족(김평순) 조사	장명수, 하야시미치오 등	월간 아사히 1992.9
1992.6.22	충남 현지조사	생존자 2명(정병호, 김주형) 조사	코리안강제연행등니가타현 연구회	월간 아사히 1992.9
1992.9	사도 초청 행사	정병호, 노병구, 유족 김평순	코리안강제연행등니가타현 연구회	월간 아사히 1992.9
1992.11.19	충남 현지조사	제1회 방문단. 생존자 3명(정병호, 김주형, 김동걸)	과거, 미래- 사도와 조선을 잇는 모임(1992 발족)	まなぶ47, 1996.10
1992	사도 초청 행사	5명 초청	과거, 미래- 사도와 조선을 잇는 모임	まなぶ47, 1996.10
1995.11.28	방일 초청	노병구, 윤종광, 유족 김평순	과거, 미래- 사도와 조선을 잇는 모임	まなぶ47, 1996.10; 아사히신문, 요미우리신문 1995.11.29

실시 시기	행사	조사 및 행사 내용	주최	출처
1995.12.1	아이카와 마치 증언 모임	노병구, 윤종광 구술	과거, 미래- 사도와 조선을 잇는 모임	니가타일보 1995.12.3
1995.여름	충남 현지조사	생존자와 유족 30명 구술인터뷰, 19명의 위임장을 받아 후생연금 반환 활동	과거, 미래- 사도와 조선을 잇는 모임	아사히신문, 요미우리 신문 1995.11.29
매년 10~11월 중	아이카와 추도제	사도광산 사망자를 위한 추도식 (総源寺)	사도문 모임(2007~2021)/ 추도하는 유지의 모임(2022~)	佐渡扉の會主催 佐渡鑛山勞働者を追悼する集いについて; 현지 인터뷰(2022.10.24); http://blog.livedoor.jp/mari_arai/archives/2255363.html?fbclid=IwAR3MTX7OkISVB7lGL2cuYNNYkJnKZqjdqUZyAGyp3V3abxSCuq8vHr621a8
시기 불상 (1992년으로 추정)	충남 현지조사	정병호 영상		조선신보 2022.3.7

『아사히신문』은 1991년 11월 14일에 니가타 현지 활동가들이 120명의 명부를 확보해 사도광 산 강제노동을 조사하기 위해 '한국 추적현지조사'를 실시했다고 보도했다. 1991년 11월 16일 『대전일보』도 「충남 출신 일제징용자 1천 5명 명단 발견」이라는 기사를 실었다. 일본의 노동 대학출판센터, 『마나부まなぶ』 47호1996.10월호도 1992년 11월에 충남에서 생존자 3명정병호, 김 주형, 김동결을 찾았다는 기사를 실었다.

『대전일보』 기사는 장명수張明秀와 박영기朴英基 등 재일동포가 "사도광산 피해자 명부 1,005 명분을 포함한 3천여 명의 니가타 강제동원 조선인 명단을 가지고 현지조사에 나섰다"는 내용이다. 이들은 '강제징용 한국인 니가타현 조사회(이하 조사회. 장명수의 기고문에서는 '코리안강제연 행등니가타현연구회'로 표기)' 대표인데, 150명의 회원이 활동하고 있으며, 한인도 10명이 참여하고 있다고 보도했다. 이들은 선발대로 왔는데, 이번 조사를 통해 여중현呂重鉉, 1940년 동원, 논산군 출신과 윤태중尹泰重, 1940년 동원, 논산군 출신 등 2명의 피해자를 확인했다. 또한 27일에 조사회 의 '본대 6명이 내한한다'는 기사로 볼 때 이후에도 조사는 이어진 것으로 보인다.

이들의 한국 현지조사 모습과 조사에 나서게 된 배경은 1992년 6월 4일에 NHK가 방영한 프로그램 '50년째의 진실, 사도금광'에서 볼 수 있다.

■ 1,005명분의 명부?

『대전일보』 기사 제목은 '1천 5명의 명단'이다. 그렇다면 당시 한국에 온 조사단이 가지고 온 명단은 1,005명분이었는가. 그렇지 않다. 『대전일보』 기사에서 언급한 1,005명의 명부는 현 재 확인할 수 없다. 이 명단은 사진을 볼 때 「조선인 연초 배급명부」로 추정한다.

1,005명은 1943년 5월 사도광산 측이 작성한 보고서에 나오는 통계이다. 만약 기사 내용대 로 조사회가 명부 1,005명분을 가지고 왔다면, 광산 측의 기록과 정확히 일치한다. 그러나 아사히신문 기사에 따르면, 이들이 가져온 명부는 120명분이었다.

그러므로 대전일보 기사는 명부가 수록한 조선인 이름이 아니라 1943년 5월 사도광산 측이 작성한 보고서사도광산에 동원된 조선인의 수치이다.

자료 원문 「조선인 명부의 일부 최초 공포」

[1991년 11월 14일 『아사히신문』]

코리안 문제 등 연구회

사도광산 강제노동을 뒷받침하는 자료

월말 한국으로 추적조사

제2차 대전 전부터 전쟁 기간 중에 걸쳐 한반도에서 아이카와마치의 미쓰비시광업 사도광산에서 일했던 조선인의 명부 일부와 노동실태를 밝히는 자료 등, 니가타현 내의 조선인 강제연행의 역사를 조사하고 있는 코리안문제등 연구회(대표 이토 니가타대학 명예 교수 등 5명)에 의해 처음으로 공표되었다. 연구회는 27일 회원 몇 명을 한국에 보내 명부를 바탕으로 생존자의 추적조사를 할 예정. 또한 이를 기회로 강제노동에 관련해 니가타현내 기업, 공공기관에 모든 조선인 노동자의 명부공개를 요청해 나가겠다고 한다.

연구회에 따르면 1937~1938년 경 금은광석의 증산체제가 있어 1일 생산 3만~5만톤을 생산. 폐산 당시에는 1천 5백톤으로 감소해버릴 정도로 증산체제 속에서 일본인 노동자를 대신해 많은 조선인 노동자가 갱내노동에 종사했다.

이번에 밝혀진 자료는 아이카와마치사 편찬위원인 혼마 사도박물관장이 10여년 전에 같은 마을에서 수집해 정리하지 못한 상태로 편찬실에 보관하고 있었던 것. 이 마을에서는 내년에 마을 역사책 근대편을 간행할 예정으로 활용하고 있는데, 자료의 존재를 알게 된 코리안문제등연구회가 복사본을 받아 공표했다.

혼마 관장에 따르면 조선인은 아이카와마치의 제1에서 제4까지 상애료와 금강료 등 모두 5개의 기숙사에 살고 있었다. 제1진은 1939년 1월에 온 100명으로 1945년 3월에 최종적으로 입산할 때까지 총 인원은 약 1,200명이 있었다고 한다.

이번에 공표하게 된 명부는 이 합숙소에 가까이 살고 있었던 전당포 겸 담배가게가 소각 직전에 자료 가운데 일부를 혼마관장이 발견해 받은 것으로 제1과 제3, 제4상애료의 담배배급대장 뭉치. 명부에는 이름과 생년월일이 적혀 있고 1944년 10월경부터 1945년 6월경까지 일본인 기숙사 관리인을 포함해 연인원 240명이 적혀 있다.

코리안문제연구회에서 중복을 피하기 위해 동일 인물이라 생각되는 사람을 삭제한 결과, 조선인 인원은 120명 정도로 보인다. 연구회에서는 그것을 토대로 한국에서 체험자를 찾아, 생생한 증언을 듣고 싶다고 생각. 가능하면 본인을 사도로 초대해 많은 사람들에게 체험담을 들려 줄 기회를 만들고 싶다고 한다.

연구회에 따르면, 패전 직후인 1945년 11월에 실시한 국세조사에서 니가타현내의 조선인은 약 9,500명, 전시 중에는 그것을 상회할 정도의 조선인이 있었다고 생각된다.

연구회원인 현립 고이테고등학교의 사토 타이지 교사는 "명부가 공표되지 않는 것은 강제연행의 역사를 말살시키는 결과로 이어지게 된다. 가해자로서 부끄럽다. 기업이나 관계 공공기관은 명부를 공포할 의무가 있다고 생각한다"고 말하고, 연구회로서 명부의 공표를 강력히 촉구했다.

자료 원문 1991년 11월 16일 『대전일보』

자료 원문 노동대학출판센터, 『마나부まなぶ』 47, 1996.10월

사도 금산·조선인 강제 연행 문제의 조사 활동과 앞으로의 활동

「과거·미래 사도와 조선을 잇는 모임」

충청남도에 생존자가

제2차 대전 중에 일본은 조선에서 100만 명을 넘는 노동자를 강제연행으로 데려왔다고 합니다. 그 중 1천 명 이상이 사도광산에서 일하고 있었다는 기록이 있습니다.

아이카와쵸의 구가에, 전중·전후의 1944~46년의 2년간, 광산의 노동자에게 담배를 배급해온 기록이 남아 있었습니다. 광산 노동자의 일용품 중 하나였던 담배는 피곤을 잊게 하는 귀중품이기 때문에 매일 누구에게 배급했는지가 기록되어 있으며, 그 대상자의 이름, 생년월일, 범죄를 일으켜 유치장에 들어간 동안은 배급이 멈추고 있다는 기록입니다.

이 기록이 사도 박물관에 보관되어 있었기 때문에 우리 '과거·미래 사도와 조선을 잇는 모임'(이하 '잇는 모임'이라고 약칭한다)의 활동이 시작되었습니다.

실은 이 기록에 조선에서 온 연행자의 이름이 있었기 때문입니다. 니가타현 전체에서 활동하고 있던 코리안문제등연구회의 여러분과 제휴해 사도광산에서 강제노동을 당해 온 생존자를 한국과 조선(*북한)에서 찾을 수 있을 것이라 생각하고 연락을 취했습니다.

한국의 남부 충청남도에 있는 도시 대전에서 발행하고 있는 『대전일보』가 사도광산에서 일하고 있던 노동자를 일본의 민간단체가 찾아내고 있다는 기사를 1면의 톱으로 보도한 바, 연일 문의가 있었다고 합니다. 그것은 1992년 11월 19일이었습니다. 그 반응의 크기에 자극받아 '잇는 모임'은 제1회 방문단을 파견했습니다. 그 때 3명의 전 광부를 만날 수 있었습니다. 정병호씨(75살), 김주현(65세), 김동결씨입니다.

조사단은, 12월 22일~23일에, 사도의 아이카와마치에서, 보고 집회를 열어, 그 때까지 판명한, 사도 광산의 조선인 연행노동의 실태를 보고했습니다.

정씨는 1918년의 태생으로, 연행된 것은 1943년의 12월, 25세 때였습니다. 마을의 구장으로부터 명령받아 부산에서 배를 타고 사도에 왔습니다. 1944년 가을에 낙반 사고가 있어서 발을 부상 당해 지금도 추운 날에는 그 다리가 빠진다고 합니다. 연행되었을 때 세 살의 딸이 있었습니다만, 전후(한국에서는 해방 후) 귀국했을 때 그 딸은 죽었다고 합니다.

김씨는 18세 때 연행되었습니다. 집에는 남성이 두 사람이 있었는데, 형님은 농사를 짓고 있었으므로 동생인 김씨가 일본에 연행된 것입니다. 한 집에 남성 두 사람이 있었기 때문입니다.

같이 고생을 맞본 동료

'잇는 모임'은 1992년에 1회째(5명), 1995년에 2회째(3명), 생존자와 유족을 일본에 초대했습니다.

노씨는 1941년 9월에 18세로 사도에 연행되어 왔습니다. 황민화 교육과 기술교육을 받은 후 일에 투입되었습니다. 그리스도인이었던 노씨는 노동과 생활에 어려움을 겪을 때 사도의 교회를 찾곤 했습니다.

그때 목사를 하고 있던 노무라 씨와 함께 찍은 사진을 보고 재회도 했습니다만, 전시 중에 기독교는 적성 종교로 간주되어 목사도 징용으로 광산에서 일하고 있었습니다. 노무라 목사도 중노동으로 척추손상을 입었습니다.

광산 노동은 어디서나 그렇습니다만, 이런 먼지가 폐를 손상하는 폐병이 많은 일입니다. 일본에서도 탄광이나 광산노동자가 폐병을 노동재해로 보장하도록 하는 운동이 있습니다만, 조선으로 돌아온 사람들은 그러한 치료, 보장도 되지 않은 채 방치되어 있습니다. 유족분들의 이야기를 들어보면 폐병으로 사망한 사람이 많았음을 알 수 있습니다.

최근, '종군위안부 문제'가 표면화되고 있습니다만, 이렇게 조사해 보면, 1939~45년에, 100만 명을 넘는 조선인이 일본에 강제 연행 되어왔고 일했던 일, 그 당시의 끔찍한 노동 조건 아래에서 일했던 일, 패전과 동시에 아무런 보장도 없고, 사죄도 하지 않은 것에 놀람과 동시에 분노가 치밉니다.

또 하나의 역사를 남긴다.

전쟁 중이기 때문에 전후의 혼란 상태였다고 하지만 미안한 문제가 가득합니다. 그 중 하나가 후생연금처리입니다. 광산에서 일하는 동안 당연히 후생연금에 가입되어 보험금을 징수해갔음에도 불구하고 한국으로 돌아온 사람들의 몫은 버려진 상태가 되었던 것입니다.

1995년 5월, '잇는 모임'은 일본에 초대한 두 명의 생존자와 한 명의 유족과 함께 현청의 사회보험사무소, 나아가 후생성을 대상으로 문제의 해결을 시도했습니다. 탈퇴 수당금의 미지급이 밝혀졌지만, 구체적인 처리까지는 죄송하게 되었습니다. '잇는 모임'에서는 20명 가까운 사람들의 후생연금이 방치되어 있음을 확인했습니다.

사도에게 사도금산은 현재도 무시할 수 없는 역사이며 존재입니다. 중세에서 근대에 걸쳐 금산에서 윤택한 면, 더욱이 무숙자나 낭인, 부랑자가 얽혀 범죄자들과 함께 중노동에 시달린 역사도 귀중한 역사의 일면으로 말해왔습니다.

2) 「사도 아이카와 미쓰비시광산에 강제연행된 조선인의 조사에 대한 보고」에 담긴 장명수의 현지조사 기록

1991년에 조사회를 인솔했던 장명수張明秀는 조사 결과를 현지조사보고서로 남겼다. 장명수의 현지조사보고서는 하야시 미치오林道夫·장명수, 「사도 아이카와 미쓰비시광산에 강제연행된 조선인의 조사에 대한 보고佐渡相川三菱鑛山に強制連行された朝鮮人の調査についての報告」(1992.5 작성. 미공개)와 1992년 9월 아사히신문사가 발간한 『월간 Asahi』의 장명수 기고문에서 일부를 확인할 수 있다.

조사는 예비조사와 본 조사로 이루어졌다.

■ 예비조사

1991년 11월 10일 코리안강제연행등니가타현연구회는 한국으로 현지조사단을 파견하기로 결정하고 동아일보사의 초청으로 한국을 방문할 사무국 구성원으로 장명수를 결정했다. 장명수가 먼저 명부를 가지고 한국에 가서 예비조사를 하고 본 조사단은 11월 27일에 출발하기로 했다. 장명수는 예비조사 과정에서 민주당의 충남 논산지부 위원장이며 법학박사인 임덕규林德圭 전 의원의 협력을 얻어 임덕규의 서울사무소와 논산지부 사무소를 조사사무소로 사용하기로 하고 대전일보를 통해 피해자를 찾는다는 사실을 알리기로 했다. 『대전일보』가 11월 16일자 제1면으로 보도하자 서울과 논산사무소에는 문의전화가 쇄도했고, 『대전일보』는 이 내용을 다시 11월 19일 제1면 기사로 보도했다.

■ 본 조사

본 조사단은 이토伊藤岩·다나카田中勝治 대표위원과 사도의 하야시 주지와 가나야마金山敎勇·장명수 등 5명이었다. 본 조사단은 11월 27일 서울에 도착한 후 28일에 임덕규와 함께 논산에 도착해 피해당사자와 대면했다.

연구회는 1992년 4월 NHK와 함께 취재조사를 했다. 연구회 2명하야시 주지, 장명수과 NHK 소속 2명宮本, 山田 등 총 4명의 취재단이 4월 20~26일까지 취재와 개별 조사를 했다. 취재와 조사 대상은 민주당 논산지부 백 사무국장이 사전 조사한 논산군 성동면 원남리 거주 피해자와 논산문화원이 발간한 책 『논산지역의 독립운동사』에 나오는 「강제징용자명부」 중 니가타와 사도에 관계된 인물 13명 가운데 2명사전에 확인, 그리고 신문보도를 보고 청양군에서 취재단을 찾아온 유족 조사였다.

이들에 대한 조사는 연구회 제2회 조사1992년 6월에서 본격적으로 이루어졌다. 당시 취재단은 1992년 6월 4일에 NHK 니가타 스페셜50년째의 진실: 사도금산 강제연행의 상처로 프로그램을 방영했다. 이 영상은 2008년 일본 연구자 요시자와 후미토시가 위원회를 방문해 기증CD한 것이고, 위원회 폐지 후 국립 일제강제동원역사관으로 이관되었다.

연구회의 공식적인 제2회 조사는 1992년 6월에 있었다. 조사는 20일에 서울에 도착, 21일 대전일보 서울지국·동아일보사·불교방송국 방문, 22일 대전일보사와 민주당 논산지부 방문, 23일 논산문화원 방문 후 26일까지 조사하는 일정이었다. 보고서에는 연도와 월을 기재하지 않았으나 『월간 Asahi』 1992년 9월호의 「현대사 비화—전쟁과 인간」에 따르면 1992년 6월이다.

■ 장명수의 『월간 Asahi』 기고문

『월간 Asahi』 1992년 9월호의 「현대사 비화—전쟁과 인간」은 문필업자 장명수가 기고한 '사도 연행의 조선인과 그 가족의 상적傷跡'이다. 50년 만에 발견한 노동자 명부를 들고 현지 탐방한 내용을 담은 기사였다. 기고문 가운데 한국으로 조사를 가게 된 배경과 조사 내용을 살펴보자.

> 장명수가 방한조사를 하게 된 것은 작년(*1991)에 사도박물관의 혼마(本間寅男) 관장이 입수한 조선인 노동자 대상의 담배배급대장이 있었기 때문이다. 당시 연행된 사람들은 총 4개의 료와 1개의 사택에 나누어 입소했는데, 입수한 명부는 3개의 료에 사는 390명의 이름과 생년월일이었다.
> 명부는 당시 아이카와마치에서 전당포와 담배가게, 우편국을 겸하고 있던 도미타 다케시(富田毅 92)가 가지고 있었다. 그는 우편 관계의 기록은 패전 직후 중앙의 지시에 따라 모두 소각했으나 이 대장은 지시가 없었으므로 그대로 가지고 있었다.

장명수는 이 자료를 워드프로세서로 입력했다. 성은 대부분 일본식으로 고쳤으나 이름은 그대로였으므로 훌륭한 자료였다. 올해 2월(*1992.2) 사도 소겐사(総源寺) 주지 하야시 미치오씨와 함께 부여로 두 번째 조사를 갔다. 이 때 장명수에게 여러 번 전화를 한 여성이 있었다. 청양군 장평면 미당리에 거주하는 이길자(李吉子, 54세. *이병준의 딸)였다. 이길자는 사도광산에서 사고로 죽은 이병준(李炳俊, 28세)의 사고 당시 상황을 이야기해 줄 사람(노병구)이 있다고 했고, 장명수는 청양군에 거주하던 노병구(70세)를 방문했다.

"이병준은 나와 같이 1941년 연행되었다. 사고가 일어난 것은 1942년 음력 6월이었다. 이병준은 칸델라가 꺼져서 암흑 상태에서 깊이 300m의 구멍에 떨어져 죽었다고 들었다. 장례식에는 마을에서 같이 동원되어 온 동료가 모두 나왔으나 회사에서는 노무계가 1명 나왔을 뿐이다."

당시 네 살이었던 이길자는 부친의 유해를 순사로부터 받았다고 했다. 어머니와 할머니가 순사에게 '남편을 돌려달라' '아들을 살려내라'고 소리치며 두 손으로 땅을 치고 울던 일을 기억했다. 조위금은 '장해보상금'이라는 이름으로 300엔이 나왔다. 그 금액은 당시 노무자 월급의 3~4개월분이었다. 어머니는 행상을 하며 딸을 키웠는데, 작년(*1991)에 사망했다.

살아서 귀국한 이들 가운데 심각한 문제는 광산노동의 후유증인 진폐증이었다. 갱내에 떠다니는 규산의 분진을 장기간 흡수해서 일어나는 만성질환으로 심한 호흡곤란을 일으키고 합병증으로 결핵이 되어 죽는 사람이 있다.

조선인을 사도광산에 보낸 가장 큰 이유는 규폐를 두려워 한 일본인 노동자가 입갱을 거부해 인간사냥의 방식으로 동원했다고 당시 일본 노무담당자(*스기모토)가 수기에 남겨놓을 정도였다.

김평순(金平純, 46세)도 가장의 건강으로 가족 전원이 영향을 받은 경우였다. 충남 논산군 은진면 성파리에 사는 김평순의 부친인 김문국(金文國)은 가족과 같이 아이카와마치의 사택에서 살았는데, 착암 일을 했다. 해방 후 딸 3명을 데리고 귀국했으나 배 안에서 딸 1명이 죽었다. 그리고 김평순이 9세 때 부친이 사망했다. 사망 당시 부친은 "숨을 쉴 수 없다"고 고통스러워했다. 부친의 사망 이후 어머니의 노동으로는 6명의 양육비를 댈 수 없어서 수천만 원의 빚을 졌다. 장남인 김평순은 국민학교를 마치자 진학하지 않고 곧바로 일했으나 연 수백만 원에 달하는 이자를 감당하기도 힘들었다. 남의 땅을 빌려 쌀과 토마토 비닐하우스를 재배해서 간신히 빚을 갚았다고 한다.

자료 원문 하야시 미치오林道夫·장명수, 「사도아이카와미쓰비시광산에 강제연행된 조선인의 조사에 대한 보고」, 1992년 5월 작성(미공개)

사도 아이카와 미쓰비시 광산에 강제 연행된 조선인의 조사에 관한 보고

사도 미쓰비시 아이카와 광산은 니가타현 아래에서 가장 많은 '조선인' 노동자가 강제연행된 곳이다. '중앙협화회'의 1942년도 「이입 조선인 노동자 상황조」에서는 1939년부터 1942년도까지 1,250명의 연행에 대한 승인을 받아, 그때까지 1,003명을 연행했다고 보고했고, 또한 「동광부 제853호 1943년 6월 7일 사도광업소 반도노무관리에 대하여」라고 하는 상세한 문서 자료 등도 있었다. 이 사도 미쓰비시 광산에서 강제연행의 실태에 관한 우리 연구회의 조사는 고기마치의 하야시 미치오씨가 중심이 되어 진행해 왔는데, 1991년 강제 연행된 사람들의 명부의 일부를 입수하게 되어 그것을 계기로 크게 진전했다.

명부 입수의 경위

1991년 8월, 고기마치 하야시 씨로부터의 초청으로 조에쓰의 김태씨와 사무국의 장명수가 칭코지(稱光寺)를 방문해, 세 사람이 아이카와마치사 편찬실을 방문했다. 마치사 편찬위원을 하고 있던 혼마 토오씨로부터 1944~45년도에 작성된 담배의 배급명부의 복사본을 제공받았다. 나중에 이 명부를 작성한 도미타씨와도 만나 그 명부 작성과 보존의 경위에 대한 증언도 받았다. 이 명부에 대해서는 현재 데이터베이스화해 정리하고 있는데, 제1, 제3, 제4상애 기숙사의 것이며, 390명의 이름과 생년월일이 기록되고 있다. 또한 상기 문서 자료에 따라 이 연행자의 출신지는 현재 한국의 충청남도로 추측되었다.

제1회 한국충청남도 조사과정

1991년 11월 10일 연구회에서 한국에 대한 현지조사에 대해 검토하고 생존자의 조사와 그 증언을 얻기 위한 조사단 파견을 결정하고 한국 동아일보사로부터의 초청으로 한국을 방문한다. 사무국 멤버 장명수가 먼저 명부로 한국을 방문해 예비조사하고 조사단 본체는 11월 27일 출발하기로 결정했다.

조사단은 이토 이와타나카 카츠지 대표 위원과 사도에서 하야시 미치오 가나야마 교용 그리고 장명수의 5명으로 했다.

장명수의 예비조사 과정에서 한국 민주당의 충청남도 논산지부위원장이며 법학박사인 전 한국 국회의원인 임덕규(林德圭)씨가 전면적으로 협력의 말씀을 하고, 그 임씨의 서울사무소와 논산지부 사무소를 조사 사무소로 하기로 해 대전일보에서 공표하고 널리 호소하기로 했다. 대전일보는 이 일을 11월 16일자로 1면 톱에서 다루며 크게 보도했다. 이 일이 보도되자 서울 및 논산사무소에는 문의 전화가 쇄도했고 그 반향이 지난 11월 19일 일면 톱에서 크게 다뤄졌다.

이 가운데 조사단이 11월 27일 서울에 도착하고 다음 28일 열차로 논산에.(이하 생략)

佐渡相川三菱鉱山に強制連行された朝鮮人の調査についての報告

佐渡三菱相川鉱山は、新潟県下で最も多い「朝鮮人」労働者が強制連行されたところである。「中央協和」の 1942 年度「移入朝鮮人労働者状況調」では 1939 年から 42 年度まで 1，250 名の連行についての承認をうけ、それまで 1,003 名を連行したと報告されておりまた「東鉱部第 853 号昭和 18 年 6 月 7 日佐渡鉱業所 半島労務管理ニ付テ」とする詳しい文書資料などもあった。この佐渡三菱鉱山における強制連行の実態に付いての当研究会の調査は小木町の林道夫氏が中心になって進められてきたが、1991 年強制連行された人々の名簿の一部が入手され、それを契機に大きく進展した。

名簿入手の経緯

1991 年 8 月、小木町林氏からの招請で上越の金泰振氏と事務局の張明秀が称光寺を訪れたさい、三人で相川町史編纂室を訪ねた。町史編纂委員をされていた本間寅雄氏から 1944〜45 年度に作成された煙草の配給名簿のコピーの提供をうけた。のちにこの名簿を作成した富田氏とも会いその名簿作成と、保存の経緯に付いての証言もえられた。この名簿に付いては現在データベース化して整理しているが、第一、第三、第四相愛寮のものであり、390 名の名前と生年月日が記録されている。また上記の文書資料により、この連行者の出身地も現在韓国の忠清南道と推測された。

第1回韓国忠清南道の調査過程

1991 年 11 月 10 日の研究会で、韓国への現地調査について検討し生存者の調査とその証言を得るための調査団派遣を決定し、韓国東亜日報社からの招請で韓国を訪問する事務局メンバーの張明秀が先に名簿をもって韓国を訪問し予備調査し、調査団の本体は 11 月 27 日に出発することに決定した。

調査団は、伊藤岩・田中勝治代表委員と佐渡から林道夫・金山教男それから張明秀の 5 名とした。

張明秀の予備調査の過程で、韓国民主党の忠清南道論山支部委員長であり、法学博士で前の韓国国会議員であるイム ドッキュ（林徳圭）氏が、全面的に協力の申しでがありそのイム氏のソウル事務所と論山支部事務所を調査事務所に当てることにして大田日報で公表し広く呼び掛けることにした。大田日報はこの事を 11 月 16 日付で一面トップで取り上げ大きく報道した。この事が報道されるやソウル及び論山事務所には問い合わせの電話が殺到し、その反響がまた 11 月 19 日一面トップで大きく取り上げられた。

この様ななかで調査団が 11 月 27 日にソウルに到着し翌 28 日に列車で論山に

3) 장명수가 만난 사람, S(윤, 스기모토)

장명수가 한국에서 현지조사를 하기 전에 만난 사람이 있다. S윤다. 바로 1939년 2월에 충남지역에 가서 고향 사람들을 동원했던 스기모토였다. 이 책 제1장에 나오는 주인공이다. 윤의 인터뷰는 NHK 니가타 스페셜50년째의 진실: 사도금산 강제연행의 상처에서도 볼 수 있다. A라는 이름으로 나왔다.

장명수는 『월간 Asahi』 1992년 9월호의 「현대사 비화 − 전쟁과 인간」은 문필업자 장명수가 기고한 '사도 연행의 조선인과 그 가족의 상적傷跡'에서 스기모토와 고향의 가족들 이야기를 담았다.

장명수에게 "강제연행이라는 것은 사실과 다르다. 오해하고 있다"고 했던 스기모토. 스기모토는 어떤 삶을 살아왔는가. 고향 사람들은 그를 어떻게 기억하고 있는가. 스무 살에 시집을 온 아내는 1991년 조사 당시 여전히 집을 지키고 있었다.

> 장명수는 아이카와정의 관광호텔 로비에서 S(尹)라는 남성을 기다렸다. 그는 귀중한 사도광산의 강제동원 실태를 증언해주었다. 장명수가 S를 처음 만난 것은 1992년 3월이었다. 70세가 된 S는 사도광산 조선인 강제연행의 역사가나 향토사가, 매스컴이 주시하는 인물이었는데, 계속 취재를 거부하고 있었다.
>
> 강제연행의 실태를 들려달라고 부탁한 장명수에 대해 S는 "강제연행이라는 것은 사실과 다르다. 오해하고 있다"며 실태를 말해주지 않았다.
>
> 그런데 같은 조선인이라는 점에서 처음 만났음에도 고향과 이름을 알려주었다. '충남 논산군 성동면 원남리'에서 태어나 19세에 일본 땅을 밟은 후 한번도 고향에는 가지 않았고, 일본인 아내와 결혼해 일본인 이름으로 살아왔다.
>
> 장명수가 조사한 바에 따르면 S는 미쓰비시광산의 노무계로서 고향사람들을 사도광산으로 보내는 역할을 담당했다. 사도에서는 합숙소의 부료장으로서 동포의 일상생활을 관리해왔다. 이런 역할로 인해 고향에서는 지금까지 '일본인 앞잡이' '만약 돌아온다면 죽여버리겠다'고 벼르는 사람이 적지 않았다.
>
> 약속시간에 나타난 S는 처음에 긴장한 얼굴이었다. 장명수는 반세기 전에 고향에 남겨둔 아내가 지금까지 혼자서 고향 집을 지키고 있다고 알려주었다. 그 말을 듣자 S는 자신이 해온 일에 대해 이야기하기 시작했다. 우리말을 잊어버렸으므로 일본어로 이야기했다.
>
> S에 따르면, 그는 일본 패전 후에도 광산에 남아 정년을 맞았다고 한다. 노동조합의 간부를 지

내기도 했다고 하는데, 50년 전의 일에 대해서는 "중요한 것은 회사에서 아무도 알려주지 않았다"고 했다.

장명수는 S에게 사도에서 고향으로 돌아간 사람들이 대부분 진폐라는 광산의 후유증으로 고생하다가 죽었고, 그들 가운데에는 사고로 중상을 입고 고향으로 돌아가는 길에 죽었으나 유해를 찾지 못하고 있다고 알려주고, S에게 당시 실태를 듣고 싶어하는 유족이 있다고 했다. 장명수가 "한번 고향을 찾아가 사죄하면 어떻겠는가. 같이 갑시다"고 권하자 S는 고개를 끄덕거렸다.

S는 그 후 그 약속을 지키지 않았다. "상담할 사람이 있다"며 도쿄에 다녀온 후 태도가 급변했다. "내가 한국의 시골에 가면 무엇을 할 수 있을지 모르겠다. 그리고 이 문제는 이미 정부 간에 해결되어 버렸다. 그런데 왜 이제와서 다시 거론하는가"라며 갑자기 일본 정부의 공식 견해와 같은 말을 하는 S에게 장명수는 그 '도쿄의 사람'에게 깊은 분노를 느꼈다.

6월 22일, 장명수는 제2차 방한조사를 했다. 작년 11월에 경북 출신의 내가 50년 만에 고향 땅을 밟을 때는 주변에 폐를 많이 끼쳤으나 이번에는 요령도 알게 되었다.

목적지인 논산역은 니가타에서 서울의 공항까지 2시간, 그리고 철도를 타고 210킬로 남쪽에 있다. S의 고향인 원남리 3구는 논산에서 백제의 고도인 부여로 가는 길목에 있다. 지금도 반세기 전과 거의 변하지 않은 10호 정도의 농가가 있다. 이 마을에서 6명이 연행되었다. 이곳에서 장명수는 S의 아내인 이종덕(李鍾德)의 집을 방문했다.

71세가 된 이씨는 "나는 스무살 때 시집을 왔다. 남편은 군청에서 일하고 있었는데, 결혼한 해에 '일본에 가서 돈을 벌어온다'며 행선지도 말하지 않고 떠났다. 이후 두 번 집에 온 적이 있었다. 한번은 휴가를 얻어 3개월 있었고, 두 번째는 사람을 데리러 와서 7일간 머물며 동네 사람들을 데리고 떠났다. 그것이 마지막"이라고 말했다.

이종덕씨는 한 장의 사진을 보여주었는데, 사도에서 결혼한 S가 일본인 아내와 3명의 아이들에게 둘러싸여 행복한 듯 찍은 사진이었다. 수십 년간 남편이 돌아오기를 기다렸는데, 남편은 다른 가정을 이루고 가족과 같이 찍은 사진을 보내왔으니 이종덕씨의 심정은 어떠했겠는가. 이런 일을 겪으면 보통의 한국 여성들은 땅을 치며 큰 소리로 슬프게 우는 법인데, 이종덕씨의 표정은 의외로 담담했다. 오랜동안 분노가 말라버린 듯 했다.

이종덕씨가 남편을 기다리는 동안 친정이나 친척들로부터 도움이 있어 살았다. 사도에서 이혼하고 싶다는 편지가 여러 번 왔지만 이종덕씨는 개의치 않았다고 했다. "내 아이는 태어나자마자 바로 죽었다. 남편이 없는 동안 시부모와 시누이가 내게 신경을 써주었다. 일본에 아내와 자식이 있고, 더 이상 옛날같이 살 수 없다는 것은 알고 있지만 나는 죽을 때까지 이혼은 해줄 수 없다"

이종덕씨는 남편이 사도에서 어떤 일을 했는지 모르고 있었다. 주변 사람들도 신경을 써서 이종덕씨 귀에 들어가지 않게 해준 것 같았다. "이씨의 일생은 일본에 빼앗겼다. 일본은 그 보상을 해주어야 한다" 인근에 사는 사람이 장명수에게 해준 말이 귀에 쟁쟁하다.

같은 마을에 S와 다섯 살 차이가 나는 동생 윤의중(尹儀重)이 살고 있었다. 그는 1944년 가을에 야스쿠니신사에 쌀을 봉납하는 청년단의 일원으로 도쿄에 갔을 때 사도에 가서 형과 만났을 때 이야기를 들려주었다. S는 일본인 료장 아래 부료장으로 일하고 있었는데, 병으로 일하러 나가지 못하는 동포에게 식권을 줄 수 없다는 가혹한 짓을 하고 있었다. 너무도 변한 형을 보고 윤씨는 '내가 부끄러웠다'고 말했다.

(1992년 6월)장명수는 논산에서 남쪽에 있는 강경에 갔다. 그곳에는 1943년 가을에 동원된 정병호(鄭炳浩 75세)와 김주형(金周衡 64세)이 살고 있었다.

당시 27세였던 정병호는 일용노동자(*머슴살이)로 살고 있었는데, 아내와 2살 되는 딸이 있었다. 어느 날 마을 이장이 와서 '일본에서 사람을 데리러 왔는데, 가라'고 했다. 면사무소에 가니 일본인이 1명 있었고 동네 사람이 10명 정도 모여 있었다. 여수에서 연락선을 타고 시모노세키에 오자 인원이 수백 명으로 늘어났다. 이들은 그대로 기차를 타고 일본 각지로 흩어졌다.

정병호는 사도광산 갱도 깊이 들어가 착암기를 들고 바위에 다이나마이트 폭파용 구멍을 뚫는 작업을 했다. 수평의 터널을 1킬로 뚫어서 50미터의 승강기로 내려가서 일하는 '땅끝'이었다. "먼지(*분진)가 가슴(*허파)에 나쁘다는 것을 알았으므로 갱도에 들어갈 때에는 죽음이 기다리고 있다고 생각했다. 무엇보다 공포스러웠던 것은 떨어진 돌조각에 칸델라가 꺼져서 암흑이 되어 버리는 것이었다."

해방 후 고향으로 돌아온 정병호를 기다린 것은 딸이 이질로 죽었다는 소식이었다. 이후 정병호는 행상으로 두 명의 자식을 키웠다. "일본 정부가 강제연행은 해결한 문제라고 하지만 일본에서 중노동을 한 결과 부상을 입은 사람이나 죽은 사람이 적지 않다. 그런 사람들에게 유복한 일본이 보상하는 것은 당연하다. 그렇게 하지 않으면 거짓이다"고 말했다.

김주형이 사도에 간 것은 1944년 1월이었다. 면 당국이 '한 집에서 1명은 가라'고 명령을 내려 16세 나이로 떠났다. 도망갈 생각이 있었으나 도망가다가 잡혀서 매를 맞는 것을 목격했으므로 엄두도 내지 못했다. 김주형은 당시 부료장을 했던 S를 기억하고 있었다. S 이야기를 듣자 김주형은 "죽여버리고 싶다"고 했다. 이런 반응은 김주형만이 아니었다. S의 고향인 원남리 사람들조차 "돌아와서 당시 상황을 이야기해달라. 우리는 지금까지도 한을 가지고 살고 있다. 반성해주면 좋겠다"고 말하고 있다.

고향으로 가는 길을 스스로 닫은 S가 내게 말했던 것과 같이 일부 사람들은 '강제연행 문제는 27년 전 한일조약으로 해결되었다'고 주장하고 있다. 그러나 진폐로 고통받고 사망한 사람, 지금도 고통받고 있는 사람, 강제연행된 채 행방을 알 수 없는 사람, 신혼 후 남편을 보내고 50년 이상 독신으로 지내는 사람. 이러한 사람의 고통은 지금 조금도 치유되지 않고 있다. '코리안강제연행등니가타현연구회'는 올 9월 강제연행의 피해자와 가족을 사도로 초청했다. 정병호, 노병구, 그리고 김평순까지 '기쁘게 초대를 받아들여' 주었다.

現代史秘話

戦争と人間

50年待った夫は日本で結婚していた

佐渡連行の朝鮮人とその家族の傷跡

●＝文筆業

張明秀

金山で栄えた佐渡島では戦争中、千人を超す人々が朝鮮半島から徴用され、「地の底」での過酷に従事していた。五十年ぶりに発見された当時の労働者名簿を手がかりに、現地探訪の旅に出た在日朝鮮人の見た植民地支配の傷跡は深く、改めて日本人の目覚を迫るものだった。

佐渡おけさで有名な新潟県佐渡島相川町の海岸通りに面した観光ホテルのロビーで、私は一人の男を待っていた。金山は、江戸時代に徳川幕府の財政を支えた佐渡金山の町である。金山で栄えた佐渡金山は廃鉱になり、名称を「ゴールデン佐渡」と変えて、いまでは佐渡観光の目玉の一つになっている。

佐渡金山では、一九三九年から日本が敗戦（朝鮮では解放）した一九四五年ま

で、千二百人とも二千人ともいわれる朝鮮人が働いていた。私が待つSさんは、そうした強制連行の実態を知るうえで貴重な証言をしてくれるはずだった。私がSさんに初めて会ったのは今年三月だった。七十歳になる彼は、佐渡金山における朝鮮人強制連行の歴史を調査する郷土史家やマスコミの注視する人物だったが、取材をずっと拒否している。が、

写真＝福井仁（本誌）

「府間ですでに解決したことでしょう。な
ぜ、いまさら取り上げるんですか」

突然、日本政府の公式見解のようなこ
とを言い出したSさんと、彼にそう言う
ように入れ知恵したに違いない「東京の
人間」に、私は激しい怒りを感じた。

六月二十二日、私は三度目の訪韓調査
に旅立った。昨年十一月に慶尚北道出身
の私が五十年ぶりに故郷の土を踏んだと
きは戸惑うことも多かったが、今度は要
領も分かっている。

めざす論山駅は、新潟からソウルへ空
路で二時間、さらに鉄道に乗り換えて二
百五十キロも南にある。市街地のすべてを
徒歩で回れるほどの小さな町だ。

Sさんの故郷の院間里二区は論山から
百済の古都・扶余に行く途中にある、今
までも半世紀前とほとんど変わらない五
十数戸が農業を営む田舎の集落だ。
この集落からは六人が連行されていた。

舗装のない田舎の一本道を歩き、私は
Sさんの家に急いだ。

七十一歳になる李さんは、本家横の二
間しかない家に住んでいる。縁側に腰を
かけ、私は改めて李さんの話に耳を傾け
た。

「李さんの一生は日本に奪われた」

「二十歳のときに私は嫁いで来ました。
夫は郡庁に勤めていましたが、結婚した
年の暮れに、「日本でカネを儲けてくる」
と、行き先も言わずに出ていってしまい
ました。家へは二回、帰ってきました。
一度目は休暇で三カ月ほどいましたが、
二度目のときは人を集めに来て、七日間
だけ家にいて集落の人を連れて行きまし
た、それっきりです」

Sさんの帰りを50年待つ李維雄さん

李さんは一枚の写真を取り出した。佐
渡で結婚したSさんが、日本人の奥さん
と三人の子どもに囲まれて、幸せそうに
写っていた。その写真を見れば李さんな
自分をあきらめると思ったのかもしれな
い。何十年もその帰りを待ってきた妻に
別の家庭があり、しかも家族そろって撮
った写真まで送りつけられた妻の心情は、
ただことでなかったはずだ。こういう事
態に直面すると、ふつう、朝鮮の女性は
こぶしで地面をたたきながら、大声で夫
の非と自分の悲しみを訴えるところであ
る。しかし李さんの表情は、案外と淡々
としたものだった。生涯を棒にした怒り
を、もう昔のように暮らせないことは知って
います。でも、私は死ぬまで籍を抜かな
い」

籍を抜かないことが自分の意地だと言
っているように、私には聞こえた。

「私たちの子どもも、生まれてすぐ死ん
でしまいました。夫がいなくなったあと
も、舅、姑は私に気を遣ってくれまし
た。日本に奥さんと子どもがいるんだし、

李さんは、夫が佐渡でどんな場所に勤
め、どんな仕事をしていたかについてあ
まり知らなかった。まわりの人も気を遣
って、本人の耳に入れるのを避けている
ようだった。「李さんの一生は日本に奪
われたんだ。日本にその補償をしなけれ
ばならない」。こう語った近所の人の言
葉が私の耳に残っている。

同じ集落に、Sさんの五歳違いの実弟、
尹儀雄さんが住んでいた。尹さんは一九
四四年の秋、靖国神社に新米を奉納する
青年団の一員として東京に行った折、佐
渡に足を延ばして兄に会ったときの様子
を語った。日本人寮長の下で副寮長を務
めるSさんが、病気で仕事に出られない
同僚に食事を与えないという陰口を叩き、
目のあたりにして、兄のあまりの変わりように
目を疑った」という。

一見のどかに見える優政時代（日本の植民
地時代）のことで、韓国ではだれでも言う。
三十六年間続いた院間里の農村も、

郷さんの愛娘は赤痢で死んでいた
私は論山から南に十キロほど離れた隣
町の江景に足を向けた。そこには、四三

写真＝牧田清

11
—
후생연금반환운동

1) '잇는 모임'을 발족해 조사를 이어가자!

1992년 한국 현지 조사 이후 코리안강제연행등니가타현연구회의 이름으로 활동한 기록은 찾을 수 없다. 이후 사도광산에 동원된 조선인 광부와 관련한 활동을 이어간 단체는 '과거, 미래 – 사도와 조선한국을 잇는 모임'이하 잇는 모임이다.

『마나부まなぶ』 47호 기사16쪽에 따르면, '잇는 모임' 발족에 영향을 미친 것은 연초배급명부 발굴이었다. 1991년에 코리안강제연행등니가타현연구회의 일원으로 한국에서 실시한 현지 조사를 계기로 '잇는 모임' 발족으로 이어가게 되었기 때문이다.

입회권유서1995년 1월 작성에서 결성 배경을 찾을 수 있다. "1991년 연행된 사람들의 조사를 위해 한국을 방문하고 그 다음 해에 강제연행된 분들을 사도로 초청한 후 '과거, 미래 – 사도와 조선을 잇는 모임'을 발족"하게 되었다고 밝혔다.

1991년에 한국 현지조사에 참여한 하야시 소겐사總源寺 주지 등은 『대전일보』 기사에 자극받아 1992년 11월 19일에 제1회 방문단을 파견했고, 12월 22~23일에 사도 아이카와에서 보고 집회를 열었다. 또한 1992년5명과 1995년3명에 생존자와 유족을 현지에 초대하기도 했다. 이들은 당시 니가타현에서 활동하는 '코리안문제연구회'와 제휴했다.

잇는 모임이 작성한 「입회권유서」와 회보 『교류』 제1호1995년 11월 25일 발간에 따르면, 잇는 모임은 1995년 5월 1일에 정식 발족했다. 결성 당시 발기인은 사토佐藤俊策, 고스기小杉邦男, 쓰카모토塚本壽一, 이케다池田亨, 가나야마金山敎勇, 하야시林道夫 등 6명이었다.

이들은 모임 발족을 위해 1991년 현지조사 참가 후 4년간 방송이나 신문보도 등을 통해 홍보하고 1994년 여름부터 본격적인 준비에 들어가 1년 후에 발족했다. 발족 당시 하야시 미치오 주지를 대표로 고스기, 가나야마 등 3인이 사무국을 담당하기로 했다. 발족 후에는 각 시정촌에 지구 조직을 두기로 하고 조직화에 노력했다. 이후 명칭을 '과거, 미래 – 사도와 한국을 잇는 모임'으로 바꾸었다.

잇는 모임은 1995년에 사도광산 조선인 피해자의 후생연금반환활동을 했다. 그 외 계획했던 사업은 회보 발행, 강제동원 관련 자료 수집 및 전시, 청년 세대를 위한 교류사업, 현장에 안내판 등 설치, 영화나 연극 등 시민 대상의 문화적 교류사업이다. 이 가운데에서 회보는 발행했으나 다른 사업은 알 수 없다.

'잇는 모임'은 지금 어떤 활동을 하고 있을까. 현재 활동 현황을 알 수 없다. 정식 해산을 한 것은 아니지만 현재 활동을 하지 않아 지역 활동가들 스스로도 '개점휴업' 상태라고 표현했다.

■ 명칭 변경

잇는 모임은 1994년 발족을 준비할 때 가칭으로 '과거, 미래 – 사도와 한국을 잇는 모임'으로 정했는데, 회칙을 검토하는 과정에서 한반도의 분단을 고려해 1995년 5월 1일 발족할 때에는 '한국'을 '조선'으로 바꾸었다. 그러다가 7월에 다시 '조선'을 '한국'으로 변경했다.

■ 하야시 미치오

사도 아이카와의 소겐사総源寺의 주지이다. 1992년 6월 4일에 NHK가 방영한 프로그램 '50년째의 진실, 사도금광'에서 1991년 당시 한국에서 현지조사를 하던 모습을 볼 수 있다. 그는 2022년 2월 13일에 탑재한 프로그램 '사도는 군함도의 전철을 밟는다 – 정치가 왜곡한 세계유산추천佐渡は、軍艦島の二の舞になる ～政治が歪めた世界遺産推薦～'【The Burning Issues vol.20】에 출연해 사도광산 조선인 광부가 처했던 상황을 '노예'라 표현하며 강제동원 실태를 생생히 전달했다.https://www.youtube.com/watch?v=rYxgSOzyeAM&list=LL&index=31&t=1805s

1945년 일본의 패전에 따라 40년에 걸친 일본에 의한 조선 지배는 막을 내리게 되었습니다. 그리고 전후 는 어느덧 50년의 세월을 맞이하고 있습니다.

이러한 때를 맞아 우리가 생각해야 할 것은 패전에 이른 조선 식민지 지배의 역사 청산이 이 50년 동안 충분히 이루어졌는가 하는 점입니다.

1965년 한일조약이 체결되었으나 일본은 식민지 지배에 대해 조약에 기초한 합의에 의한 것이고, 모든 사죄는 필요하지 않다는 태도를 보이고 있습니다. 나아가 조선민주주의인민공화국에 대해서는 50년간 어떠한 관계도 맺지 않고 있어 과거의 침략과 지배의 청산은 이루어지지 않고 있습니다.

일본에게 가장 가까운 이웃 나라인 조선과의 관계는 멀리, 특히 에도시대에 조선통신사는 양국간 평화와 우호의 역사를 상징하고 있습니다. 그러나 메이지 이후 일본의 통치, 조선에 대한 억압, 식민지 지배와 이 에 대한 조선인 저항의 역사는 양국 간 어두운 관계를 가져왔습니다. 태평양전쟁 기간 중에는 모국어의 학습조차 금지된 조선인들을 대거 일본의 탄광이나 광산으로 강제적으로 끌고 와 힘든 노동에 종사하도 록 했습니다.

현재 일본의 정치 혼란 속에서 아시아 각국의 종군위안부 문제, 전후보상, 조선인피폭자문제 등 정부로서 사죄나 책임 수행 문제가 떠오르고 있습니다. 이러한 문제가 아직도 거론된다는 것은 일본인의 세계 시민과 함께 살아가기 위해서 빨리 수행하지 않으면 안되는 비인간적인 차별이나 인권유린, 억압, 지배 등의 역사 청산이라는 중요한 과제의 해결을 계속 피해왔기 때문이 아닐까요.

전시 중 사도(아이카와)광산에도 천 명이 넘는 사람들이 강제연행되어 온 사실이 십 년 전에 밝혀졌고, 신문이나 텔레비전 등에서 보도된 것은 기억에 새로운 일입니다. 그 중에는 현재 중학생·고등학생 정도의 나이의 어린이들도 있었습니다.

1991년에는 연행된 사람들의 조사를 위해 한국을 방문하고 구술 청취를 했고, 그 다음 해에는 강제연행된 분들을 사도로 초청해서 당시 아이카와 광산에서 있었던 노동 실태나 힘들었던 숙소 생활을 듣는 집회 등을 열었고, 그 후 우리는 '과거·미래-사도와 조선을 잇는 모임'을 발족하게 되었습니다.

전후 50년을 맞아 우리는 새롭게 '전쟁 전의 군국주의는 그 식민지 지배에 의해 조선사람들에 대해 필설로 다하지 못할 비참한 체험을 강제'하고, '일본 국민은 이러한 가해자로서의 역사를 한시도 잊어서는 안되고, 잊지 않는 것이 양국에 중요한 시점'이라는 점을 포함해 과거의 역사를 진지하게 바라보면서 진정한 화해와 우호의 관계를 이어 나가기 위해 '지금 무엇을 해야 하는가'에 대해 회원 여러분과 함께 깊이 모색해가고 싶다고 생각하며 '잇는 모임'의 입회를 부탁드립니다.

1995년 5월 1일

'과거·미래-사도와 조선을 잇는 모임'

결성발기인

사토(佐藤俊策)

고스기(小杉邦男)

쓰카모토(塚本壽一)

이케다(池田亨)

가나야마(金山敎勇)

하야시(林道夫)

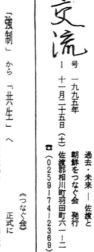

交流
号 1 一九九五年 十一月二十五日 (土)
過去・未来——佐渡と朝鮮をつなぐ会 発行
佐渡郡相川町羽田町六一二
☎(0259)74-2369

「強制」から「共生」へ めざして交流を

《つなぐ会》 正式に 発足へ

最も非人道的な原爆をヒロシマに、ナガサキにと落とされ、更にはソ連の参戦まで引き起こして日本が破れたことで、佐渡鉱山に強制連行されていた朝鮮の人達も、ようやく「解放の日」を迎え、ほとんどが祖国へ帰った。その後どうしているのか、四年を経たこの夏、「過去・未来——佐渡と朝鮮をつなぐ会」として、正式に発足した。

一九九一年に始まったこの集まりは、新潟のコリアン問題強制連行等調査会の働きかけに応じたもので、地元ながらその事について知れば知る者は殆ど居らず、外から目を覚まされた思いを、多くの人が持ったのではないか。

遅ればせながら関心は高まり、その年の暮れには、韓国を訪ねての調査報告会が相川町で開かれるようになり、相川町民だけでなく、全島の人達も関心を寄せはじめ、有志による研究会が事実上のスタートをした。

翌九二年の秋には、韓国から一行十人の方達を招いて、心ならずも強制労働させられた体験談や、残された遺族の想いを聞く集いを開くが、多くの人達の協力で開く事が出来た。

この四年の間には、テレビ、新聞等の報道もされるようになり、有志による集まりは重ねられ、昨年夏には正式の発足を目指し、仮称ながら「過去・未来——佐渡と韓国をつなぐ会」名で、会則の討議を始めていたが、一年後に実現したことになる。

会の名称については、集まり始めた頃「韓国」をつなぐ会していたが、会則の検討に入った時、朝鮮半島の人達が併合、分断をいずれも乗り越えて、統一に至る事を考慮し、現時点では地理的呼称に重点を置き、「朝鮮」としたものである。

因みに、「過去・未来」で歴史の流れ「時間」を、「佐渡と朝鮮」で人の流れ交わり「空間」を表し、更には、会に参集する人達中心の行動が、常に「現在」となるので、教えて言えば、「つなぐ」に現在の意味を持たせて、「過去・現在・未来」とはしなかった。

去る八月九日の相川町で開催した集合では、昨年夏の小木町で開かれた集会で、会則原案の討議、作成が済んでいたことから、設立総会として会則の確認をしたあと、正式の発足となったものである。

会則は目的を朝鮮との友好と親善をつくることに置き、次の骨子を中心に十八条を定めた。

☆主な事業として、研究会、会報発行、種々の交流等を行う。
☆賛同する者は、誰でも会員になれる
☆会の運営はスタッフ制による。
☆会議は年一回の総会のほか、随時スタッフ会議を開く。
☆財政は年額五千円の会費を柱に、事業収入、寄付等で賄う。

なおスタッフの内、運営の任に当たる事務局三名は、つぎの人達が選任された

林　道夫 (小木町)
金山 教勇 (佐和田町)
小杉 邦男 (相川町)

その中から互選により、会の代表として、林 道夫さんが決まった。

以上により「佐渡と朝鮮をつなぐ会」は名実共に正式にスタートをしたが、当面の課題はいかに多くの賛同者をえられるかだろう。設立メンバー、発起人を中心に、各地での活動が要求される。その広がりによっては、各市町村に地区組織を置くこともできる。

地元佐渡で発足したこの会が、言わば市民運動としてどれだけ組織化されるかによって、国際化時代の今、最も身近に真の「交流」が実践出来るかが、決まるのではないだろうか。

今夏の韓国訪問記

今年七月に入って間もなく、佐渡と新潟から合わせて八名が韓国を訪れた。それまで少人数による数回の調査行はあったが、十名近い訪韓は初めてのことである。

訪韓の目的は、加入も強制的だった「厚生年金の期限確認書」の交付請求のための本人、遺族の方達から、委任状を受け取ることだった。

七日に八人揃って大韓航空機で韓国へわたった。帰国は五人が十日に、三人が十三日と別々になったが、忠清南道を中心に行動を共にした。宿舎としたホテル（同一）で必要審査を作成し、訪ねてくれた人達から押印してもらった。

その前後には、住居訪問やレストランでの会食など、より「交流」を深める事も出来たが、反面随分の心遣いもして頂いた。改めて人々の純朴さを感じ、「景色のやさしさ」に見られる風土を合わせて、日本の国策の非道さに思いが至った。

前述の印鑑を貰ったことで、当初の目的は達成出来たが、合間には一行自身の交流会も種々開き、二カ所の古寺を訪ねるな

'과거·미래-사도와 조선을 잇는 모임' 발행

사도군 아이카와마치 하네다마치61-2(전화 0259-74-2369)

'강제'에서 '공생'으로

목표로 교류를

'잇는 모임' 정식으로 발족

가장 비인도적인 원폭이 히로시마에, 나가사키에 떨어지고 다시 소련이 참전하는 일까지 일어나 일본이 패배한 일로 사도광산에 강제연행되어 있던 조선인들도 드디어 '해방의 날'을 맞아 대부분이 조국으로 돌아갔다. 그 후 어떻게 되었는가, 당시는 어떻게 노역을 당하였는가를 알고자 하는 사도에서 모임이 4년을 지난 이 여름 '과거·미래-사도와 조선을 잇는 모임'으로서 정식으로 발족했다.

1991년에 시작한 모임은 니가타의 코리안문제강제연행등조사회의 활동을 계기로 응하게 된 것이므로, 지역에서 그 일에 대해 아는 사람은 거의 없었고, 많은 사람이 외부에서 우리를 자각시켰다는 생각을 가지고 있었던 것은 아니었는가.

시간이 지나면서 관심이 높아지고, 그 해 한국을 방문했던 조사보고회가 아이카와에서 열리게 되어 아이카와 지역민 뿐만 아니라 사도섬 전체 도민들의 관심도 일어나기 시작해 사실상 유지들이 연구회를 시작하게 되었다.

그 다음 해인 1992년 여름에는 많은 분들의 협력으로 한국에서 일행 10명을 초청해 강제노동을 경험한 체험담이나 남은 유족의 생각을 듣는 모임이 열릴 수 있었다.

이 4년간 텔레비전과 신문 등의 보도도 있었고, 유지들이 모임을 계속해나간 결과, 작년 여름에는 정식으로 발족을 목표로 가칭으로 '과거·미래-사도와 한국을 잇는 모임'이라는 이름으로 회칙을 검토하기 시작했는데, 1년 후에 실현되게 되었다.

단체의 명칭에 대해서는 모임 초반에는 '한국'을 잇는 모임으로 하려고 했는데, 회칙 검토에 들어갔을 때, 한반도의 사람들이 병합과 분단을 스스로 넘어서 통일에 이를 것을 고려해 현시점에서는 지리적 호칭에 중점을 두고 '조선'으로 한 것이다.

나아가 '과거·미래'에서 역사의 흘러가는 '시간'을 '사도와 조선'에서 사람들의 흐름과 교류의 '공간'을 나타내고 모임에 참가하는 사람들의 중심적인 행동이 늘 '현재'이므로 '잇는 것'에 현재의 의미를 갖고, '과거·현재·미래'라고 하지 않았다.

지난 8월 9일 아이카와마치에서 열린 회의에서는 작년 여름의 고키마치에서 열린 집회에서 회칙 원안 토의와 작성을 마쳤으므로 설립 총회로서 회칙을 확인한 후 정식으로 발족하게 되었다.

회칙은 목적으로 조선과 우호와 친선을 잇는 것으로 두고, 다음의 골자를 중심으로 18조로 정했다.

- 주요한 사업으로서 연구회, 회보 발행, 다양한 교류 등을 한다.

- 찬동하는 사람은 누구라도 회원이 될 수 있다.

- 운영은 스탭제로 한다.

- 회의는 연 1회 총회 외에 수시로 스탭회의를 연다

- 재정은 연 5천원의 회비를 기준으로 사업수입과 기부 등으로 충당한다.

- 스탭 가운데 운영의 책임을 담당할 사무국 3명은 다음의 사람들을 선임한다.

하야시(林道夫)

가나야마(金山敎勇)

고스기(小杉邦男)

이들 가운데에서 호선에 따라 하야시를 모임의 대표로 결정했다.

이상에 따라 '사도와 조선을 잇는 모임'은 명실상부 정식으로 발족했는데, 당면 과제는 얼마나 많은 찬동자를 모으는가 하는 점일 것이다. 설립 멤버, 발기인을 중심으로 각지에서 활동이 요구된다. 그 확장에 따라 각 시정촌에 지구 조직을 설치할 수 있다.

지역인 사도에서 발족한 모임이 이른바 시민운동으로서 거론될 정도의 조직화를 이루는가에 따라 국제화 시대인 지금 가장 가까이에서 진정한 교류가 실천될 수 있는가가 결정되지 않겠는가.

2) '잇는 모임'이 전개한 후생연금반환운동

잇는 모임은 발족 당시에 현안으로 '찬동자의 확산'을 통한 조직화로 설정했다. 그러나 잇는 모임은 발족 이후 가장 먼저 후생연금반환운동에 나섰다. 1995년 7월 7일~13일간, 잇는 모임 회원과 니가타 시민 등 8명이 한국 충남을 방문해 '후생연금의 기간확인서 교부 청구'를 위한 활동에 들어갔다. 후생연금반환청구를 원하는 생존피해자와 유족들에게 위임장을 받고 필요한 서류를 작성해 인감을 찍도록 하는 일이었다. 후생연금반환청구를 신청하려면 당사자가 해야 하는데, 일본에 와야 하므로 잇는 모임이 신청인을 대신해서 신청하려는 것이었다.

잇는 모임의 한국 방문 활동에 19명이 신청하겠다고 의사를 밝혔다. 이들은 피해자와 유족 약 30명을 대상으로 구술인터뷰도 실시했다.

한국에 가서 생존피해자와 유족들의 신청 의사를 접수한 잇는 모임 회원들은 니가타 서사회보험사무소에서 위임장을 받은 대상자 14명의 보험가입기간 확인서를 받아 한국의 당사자에게 알려주었다.

니가타 서사회보험사무소가 확인한 내용은, 14명 가운데 7명은 당시 사도광산 측이 후생연금탈퇴금을 지불했고, 4명은 지불하지 않았다는 것이었다. 또한 3명은 후생연금적립금을 납부하지 않아 탈퇴금 수급 자격이 없다고 했다.

그렇다면, 이들 7명은 모두 보험금탈퇴금을 받았을까. 이들 가운데 생존자 2명노병구, 윤종광은 수령하지 않았다고 밝혔다. 또한 1942년 6월에 사망한 이병진은 후생연금의 전신인 노동자보험 수령 대상자였으나 지급한 기록이 없다. 잇는 모임이 확보한 후생연금보험 관련 자료에 따르면, 이병진은 1942년 1월 1일 가입해 6월 1일에 자격을 상실한 것으로 나와 있다.

이러한 결과가 나온 이유는 무엇일까. 당시 사도광산이 당연히 지불해야 할 보험금을 지불하지 않았거나 지불하지 않은 탈퇴금을 마치 지불한 것으로 처리한 때문이 아닐까.

잇는 모임은 1995년 11월 28일 방일한 생존자 및 유족과 함께 니가타현청 보건과를 방문했다. 방일한 피해자는 노병구盧秉九, 당시 72세와 윤종광당시 73세. 尹鐘洸이고, 유족은 고 김문국기사에서는 김묵구로 표기의 장남 김평순이었다. 세 명 가운데 노병구는 두 번째 방일이었다. 이들이 방문한 목적은 두 가지 의문점을 확인하기 위해서였다. 두 가지 의문점이란, 연금가입기간이 근무기간과 다른 점, 7명 중 생존자 2명노병구, 윤종광은 보험금을 수령하지 않았는데도, 확인서에 탈퇴일시금을 지급했다고 기재되어 있는 점이었다. 두 가지 의문점을 확인하려면 직접 보험대장자료를 보아야 했다. 그래서 이들은 열람을 요청하고자 방일했다.

1995년 11월 28일, 잇는 모임 관계자는 사도광산 피해자와 유족 등 3명과 함께 니가타현청을 방문해 두 가지 의문점을 지적하고 후생성에 상세한 조사를 요청했다.

그러나 보험대장이 후생성에 있다는 답변을 듣고 29일에 도쿄 후생성 사회보험청 보험과장과 면담했다. 그러나 역시 두 가지 의문은 해결하지 못했다.

그러자 잇는 모임은 11월 28일과 29일 양일간 각 정당 책임자와 후생대신 등에 「요청서」를 보내 강제동원 조선인의 후생연금보험 지급 문제를 지적하고 '특별입법'을 제정할 것을 촉구했다. 특히 일본사회당에는 집행위원장에게 별도의 요청서를 보내기도 했다. 내용은 동일했으나 매우 신속한 대응이었다. 그러나 성과는 거둘 수 없었다.

■ 현장을 찾은 생존자와 유족

방일한 3명 가운데 생존자 2명은 당시 일했던 현장을 방문하고 아이카와마치를 방문해 쵸초町長를 만나기도 했다. 와쿠라마치和倉町 3쵸초町長가 "당시는 폐를 끼쳤다. 사과드린다. 이제부터는 이해와 협력을 하면서 교류를 강화하고 싶다"고 인사했다. 이들은 당시 조선인 노동자의 담배나 현금 서류를 취급했던 노인93세과도 재회를 했는데, 이 노인은 일본 패전 후 고향으로 돌아가는 2명을 트럭에 태우고 전송했다고 한다.

이들은 12월 1일 저녁 아이카와마치의 대사도大佐渡개발종합센터에서 열린 '증언을 듣는 모임'잇는 모임 주최에서 당시 경험을 구술했다. 윤종광은 이 자리에서 "일했던 사람들이 대부분 죽었다. 지금까지 살아올 수 있었다는 것은 기적이라" 발언했다.

■ 후생연금이란

현재 일본의 공적연금제도 가운데 2단계에 해당하는 후생연금제도를 의미한다. 1944년 1월 제84회 제국의회에서 '노동자연금보험법중개정법률안'을 심의해 후생연금보험으로 바꾼 후생연금보험법1944년 2월 16일 법률 21호로 공포, 6월 1일 시행을 제정해 탄생했다. 일본과 사할린1944년 내지로 편입 등 내지에서 노무자를 동원한 기업이 가입해야 했다. 후생연금보험법의 보험료율은 임금의 11.0%였고 급여에서 원천 징수했으며, 사망·사고나 퇴직 시 탈퇴수당금을 지급하도록 했다.

이미 일본은 식민지를 제외한 본토에 건강보험건강보험법: 법률 제70호. 1922년 4월 22일 공포, 1927년 1월 시행과 노동자연금보험제도노동자연금보험법: 법률 제60호. 1941년 3월 11일 공포, 1942년 1월 1일 시행를 통해 공장법과 광업법의 적용을 받는 사업장의 상시노동자를 강제로 보험에 가입하도록 했다. 그런데 전황의 악화와 공장·탄광산 동원 인력이 급증하는 과정에서 필요성을 느껴 후생연금제도를 만들었다.

후생연금보험법에 따라 5인 이상 사업소와 여자노동자, 사무직원은 모두 보험 가입 대상이었으므로, 당연히 일본과 사할린 동원 조선인들도 가입했다. 당시 총 가입자는 844만 명이고 적용 사업소공장과 탄광산 등는 13만 개소였다. 1945년 8월 기준 일본의 피징용자는 616만 명이므로, 총 가입자에는 조선인 강제동원 피해자가 포함되었을 것이다. 그러나 일본과 사할린에 동원되었던 조선인들 가운데 보험 가입 사실을 아는 이들은 거의 없었다. 일본은 패전 직후인 1945년 8월 30일자로 후생성 고시 88호를 공표해 '전쟁 종결로 인해 사업소가 폐지되고 축소되어 퇴직하는 경우, 탈퇴수당금을 지급'하도록 했다. 그러나 이 사실을 알려준 기업은 없었다.

후생연금제도는 여러 차례 개정되어 일본의 건강보험제도로 전환되었고, 이 과정에서 일본에 거주하는 피보험자들은 새로운 공적연금제도로 연계했다. 그러므로 현재 일본인들은 후생연금명부와 무관하다. 그러나 일본의 패전과 함께 퇴직 상태가 된 조선인들은 대부분 새로운 공적연금제도로 이관되거나 탈퇴수당금을 신청하지 않았으므로 후생연금명부에 미결 대상자로 남았다. 후생연금은 탈퇴수당금을 신청해야 탈퇴가 가능하기 때문이다.

자료 원문 잇는 모임 회보 『교류』 제1호(1995년 11월 25일 발간)

올 여름의 한국방문기

금년 7월이 되자마자 사도와 니가타에서 모두 8명이 한국을 방문했다. 그동안 소수의 사람들이 여러 차례 한국에서 조사했는데, 10명 가까운 인원이 방한한 것은 처음이다.

방한 목적은, 가입도 강제적이었던 '후생연금의 기간 확인서' 교부 청구를 위해 본인과 유족들에게 위임장을 받기 위함이었다.

7일에 8명이 함께 대한항공편으로 한국으로 갔다. 귀국은 10일에 5명, 13일에 3명 등 별도로 했으나 활동은 충청남도를 중심으로 함께 했다. 숙소인 호텔(같은 호텔)에서 필요한 서류를 작성하고 찾아온 사람들에게 날인을 받았다.

그 전후에는 거주지를 방문하거나 레스토랑 등에서 식사를 하면서 보다 깊은 '교류'를 하기도 했는데, 여러 배려를 받았다. 다시 한번 사람들의 순박한 마음을 느끼고 친절함에 일본의 국책의 비인도성을 느끼게 되었다.

앞에서 언급한 인감을 날인받은 일로 주 목적은 달성했으나 그 사이에 일행들의 교류회도 여러 차례 열과 두 군데 사찰을 방문해서 옛 시대의 조선을 이해하는 시간도 가졌다. 물론 관광여행이 아니었고, 관광에 대한 기대는 가지고 있지 않았으나 생각지도 않은 방문은 귀중했다.

〈중략〉

어쨌든 이번 여름의 방한은 '연금' 관련의 목적이 있었지만 시민적 교류의 측면에서 의미가 컸고, 사람과 풍물, 그리고 역사를 이해하는 속에서 더 명확하게 일본인으로서 어떻게 역사를 바라보아야 할 것인가를 생각하게 해 준 접하기 어려운 기회였다.

集する人達中心の行動を、常に「現在」となるので、敢えて言えば、「つなぐ」に現在の意義を持たせて、「過去・現在・未来」とはしなかった。

去る八月九日の相川町で開催した会合では、昨夏の小木町で開かれた集会で、会則原案の討議、作成が済んでいたことから、設立総会として会則の確認をしたあと、正式の発足となったものである。

会則は目的を朝鮮との友好と親善をつくることに置き、次の骨子を中心に十八条を定めた。

☆主な事業として、研究会、会報発行、種々の交流等を行う。

☆賛同する者は、誰でも会員になれる

☆運営はスタッフ制による。

☆会議は年一回の総会のほか、随時スタッフ会議を開く。

☆財政は年額五千円の会費を柱に、事業収入、寄付等で賄う。

なおスタッフの内、運営の任に当たる事務局三名は、つぎの人達が選任された

　林　道夫（小木町）

　金山　教勇（佐和田町）

　小杉　邦男（相川町）

その中から互選により、会の代表として、林　道夫さんが決まった。

以上により「佐渡と朝鮮をつなぐ会」は名実共に正式にスタートをしたが、当面の課題はいかに多くの賛同者をえられるかだろう。設立メンバー、発起人を中心に、各地での活動が要求される。その広がりによっては、各市町村に地区組織

を聞くこともできる。

地元佐渡で発足したこの会が、言わば市民運動としてどれだけ組織化されるかによって、国際化時代の今、最も身近に真の「交流」が実践出来るかが、決まるのではないだろうか。

今夏の韓国訪問記

猛暑になろうとする少し前、今年七月に入って間もなく、佐渡と新潟から合わせて八名が韓国を訪れた。それまで少人数による訪韓は初めてのことである。

訪韓の目的は、加入も強制的だった「厚生年金の期間確認書」の交付請求のため本人、遺族の方達から、委任状を受け取ることだった。

七日に八人揃って大韓航空機で韓国へわたった。帰国は五人が十日に、三人が十三日と別々になったが、忠清南道を中心に行動を共にした。宿舎としたホテル（同一）で必要書類を作成し、訪ねてくれた人達から押印してもらった。

その前後には、住居訪問やレストランでの会食など、より「交流」を深める事も出来たが、反面随分の心違いもして頂いた。改めて人々の純朴さを感じ、「景色のやさしさ」に見られる風土と合わせて、日本の国策の非道さにも思いが至った。前述の印鑑を貰ったことで、主目的は達成出来たが、合間には一行自身の交流会も種々開き、二カ所の古寺を訪ねるな

ど、古い時代の朝鮮に触れる時間もつくれた。無論のこと観光旅行ではないから見物の時間は持ってはいなかったが、思わざる訪れは貴重だった。

そうした滞在の中で、最初の日宿舎に入る前に寄った教会は、日本の人間にとっては衝撃的な所だった。

一九一九年（大正八年）独立運動が盛んな当時の朝鮮で、併合していた日本の「軍警」が、京畿道華城郡南面堤岩里の教会に、住民を監禁して放火、発砲する事件などが、二十三名を惨殺した遺跡だったか

らである。

その一帯には、墓地、教会、記念塔などが整備されていたが、直接交戦していた朝鮮でなくても、併合による植民地化に反対する者には、「狂気」を発する事もあるような。かって日本が過酷な状況を他国の人達に、力を持って強制した現地で、私達が直接見聞することが、そういう時代を再現しない為の「史眼」を、自分のものとすることに繋がるのではないだろうか。

冷戦終結後も、「自衛論」から軍備が必要との考えが、まだまだ根強いだけにもう一度しっかりと、軍備とは人間にとってどういうことか、ましてやそれぞれの行使に正当な理由があるのか、思い想うべき時ではないのか。

ともあれ今夏の訪韓は、「年金」関連の目的があったとはいえ、市民的交流の側面も大きく、人に、風物に、そして歴史に触れ合う中で、それぞれがじっくり

と日本人として、いかに歴史を観るべきかを、考えさせてくれる得難い機会ではあった。

２回目の"つどい"実現へ

３人の方達を韓国から招請

佐渡集会をあいかわで１２月１日（金）に、午後６時から相川町の大佐渡開発総合センター２階研修室で開催。

招請者　３人のお名前

　　　　ノ　　ビョン　　タ

　　　盧　秉　九　さん（本人）

자료 원문 후생연금 확인 내용

이름	주소	생년월일	후생연금번호	종별	자격취득	자격상실	기간	비고
노병구	충남 청양군 청양읍 적기현	19230326	3200-026226	3	1942.1.1	1942.6.1	0	1945년 10월 3일 부금기간탈퇴수당금 지급 완료
					1944.10.1	1945.9.29	11	
윤종광	충남 청양군 목면 안심리	19221024	3200-026239	3	1942.1.1	1942.6.1	0	1946년 1월 22일 부금기간탈퇴수당금 지급 완료
					1944.10.1	1945.5.19	7	
김문국	충남 논산군 은진면 성평리	19130327	3200-025883	3	1942.1.1	1942.6.1	0	
이병진	충남 청양군 장평면 미당리	19130307	3200-026739	3	1942.1.1	1942.6.1	0	
박준택	충남 청양군 정산면	19111218	3200-066942	3	1942.1.1	1942.6.1	0	1945년 10월 3일 부금기간탈퇴수당금 지급 완료
					1944.10.1	1945.9.29	11	
김충일	충남 청양군 정산면 제리	19131227	3200-066934	3	1942.1.1	1942.6.1	0	1945년 12월 3일 부금기간탈퇴수당금 지급 완료
					1944.10.1	1945.9.29	11	
김호병	충남 청양군 정산면 제리	19220310	3200-066938	3	1942.1.1	1942.6.1	0	1945년 10월 3일 부금기간탈퇴수당금 지급 완료
					1944.10.1	1945.9.29	11	
이성룡	충남 청양군 정산면	19200720	3200-066943	3	1942.1.1	1942.6.1	0	
					1944.10.1	1945.9.29	11	
유변현	경기도 인천시 남구 주안5동	19230228	3200-026245	3	1942.1.1	1942.6.1	0	
					1944.10.1	1945.9.29	10	
김수업	충남 청양군 정산면 용두리	19070315	3200-066935	3	1942.1.1	1945.9.26	0	
					1944.10.1	1945.9.29	11	
윤노원	충남 청양군 목면 신흥리	19160713	3200-026241	3	1942.1.1	1942.6.1	0	
윤종갑	충남 청양군 목면 신흥리	19201116	3200-026242	3	1942.1.1	1942.6.1	0	
					1944.10.1	1945.5.7	7	
윤호경	충남 청양군 목면 신흥리	19151201	3200-026240	3	1942.1.1	1942.6.1	0	1945년 10월 3일 부금기간탈퇴수당금 지급 완료
					1944.10.1	1945.9.29	11	
강희태	충남 청양군 운곡면 모곡리	19071006	3200-0266854	3	1942.1.1	1942.6.1	0	
					1944.10.1	1945.2.10	4	

三菱鉱業（株）佐渡鉱業所強制連行韓国人労働者厚生年金期間確認証明（厚生省資料から作成）

NO	氏名	住所	生年月日	厚生年金番号	種別	資格取得	資格喪失	期間	備考
1	盧 秉九 （河田 秉九） 本人	忠清南道青陽郡青陽邑赤楼見120 ☎42-3142	大12.3.26	3200-026226	3	17.1.1	17.6.1	0	昭和20年10月3日付全期間脱手当金支給済
						19.10.1	20.9.29	11	
2	尹 龍光 （伊原 龍光） 本人	0454- 忠清南道青陽郡木面安心里 ☎42-9093	大11.10.24	3200-026239	3	17.1.1	17.6.1	0	昭和21年1月22日付全期間脱手当金支給済
						19.10.1	20.5.19	7	
3	金 文国 （同 上） 長男 金 平純	0461 忠清南道論山郡恩津面城坪里117 ☎741-0696	大2.3.27	3200-025883	3	17.1.1	17.6.1	0	
4	李 柄晋 （清水 柄晋） 長女 李 吉子	忠清南道青陽郡長坪面美堂里28 ☎42-7388	大2.3.7	3200-026739	3	17.1.1	17.6.1	0	
5	朴 埠宅 （江水 埠宅） （遺族） 子 朴 正来	忠清南道青陽郡定山面帝里215 ☎42-0316	明44.12.18	3200-066942	3	17.3.17	17.6.1	0	昭和20年10月3日付全期間脱手当金支給済
						19.10.1	20.9.29	11	
6	金 忠一 （金山 忠一） （遺族） 長男 金 重鎬	215 忠清南道青陽郡定山面帝里215 ☎42-0133	大2.12.27	3200-066934	3	17.3.17	17.6.1	0	昭和20年12月3日付全期間脱手当金支給済
						19.10.1	20.9.29	11	
7	金 浩炳 （金山 浩炳） 本人	忠清南道青陽郡定山面帝里379 ☎42-0134	大11.3.10	3200-066938	3	17.3.17	17.6.1	0	昭和20年10月3日付全期間脱手当金支給済
						19.10.1	20.9.29	11	
	李 成龍								
	金 小南	0343 忠清南道青陽郡定山面帝里275 ☎55-0171	大9.7.20	3200-066943		19.10.1	20.9.29	11	
9	袁 愛弦 （松村 同上） 本人	京畿道仁川市南区朱安18-28S統1班	大12 1923.2.28	3200-026245	3	17.1.1	17.6.1	0	
						19.10.1	20.8.1	10	
10	金 喜業 （金城 喜業） （遺族） 子 金 載徳	忠清南道青陽郡定山面龍頭里 ☎42-0456	明40.3.15	3200-066935	3	17.3.17	20.9.26	0	
						19.10.1	20.9.29	11	
11	尹 魯道 （伊原 魯道） （遺族） 長男 尹 桂一	忠清南道青陽郡木面新興里115	大5.7.13	3200-026241	3	17.1.1	17.6.1	0	
12	尹 鍾甲 （遺族） 子 尹 鉄洙	忠清南道青陽郡木面新興里120	大9.11.16	3200-026242	3	17.1.1	17.6.1	0	
						19.10.1	20.5.7	7	
13	尹 鍾京 （伊原 鍾京） （遺族） 子 尹 定洙	忠清南道青陽郡木面新興里222	大4.12.1	3200-026240	3	17.1.1	17.6.1	0	昭和20年10月3日付全期間脱手当金支給済
						19.10.1	20.9.29	11	
14	姜 喜泰 （岡田 喜泰） （遺族） 子 姜 鍾興	忠清南道青陽郡露谷面芽谷里125	明40.10.6	3200-066854	3	17.3.17	17.6.1	0	
						19.10.1	20.2.10	4	

자료 원문 「전시 중 사도광산으로 강제연행된 한국인의 '후생연금보험료 버림 문제'에 대하여」

사도와 한국을 연결하는 모임

1. 후생연금보험에 가입했던 사실관계

① 사도와 한국을 잇는 모임에서 1995년 7월에 방한해, 관계자로부터 청취 조사한 결과에 의하면, 대부분의 사람이, 1939년 9월부터 1945년 8월까지 사도 광산(모두 갱내원)에서 일하고 있었다.

② 1942년 6월부터 '노동자보험'으로서 남성 공장노동자가 연금제도에 강제적으로 가입하게 되었다. 따라서 관계자(*신청인)는 모두 가입하고 있었을 것이다. 이 제도는 '노동자의 연금제도 확립'에서 전비를 국민으로부터 징수하기 위한 제도였다고 한다. (도조 내각 당시의 일입니다.)

③ 1944년 1월부터 가입자의 확대가 잦아, 남자의 사무직과 여자의 전 노동자가 강제 가입으로 되었습니다. 그리고 명칭도 '후생연금보험'으로 변경되어 현재 연금제도의 기초가 되었다.

④ 이 '후생연금보험'은 1945년 8월 패전으로 일시기능 정지상태가 되었고, 그 후 전원에게 탈퇴 수당금을 지급받았으나 그 때에는 이번에 신청한 한국 관계자는 이미 한국으로 돌아갔다. 또, 이 탈퇴수당금도, 1942년 6월부터 1945년 8월까지의 가입자로 약 100엔 정도로 작은 금액이었기 때문에, 전후의 후생 연금 재가입자에게는, 시정 조치가 강구되어야 했다. (1954년 법 개정. 후술 2-1)

2. 사도광산에서 일했던 사람이, 그대로 일본에 거주하고 있었다고 가정하면, 현재의 '후생연금'에서 어떤 취급을 받을까.

① 1945년 9월 이후, '후생연금보험'에 재가입해, 그 피보험자 기간이 12개월 이상 있는 사람에게는, 1942년 6월부터 1945년 8월까지의 기간 1개월당, 3,047엔(정액)의 금액을 적용해, 연금 지급할 때 적용하고 있습니다. 다만, 전후 국민연금 가입만의 사람에게는 지급하지 않는 모순된 점은 남아 있습니다.

② 위 ①의 경우를 한국인에게 적용해 계산하면 다음과 같이 됩니다. 이 경우, 그 사람이 수급 자격 기간을 만족하고 있다고 가정합니다.

기간계산 1942년 6월~1943년 12월=19개월×4/3(A) = 25.33월

1944년 1월~1945년 8월= 20개월 ×5/3(B)=33.33월

합계 58.66월

戦時中、佐渡鉱山へ強制連行された韓国人の「厚生年金保険料掛け捨て問題」について

佐渡と韓国をつなぐ会

1. 厚生年金保険に加入していた事実関係

①佐渡と韓国をつなぐ会で、平成7年7月に訪韓し、関係者からの聞き取り調査によれば、ほとんどの人が、昭和14年9月から昭和20年8月まで、佐渡鉱山（全員が坑内員）で働かされていた。

②昭和17年6月から、「労働者保険」として、男子の工場労働者が年金制度に強制的に加入させられた。したがって、関係者は全員加入していたはずである。この制度は、「労働者の年金制度の確立」より、戦費を国民から徴収するための制度であったといわれている。（東條内閣当時のことです。）

③昭和19年1月から加入者の拡大が計られ、男子の事務職と女子の全労働者が強制加入とされました。そして、名称も「厚生年金保険」と変更され、現在の年金制度の基礎ができた。

④この「厚生年金保険」は、昭和20年8月の敗戦で一時機能停止状態となり、その後、全員に脱退手当金の支払いがなされたが、その時には、今度の韓国の関係者は、すでに韓国に帰ってしまっていた。

また、この脱退手当金も、昭和17年6月から昭和20年8月までの加入者で約100円程度と低額であったため、戦後の厚生年金再加入者には、是正措置が講じられた。（昭和29年法改正。後述2－①）

2. 佐渡鉱山で働いた人が、そのまま日本に在住していたと仮定すると、現在の「厚生年金」で、どんな扱いを受けるか。

①昭和20年9月以後、「厚生年金保険」に再加入し、その被保険者期間が12月以上ある人には、昭和17年6月から昭和20年8月までの期間1ヶ月当り、3,047円（定額）の金額で、年金支給の際に上乗せして支給しています。ただし、戦後、国民年金加入のみの人には支給しない矛盾した点は残っています。

②上記①の場合を、韓国の人に当てはめて計算してみると次のようになります。この場合、その人が受給資格期間を満たしているものと仮定します。

期間計算‥‥‥昭和17年6月〜18年12月＝19月×4/3（A）＝25.33 月
　　　‥‥‥昭和19年1月〜20年8月＝20月×5/3（B）＝33.33 月

合計　58.66 月

연금액 계산···· 3,047×59개월= 179,773엔 (매년 연액)

　　※ (A)갱내원 가산, (B)항 내원의 전시 가산.

　　　(육상노동자의 경우) 3,047×39개월(실제 기간) = 118,833엔

③ 이상과 같은데, 현재 '후생연금보험법'에서는 수급권이 발생하는 것은, 남성 40세 이후자로 가입 기간이 15년간 필요하기 때문에 이 사람들(*신청인)의 수급권은 발생하지 않습니다. 갱내원의 경우는, 1946년 4월 1일 이전에 태어난 사람은, 연금 지급 개시 나이가 55세부터이므로, 다른 사람보다 빨라집니다.

3. 향후 운동의 방향에 대해

① 당면의 대처로서는, 1997년 6월부터 1970년 8월까지의 사이, 피보험자였는지의 확인을 청구해, 자료를 받는 것을 중점으로 한다. (후생연금보험법 제31조에서는 피보험자였던 자는 피보험자 기간의 확인을 청구할 수 있으며, 이 청구가 있는 경우에는 행정청은 확인서를 교부해야 합니다.)

② 피보험자기간의 확인서는 틀림없이 교부될 것으로 보이지만 그 후 어떤 대처를 할 것인가이다. 자료(A)에서 볼 수 있듯이 탈퇴 수당의 경우에는 지급 요건을 충족하고 있다고 생각되지만 약 100엔 정도 밖에 되지 않는다. 물론, 물가 상승률 적용 없음. 무엇이 이 탈퇴 수당금의 청구는 시효에 달려 있다는 의견과 시효는 중단되어 있다는 의견으로 나뉜다. 어쨌든, 탈퇴 수당금의 청구는 하지 않는 편이 좋다고 생각한다.

③ 이 문제는 '전후처리의 특별한 케이스'로서 '특별입법'을 만들도록 하는 방향에서 대처해야 한다고 생각한다. 그리고 2-②에서 계산한 금액을 연금으로 매년 지급할 수 있는 문제 제기를 해서는 안 됩니까?

④ 참고로, 2006년 11월 9일에 국회는, '중국 잔류 일본인'으로 일본에 귀국한 사람에 대해, 국민연금 보험료 면제 신청자로 간주해, 2006년 4월부터 국민연금을 지급하는 '특별입법'을 성립시켰습니다. 매년 26만 엔을 지급하게 된 것인데, 이런 사례를 참고해도 좋다고 생각합니다.

年金額計算‥‥ 3,047×59月 ＝ 179,773円（毎年年額）

※（Ａ）坑内員加算、（Ｂ）項内員の戦時加算。

（陸上労働者の場合） 3,047×39月（実期間）＝ 118,833円

③以上の通りであるが、現在の「厚生年金保険法」では、受給権が発生する
のは、男子で40才以後の加入期間が15年間必要のため、この人達の受給権
は発生しません。なを、坑内員の場合は、昭和21年４月１日以前に生れた
人は、年金支給の開始年令が55才からで、他の人より早くなります。

３．今後の運動の方向について

①当面の取組みとしては、昭和17年６月から昭和20年８月までの間、被保険
者であったかどうかの確認を請求し、資料を受取ることを重点とする。

　（厚生年金保険法第31条では、被保険者であった者は、被保険者期間の確
認の請求をすることができるし、この請求があった場合には、行政庁は確
認書を交付しなければならない。）

②被保険者期間の確認書は、間違いなく交付されるものと思われるが、その
後、どのような取組みをするかである。資料（Ａ）に見られるように、脱
退手当金の場合は、支給要件を満たしていると思われるが、約 100円程度
にしかならない。勿論、物価スライドなし。なを、この脱退手当金の請求
は時効にかかっているという意見と、時効は中断されているという意見に
分かれている。いずれにしても、脱退手当金の請求はしないほうが良いと
思う。

③この問題は、「戦後処理の特別なケース」として、「特別立法」を作らせると
いう方向での取組をすべきだと思う。そして、２－②で計算した額を、年
金として毎年支給すべしとの問題提起をすべきではないでしょうか。

④参考例としては、平成６年11月９日に国会は、「中国残留邦人」で日本に帰
国した人に対して、国民年金保険料免除申請者と見なして、平成８年４月
から国民年金を支給する「特別立法」を成立させました。年額で26万円が
支給されることになったことなどを参考にしても良いと思います。

자료 원문 요청서

2005년 11월 28일

각 정당 책임자 앞
각 단체책임자 앞

니가타현 사도군 아이카와초 하네다초 61-2
사도와 조선을 잇는 모임 대표 하야시 미치오

요청서

우리는 별지 후생대신에게 '요청서'를 제출하기 위해 일본에 온 한국 거주자들과 수년 전부터 교류를 진행해 왔습니다.

그 교류 속에서 밝혀진 것은 1910년에 체결한 '한일병합조약'에 의해 실질적인 식민지를 만들어 한국인들에게 비인간적인 차별을 강요해 온 사실입니다.

게다가 그 사실을 뒤덮고 사과와 청산은 불필요한 태도를 취해 50년간 경과했습니다.

최근의 무라야마 내각에서는 종군위안부 문제, 조선인 피폭자 문제 등 현재 당면한 문제 해결에 착수하려는 자세는 평가를 합니다만, 사태는 진전되지 않은 것도 사실입니다.

우리는 이러한 문제에 더해 전시 중의 '후생연금보험' 보험료의 버림 문제도 일본인과 동등하게 취급하도록 '특별입법'의 제정을 강하게 요청하는 것입니다.

물론, 이웃 우호 관계는 서로를 존중하고 게다가 평등의 관계를 만들어서만 실현된다는 확실한 인식 위에서서 추진해야 할 것이라고 생각합니다.

이상의 사안에서, '후생연금보험'문제도 전후처리의 미해결 문제로서, 각각의 입장에서 인식되어 '특별입법' 제정에 특단의 협력을 강하게 요청하는 것입니다.

부) 어제, 니가타현 보험과와 논의에서 밝혀졌습니다만, 니가타 서보험사무소로부터 온 서류에는, 가입기간·탈퇴 일시 수당금 지급의 유무에서 사실 오인이라고 생각하지 않을 수 없는 부분이 있습니다. 이 점에 관한 조사에 대해서도 협력을 강하게 요청합니다.

平成7年11月28日

各政党責任者殿
各団体責任者殿

新潟県佐渡郡相川町羽田町61－2
佐渡と朝鮮をつなぐ会代表　林　道夫

要　請　書

　私達は、別紙の厚生大臣宛の「要請書」を提出するために来日された、韓国在住の人達と数年前から交流を進めてまいりました。

　その交流のなかで明らかにされたのは、1910年に締結した「日韓併合条約」によって実質的な植民地を作り、韓国の人達に非人間的な差別を強要してきた事実であります。

　しかもその事実を覆いかくし、謝罪と清算は不要との態度をとり続けて50年間経過しました。

　最近の村山内閣では、従軍慰安婦問題、朝鮮人被爆者問題等々、これまで放置されてきた問題解決に着手しようとの姿勢は評価をいたしますが、遅々として事態は進展していないことも事実であります。

　私達はこれらの問題に加えて、戦時中の「厚生年金保険」保険料の掛け捨て問題も、日本人と同等に扱うよう「特別立法」の制定を強く要請するものであります。

　勿論のことですが、近隣友好関係はお互いを尊重し、しかも平等の関係を作りだすことによってしか実現しないとの確たる認識の上に立って、推進すべきことであろうと思います。

　以上のことから、「厚生年金保険」問題も戦後処理の未解決問題として、それぞれの立場で認識され、「特別立法」の制定に特段のご協力を強く要請するものであります。

（附）　昨日、新潟県保険課との話し合いで、明らかになったことですが、新潟西保険事務所からの書類には、加入期間、脱退手当金（一時）の支給の有無についての事実誤認と考えざるを得ない部分があります。
　この点についての調査に関してもご協力を強く要請いたします。

厚生大臣　森井忠良殿

平成7年11月29日

戦前中の佐渡鉱山労働者の会
代表世話人　慶　乗九
　　　　　　金　平純（父、文国）
　　　　　　尹　輝波

要　請　書

　私たちは、昭和14年6月頃より昭和20年8月までの間、韓国より強制連行され、日本国、新潟県佐渡ケ島の三菱金属鉱業（株）佐渡鉱業所で坑内労働に従事しました。

　この間「厚生年金保険」（当時の労働者保険）に強制的に加入させられ、保険料を納付いたしましたが戦争の終結により、そのまま韓国に帰国し、保険料は掛け捨て状態のまま現在に至っています。

　もし、私たちが日本国民であったと　すると、この掛け捨て部分も自然に「厚生年金保険」の老齢年金額に加算されて支給されているはずです。ただ、日本と韓国の歴史的背景の特異さから、前記の通り保険料を納めながら、それが掛け捨て状態のままとなっています。

　以上の事情をご理解のうえ、戦時中日本国内で働かれる「厚生年金保険」に加入された人達に、日本人並みの「厚生年金保険」の老齢年金額が支給されるよう「特別な措置」を講ぜられるよう要請をいたします。

（附）　昨日、新潟県保険課との話し合いで、明らかになったことですが、新潟西保険事務所からの書類には、加入期間、脱退一時金の支給の有無についての事実誤認と考えざるを得る部分があります。
　この点についての調査についてもお願い申し上げたく。
要請します。

日本社会党
　執行委員長　村山富市殿

平成7年11月29日

新潟県佐渡郡相川町大字羽田町61－2
過去・未来「佐渡と朝鮮をつなぐ会」
代表　林　道夫

要　請　書

　私達は、別紙の厚生大臣宛の「要請書」を提出するために来日された、韓国在住の人達と数年前から交流を進めてまいりました。

　その交流のなかで明らかにされたのは、1910年に締結した「日韓併合条約」によって実質的な植民地を作り、韓国の人達に非人間的な差別を強要してきた事実であります。しかもその事実を覆いかくし、謝罪と清算は不要との態度をとり続けて50年間経過しました。

　最近の村山内閣では、従軍慰安婦問題、朝鮮人被爆者問題等々、これまで放置されてきた問題解決に着手しようとの姿勢は評価をいたしますが遅々として事態は進展していないことも事実であります。

　私達はこれらの問題に加えて、戦時中の「厚生年金保険」保険料の掛け捨て問題も、日本人と同等に扱うよう「特別立法」の制定を強く要請するものであります。

　勿論のことですが、近隣友好関係はお互いを尊重し、しかも平等の関係を作りだすことによってしか実現しないとの確たる認識の上に立って、推進すべきことであろうと思います。

　以上のことから、「厚生年金保険」問題も戦後処理の未解決問題として、それぞれの立場で認識され、「特別立法」の制定に特段のご協力を強く要請するものであります。

（附）　昨日、新潟県保険課との話し合いで、明らかになったことですが、新潟西保険事務所からの書類には、加入期間・脱退一時手当て金の給付の有無についての事実誤認と考えざるを得ない部分があります。
　この点についての調査に関してもご協力を強く要請いたします。

251

자료 원문 「한국인 전 노동자들 후생연금반환 등 호소」, 1995년 11월 29일자 『아사히신문』; 「사도연행의 두 한국인 증언」, 11월 30일자 『니가타일보』

후생연금 반환 등 호소

현청 방문, 정부에 조사 요청 신청

전쟁 중 강제 가입된 후생연금의 반환을 요구하며 일본에 온 전 한국인 노동자와 유족 3명이 28일 시민그룹 '사도와 조선을 잇는 모임'(하야시 대표) 관계자와 함께 현청을 방문했다. 사회보험 사무소를 통해 의뢰한 후생연금의 피보험자 기간의 의문점을 지적하고 후생성을 상대로 상세한 조사를 하도록 하는 등을 신청했다.

방일한 사람은 한국 충청남도의 노병구(72세), 윤종광(73세), 김묵구(고인)의 장남 김평순(48세)씨 등 3인. 노씨 등은 미쓰비시광업 사도광업소(사도금산)에서 갱내원으로서 일본 종전(終戰)까지 강제노동했다.

'잇는 모임'은 올 여름 한국을 방문해 사도에서 강제노동을 했던 전 노동자와 유족 약 30명에게 구술조사를 하고 19명에 관한 위임장 등을 준비해 후생연금의 피보험자기간확인을 요청하는 절차를 밟았다.

27일에 방인한 노씨와 윤씨가 '잇는 모임'이 발급받은 자료를 통해, 탈퇴수당금을 받지 않았는데도 서류상 지불한 것으로 되어 있음을 알았다.

사망한 김씨의 경우에는 1942년 이후 보험료를 지불하지 않았다고 되어 있었다. "강제가입된 보험료를 지불하지 않은 것은 의문"이라고 김평순씨가 지적했다.

그 외에 입수한 14명의 자료를 조사한 바, 보험료가 폐기 상태인 것은 4명, 탈퇴수당금을 지불했다고 한 것이 7명, 남은 3명은 보험료를 지불하지 않았다고 되어 있다.

'잇는 모임'은 "직접 우리가 후생성과 협상하는데 한계가 있다"며 탈퇴수당금 지불 실태가 어땠는지, 이번에 확인한 14명분의 보험금 지불 상황을 더 자세히 알아볼 수 없는지 등에 대해 현의 보험과는 "가능한 정도는 하고 싶다"고 답했다.

3명과 '잇는 모임'은 29일 후생성과 현 선출 여당 국회의원을 방문해 현 실태를 호소할 예정이다.

살아서 여기에…기적이다.

강제노동 실태 절절히

제2차세계대전 중 일본에 강제연된되어 사도 아이카와마치에 사도금산(미쓰비시광업 사도광업소)에서 노역을 당했던 한국인 전 노동자 2명이 1일 사도를 방문해 사도금산을 견학했다. 밤에는 '증언을 듣는 모임'(과거·미래 – 사도와 조선을 잇는 모임 주최)이 아이카와마치의 대사도개발종합센터에서 열려 참가자는 강제노동의 실태에 대해 귀를 기울였다. 아이카와마치를 방문한 사람은 노병구(72세)와 윤종광(73세) 두 사람. 노씨는 3년 전에 이어서 두 번째이고, 윤씨는 처음 사도 방문.

이날 두 사람은 와쿠라 마사미 아이카와 3쵸장을 표경 방문하고 금산 자리나 생활했던 합숙소를 견학했다. 또한 당시 우편국에 근무하고 있던 옛날 마을 다이코쵸의 도미타 히로시씨(93세)와 재회하고 서로 무사함을 기뻐했다.

밤에 열린 "증언을 듣는 모임"에서 윤씨는 금산방문을 되돌아보며 "일하고 있었던 대부분의 사람들이 죽었다. 지금까지 살아온 것은 기적이다"라고 감개무량하게 말했다. 있었는지도 전혀 모르는 상태로 있었던 후생연금에 관해서 "아무런 권리도 없는 노동인데 어떻게 된 것인지 전혀 모른다. 전후 50년, 일본은 우리의 일을 심각하게 생각해야 한다"고 강하게 호소했다.

후생연금보험의 폐기와 관련해 '잇는 모임'의 보고에서는 귀국 후에 탈퇴일시금이 지급되는 경우나 후생연금의 준비기간에 가입하고 있었는데도 그 후 약 2년 반에 걸친 가입 기록이 없는 점 등, 후생성의 피보험자기간확인통지서에 사실과 다른 모순점이 있다고 한다.

12
—
일본 현지 시민들의 기억하기

1) 소겐사(総源寺)의 공양탑, 그리고 사도광산 노동자 추도식

매년 10월 사도시 아이카와마치에 있는 사찰 소겐사総源寺에서는 사도광산 노동자를 추도하는 조촐한 추도식이 열리고 있다. 추도 대상은 조선인 광부, 기독교인, '무숙인無宿人', 그리고 이름도 없는 차별받았던 민중이다.

무숙인이란 말 그대로 하면, 집 없는 사람homeless, 호적 없는 사람인데, 거처할 곳 없는 최하층 민중을 의미한다.

블로그에는 추도식을 매년 10월 24일 개최한다고 되어 있으나 이시자키 스미오石崎澄夫가 작성한 자료「사도문 모임 주최 사도광산 노동자를 추도하는 모임에 관하여」에는 '10월 11월 토요일'이라고 기재되어 있으며, 2021년에는 11월 21일에 2022년에는 10월 10일에 각각 열렸다.

이 행사를 열기 시작한 단체는 사도문 모임佐渡扉の会이다. 2021년에 열린 추도식 추도문과 2022년에 열린 추도문을 보면 왜 사도시에 사는 시민들이 이 추도식을 이어가는지 알 수 있다.

이들이 추도식을 이어가는 이유는 '한 사람 한 사람이 인간으로서 존중되는 사회를 바라는 마음' 때문이다. 이들은 추도사에서 "중요한 것은, 과거의 역사를 은폐하고 스스로가 저지른 죄에서 눈을 돌리는 것이 아니라, 가혹한 사실이라도 그것을 진지하게 받아들이고 진심으로 반성하고 사죄한 다음, 미래를 향해 신뢰와 우호 협력 관계를 구축하는 것"이라고 정확히 지적했다. 추도식은 바로 이를 위한 실천 활동이다.

■ 사도문 모임

'사도문 모임'은 2007년에 아라이荒井眞理 목사 등이 중심이 되어 설립했다. 설립 취지는 '사도 내 부락민 차별인식에 깊은 인식을 하고 사도민들이 외부인에 대한 차별과 편견을 버리고 닫힌 마음의 문을 열길 바라는 마음'이었다.http://blog.livedoor.jp/mari_arai/archives/2255363.html?fbclid=IwAR3MTX7OkISVB7lGL2cuYNNYkJnKZqjdqUZyAGyp3V3abxSCuq8vHr621a8

그러나 사도문 모임은 현재 존재하지 않는다. 2021년에 정식 해산 절차를 밟고, '추도하는 유지의 모임'으로 전환했다. 그러므로 사도문 모임의 해산식 장소는 '추도하는 유지의 모임'의 창립식이기도 했다. 사도문 모임의 모든 회원들은 해산식 자리에서 곧바로 '추도하는 유지의 모임'으로 가입했다.

■ 소겐사에서 추도식이 열리게 된 배경은

행사를 열게 된 과정과 계기에 대해서는 이시자키 스미오石崎澄夫 사무국장의 글사도문 모임 주최 사도광산 노동자를 추도하는 모임에 관하여이 있다.

이 글을 통해 배경과 경과를 알아보자.

추도회는 2015년 5월, 니가타시에 거주하며 한국 무용을 가르치는 한 여성의 제안이 계기가 되었다. 이 여성은 전후 70년을 기념해 과거 아이카와에서 광부로서 강제로 일해야 했던 한반도 출신자를 위령하기 위해 '따오기 춤'이라는 한국 창작무용을 아이카와에서 공연하고 싶어 했다. 여성은 사도에는 이를 위한 기관이 없으므로 사도문의 모임이 나서서 성공을 위해 협력해줬으면 좋겠다고 제안했다. 이에 사도문의 모임이 협력하기로 하면서 2015년 10월 17일 아이카와 체육관에서 첫 행사가 열렸다. 사도문 모임의 회장인 가나야마 교유의 인사말과 무용니가타현의 무용단과 방일한 삼척 무용단 등으로 행사를 진행했다.

그런데 모임 후 청년회의소JC가 사도시 총무과에 찾아와 포스터의 문구인 '중노동을 강요받고 목숨을 빼앗겼다'를 문제 삼자, 시장·부시장·총무과장이 시민생활과장에게 격하게 항의

하는 일이 벌어졌다. 이들이 항의한 이유는 세계유산 등재에 걸림돌이 될 것이라는 우려 때문이었다. 이들은 "이대로는 세계유산에 방해가 된다. 왜 후원을 허용하는가" "메이지 일본의 산업혁명유산의 등재에 즈음해 한국으로부터 맹렬한 항의를 받고 양국의 대립이 정치문제화되었다. 문화청은 성가신 정치문제로 발전할 수 있는 후보지를 리스트에 올리고 싶어 하지 않는다. 추도모임과 같은 활동을 용인하면 한국의 공격에 기름을 붓는 꼴이 된다. 하물며 사도시가 후원을 승인하는 것은 언어도단이다. 세계유산이 되지 않아도 상관없는가!"라면서 "'사도문의 모임'에 문서로 사죄를 요구"했다. 이에 반해 행사에 참가했던 삼척무용단은 사도문의 모임에 '앞으로 추도행사를 계속할 것인지' 등을 질의하며 관심을 표명했다.

이에 대해 사도문의 모임은 '추도집회는 사도문의 모임 설립 취지에 부합하는 행사'이며, 앞으로도 추도집회와 사도광산 노동의 실태를 조사하는 두 가지 작업을 필요하다고 생각한다는 입장을 정리했다. 그러나 예산 문제와 사도시와의 관계 설정을 위해 2015년의 행사처럼 한국에서 무용단을 초청하지 않고 조촐하게 진행하기로 했다.

이를 위해 이시자키는 소겐사 경내에 있는 '사도광산 노동자 진혼비공양탑'에 헌화하는 정도로 추도 모임을 이어가자고 제안했다. 이후 추도모임은 이름을 '추도하는 유지의 모임'으로 변경하고 매년 10월과 11월 중 소겐사 경내 공양탑에서 간단한 추도식을 열고 있다. 추도식은 간단하고 조촐하지만 추도사에 담긴 의미는 절대 간단하거나 조촐하지 않고, 매우 깊다.

자료 원문 추도문(2021년)

추모의 말씀

2015년부터 매년, 우리는 이 땅 아이카와에서 사도광산 노동자를 추모하는 모임을 갖고 있습니다. 그것은, 기독교 신자와 무숙인, 한반도 출신자 등의 이름도 없는 차별받던 사람들이, 사도광산 번영의 토대를 이루고 사회를 움직여 역사를 구축해 온 노고를 느끼고, 활약에 진심으로 감사를 표현하기 위함이었습니다. 거기에는 한결 같이 괴로운 노동과 빈곤을 견디며 살아온 강인함이 있었습니다. 노동에 종사한 분들의 흘린 땀이 눈물이 뜨거운 피가 오늘 사회의 번영을 만들어 준 것입니다. 마음의 깊은 곳에서 경의를 보냅니다. 그리고 앞으로도 계속 잊지 않습니다.

현재, '사도광산의 유산군'으로서 세계문화유산등록을 목표로 하는 활동이 이루어지고 있습니다. 그것이 진정한 의미에서 인류 공통의 유산이 되기 위해서 우리는 차별의 역사나 가혹한 생활의 실태 등의 부정적인 유산도 포함해, 그대로의 사실을 밝혀나갈 것입니다. 그리고 한 사람 한 사람이 인간으로서 존중되는 사회를 목표로 합니다.

먼 곳에서 사도로 데려오고, 어려운 환경 아래에서 광산의 노동에 종사하다가 타향에서 사망한 분들에게, 우리의 결의를 표명하며 추도의 말로 하겠습니다.

2021년 11월 21일
사도문 모임

追 悼 の こ と ば

2015年から毎年、私たちはこの地相川で佐渡鉱山労働者を追悼する集いを持ちました。それは、キリシタンや無宿人、朝鮮半島出身者などの名もなき差別された人々が、佐渡鉱山の繁栄を支え社会を動かし歴史を築き上げてきたご苦労をしのび、ご活躍に心より感謝を表すためでした。そこには辛い労働や貧困に耐え、ひたむきに生きる強さがありました。労働に従事された方々の流された汗が、涙が、熱き血が、今日の社会の繁栄を作り出してくださったのです。心の底より敬意を表します。そして、これからもずっと忘れません。

現在、「佐渡鉱山の遺産群」として世界文化遺産登録を目指す活動が行われています。それが真の意味で人類共通の遺産となるために私たちは、差別の歴史や厳しい生活の実態などの負の遺産も含めて、ありのままの事実を明らかにしていきます。そして、一人ひとりが人間として尊重される社会を目指します。

遠き地より佐渡に渡り、あるいは連れてこられ、厳しい環境の下で鉱山の労働に従事され、異郷でお亡くなりになった方々に、私たちの決意を表明し、追悼のことばとさせていただきます。

2021年11月21日

佐渡扉の会

사도광산 노동자에 대한 추도문

2021년 사도시는 사도금은산의 세계문화유산 등록을 목표로 한 추천서 '사도섬의 금산'을 문화청에 제출해 공식적으로 추천이 결정되었다. 그러나 그 추천서는 밀실에서 만들어진 것처럼 누가 어떤 내용으로 썼는지 현지 사도시민에게도 니가타현민에게도 알려지지 않았습니다. 그러므로 「시보(時報) 사도」 등 약간의 출처에서 흘러나온 것은 추천서가 아이카와 금산에서 대상을 에도시대까지 한정한다는 것이었습니다. 메이지 이후에 아이카와 금산의 발전에 기여한 수갱과 기타자와 부유선광장 등은 같은 부지 내에 있음에도 불구하고 세계유산등록에서 제외한 것입니다. 현지 주민을 무시한 정보의 비공개성이나 에도 시대로 한정한 시대 제한 등은 명백한 의도 아래 이루어졌음에 틀림없습니다. 그것은 아이카와 금산이 메이지 이후 한반도에서 강제적으로 연행되어 강제적으로 노동된 사람들의 지옥과 같은 노동현장이었음을 은폐하는 목적이며, 한국·조선 국민의 등록 반대 의사를 봉해 정치문제화하는 것을 피하고 싶다는 의도입니다. 한반도 출신자의 참으로 피가 나오는 가혹한 노동과 희생 위에 천황제 국가에 의한 파멸적인 전쟁 수행과 재벌 미쓰비시에 의한 탐욕으로 추악한 이윤의 수탈이 이루어진 것을 우리는 잊어서는 안됩니다.

2022년 여름에 니가타시나 사도시 등에서, 강제 동원의 진상을 규명하는 학술 단체나 현지 연구 단체가 연구회나 필드워크를 개최했습니다. 이러한 연구 성과에 의해 아이카와 금산에서 있었던 강제연행과 강제노동이 이루어진 사실은 점점 흔들리지 않게 되었습니다. 또한 아이카와 금산에서 노동조건은 일본인도 조선 출신자 사이에 차이가 없고 평등했다는 망상 같은 주장도 멋지게 깨졌습니다.

중요한 것은, 과거의 역사를 은폐하고 스스로가 저지른 죄에서 눈을 돌리는 것이 아니라, 가혹한 사실이라도 그것을 진지하게 받아들이고 진심으로 반성하고 사죄한 다음, 미래를 향해 신뢰와 우호 협력 관계를 구축하는 것이라고 생각합니다.

사도광산에서 가혹한 노동조건 아래에서 격무를 견디며 분투한 한반도 출신자, 기독교인, 무숙인, 현지 농민 등에게도 감사의 말씀을 바칩니다,

2022년 10월 10일
사도광산 노동자를 추도하는 유지의 모임

佐渡鉱山労働者への追悼文

2021年に佐渡市は、佐渡金銀山の世界文化遺産登録を目指すため推薦書「佐渡島の金山」を文化庁に提出し正式に国内推薦が決まった。しかし、その推薦書は、密室で作られたように、誰がどのような内容で書いたのか地元佐渡市民にも新潟県民にも知らされませんでした。そして、「市報さど」などわずかな情報源から漏れ聞こえたのは、推薦書が相川金山で対象とするのは江戸時代までに限定されるとの事でした。明治以降に相川金山の発展に寄与した大立竪坑や北沢浮遊選鉱場などは、同じ敷地内にあるにも関わらず、世界遺産登録から除外されたのです。地元住民無視の情報非開示性や江戸時代限定の時代制限などは、明白な意図のもとに行われたに違いありません。それは、相川金山が明治以降に朝鮮半島から強制的に連行され強制的に労働させられた人々の地獄のような労働現場であったことを隠蔽する狙い、そして韓国・朝鮮国民の登録反対の意思を封じ政治問題化することを避けたいという意図です。朝鮮半島出身者の正に血の出るような苛酷な労働と犠牲の上に、天皇制国家による破滅的な戦争遂行と、財閥三菱による貪欲で悪どい利潤の収奪がなされた事を私たちは忘れるべきではありません。

2022年の夏に新潟市や佐渡市等で、強制動員の真相を究明する学術団体や地元研究団体が研究会やフィールドワークを開催しました。それらの研究成果により相川金山での強制連行や強制労働がなされた事実は益々揺るぎないものとなりました。また、相川金山での労働条件は日本人も朝鮮出身者も差は無く平等だったとの夢物語のような主張は、見事に打ち砕かれました。

大切なことは、過去の歴史を隠蔽して自らが犯した罪に目をつむることではなく、酷い史実であってもそれを真摯に受け止め心から反省し謝罪した上で、未来に向けて信頼と友好協力関係を築いていくことだと思います。

佐渡鉱山での過酷な労働条件の下で激務に耐え奮闘された朝鮮半島出身者、キリシタン、無宿人、地元農民など感謝の言葉を捧げます。

소겐사 정문, 건너편에 거대한 부유선광장이 내려다 보인다.(2022년 10월 24일 촬영)

소겐사 공양탑의 앞면과 뒷면(2022년 10월 24일 촬영)

〈참고문헌〉

사토 타이지(佐藤泰治) 소장 명부(입력본, 사본).

코리안강제연행등니가타현연구회 소장 명부(입력본).

사도시사도박물관 소장 명부(사본).

아사히(朝日)신문, 요미우리(讀賣)신문, 니가타(新潟)일보, 대전일보.

국가기록원 소장 강제동원 관련 명부.

고스기 쿠니오(小杉邦男) 전 시의원 제공 자료.

佐渡鑛業所,「半島勞務管理ニ就テ」(1943년 6월)(長澤秀 編『戰時下朝鮮人中國人聯合軍浮
　　虜强制連行資料集－石炭統制會極祕文書』2권, 綠蔭書房, 1992년).

國民總力朝鮮聯盟,『國民徵用の解說』, 1944.10.

平井榮一,『佐渡鑛山史』, 1950(미출간, 원고).

林道夫·張明秀,『佐渡相川三菱鑛山に强制連行された朝鮮人の調査についての報告」
　　(1992.5 작성. 미공개).

朴慶植,『在日朝鮮人關係資料集成』제2권, 三一書房, 1975.

三菱鑛業セメント株式會社總務部社史編纂室 編,『三菱鑛業社史』, 1976.

朴慶植,『在日朝鮮人關係史料集成』제4권, 三一書房, 1976.

朴慶植,『在日朝鮮人關係史料集成』제5권, 三一書房, 1976.

小澤有作編,『近代民衆の記錄10－在日朝鮮人』, 新人物往來社, 1978.

新潟縣,『新潟縣史 資料編20』, 1982.

朴慶植,『朝鮮問題資料叢書』제13권, アジア問題研究所, 1990.

守屋敬彦 編,『戰時外國人强制連行關係史料集 － 朝鮮人2, 下』, 1991.

磯部欣三,『佐渡金山』, 中央公論社, 1992.

相川町史編纂委員會,『佐渡相川の歷史－通史編, 近現代』, 1995.

(株)TEM研究所,『佐島金山』, ㈜GOLDEN佐島, 2001.

朝鮮人强制連行眞相調査團,『朝鮮人强制連行の記錄－關東編』, 柏書房, 2002.

平和教育研究委員会 編,『新潟縣における韓国.朝鮮人の足跡をたどる』, 2010.

萩野富士夫,『特高警察』, 岩波新書, 2012.

정혜경,『터널의 끝을 향해』, 도서출판 선인, 2017.

일제강제동원피해자지원재단, 『일본지역 탄광·광산 조선인 강제동원 실태 – 미쓰비시광업㈜ 사도광산을 중심으로(책임연구원: 정혜경)』, 2019.

정혜경·허광무, 『탐욕의 땅, 미쓰비시 사도광산과 조선인 강제동원』, 도서출판 선인, 2021.

竹內康人, 『佐渡鉱山と朝鮮人労働』. 岩波, 2022.

磯部欣三, 「佐渡金(銀)山の勞働力」, 地方史研究協議會 編, 『佐渡－島社會の形成と文化』, 雄山閣, 1977.

張明秀, 「新潟県在日朝鮮人関係年表」, 『新潟近代史研究』 3, 1982.

広瀬貞三, 「佐渡鉱山と朝鮮人労働者(1939~1945)」, 『新潟国際情報大学情報文化学部紀要』[文科学編] 3, 2000.

野村穗輔, 「佐渡傳道回想記」(佐渡敎會, 『佐渡敎會百年の步み』, 2004).

池上重康·砂本文彦, 「京城高等工業学校鉱山学科·京城鉱山専門学校探鉱学科実習報告書目録」, 『エネルギー史研究 : 石炭を中心として』 25, 2010.

西尾典子, 「資料紹介－全國鑛山と大山祇神社(『全国鉱山と大山祇神社(第一輯)』(国幣大社大山祇神社々務所, 一九四〇年), 『エネルギー史研究』 28, 九州大学記録資料館産業経済資料部門 編, 2013.

허광무, 「일제말기 경찰기록으로 본 일본지역 강제동원 조선인노무자의 관리와 단속–'도주' 노무자 수배가 갖는 역사적 의미를 중심으로」, 『한일민족문제연구』 35, 2018.

石崎澄夫, 「佐渡扉の會主催 佐渡鑛山勞働者を追悼する集いについて」, 2021(프린트본).

広瀬貞三, 「佐渡鉱山と朝鮮人労働者+新史料」, 強制動員ZOOM講座 발표문, 2021.10.23.

竹內康人, 「佐渡鉱山·朝鮮人強制勞働 強制勞働否定論批判」, 強制動員ZOOM講座 발표문, 2022.2.27.

広瀬貞三, 「資料紹介 '朝鮮人労働者と佐渡鉱山, 三菱鑛業の史料(1)」, 『福岡大學人文論叢』 第54卷 第1號, 2022.

정혜경, 「조선인 연초배급명부'로 본 미쓰비시(三菱)광업 사도(佐渡)광산 조선인 강제동원」, 『한일민족문제연구』 43, 2022.

정혜경, 「자료소개－사도광산사 고본」, 『한일민족문제연구』 44, 2023.

https：//cafe．naver．com/gangje#．

http：//blog．livedoor．jp/mari_arai/archives/2255363．html?fbclid=IwAR3MTX7OkISVB7lG
　　L2cuYNNYkJnKZqjdqUZyAGyp3V3abxSCuq8vHr621a8．

https：//www．youtube．com/watch?v=rYxgSOzyeAM&list=LL&index=31&t=1805s．

https：//www．youtube．com/watch?v=8DofRsL3foQ．

https：//www．youtube．com/watch?v=pnuJzl3He_M)．

재일코리안생활문화자료관 소장 자료http：//www．halmoni-haraboji．net/exhibit/archives/
　　sheet02/sheet2-chouyou．html)．

국립 일제강제동원역사관 소장, NHK 니가타 스페셜(50년째의 진실: 사도금산 강제연행
　　의 상처)．